Das Ulmer Münster
in Vergangenheit und Gegenwart

Zum hundertjährigen Jubiläum
der Vollendung des Hauptturms
1890–1990

Texte ausgewählt und erläutert von
Elmar Schmitt
Mit Zeichnungen von Adolf Silberberger

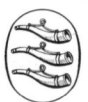

Anton H. Konrad Verlag

Veröffentlichungen
der Stadtbibliothek Ulm

Band 11

Einhunderteinundsechzig Exemplare dieses Werkes
– die Zahl entspricht der Höhe des Münsterturmes –
sind als Vorzugsausgabe mit einer Originalradierung
von Adolf Silberberger ausgestattet, die von
Max Dunkes in München gedruckt wurde.

© 1989 und Gesamtherstellung
Anton H. Konrad Verlag   7912 Weißenhorn
ISBN 3 87437 288 X

Inhalt

DAS MÜNSTER IN DER LITERATUR

Beschreibungen

VIII

Geleitwort

»Das Fehlende hinzugedacht, ist alles unvergleichlich.«
Kürzer und treffender als dies Eduard Mörike 1831 in einem Brief an
seine Braut tat, läßt sich nicht zusammenfassen, was zwei Generationen
später, 1890, dasjenige Ereignis für die Zeitgenossen bedeutet haben
muß, dessen inzwischen hundertjähriger Wiederkehr wir im kommenden Jahr gedenken: die Vollendung des Münsterturms und damit des
Ulmer Münsters mehr als fünfhundert Jahre nach der Grundsteinlegung.
Dieses Jubiläum hat unsere Stadtbibliothek schon heute, am Vorabend,
zum Anlaß genommen, mit dem vorliegenden Band aus der Fülle der in
Jahrhunderten überlieferten Äußerungen über das Münster eine Auswahl von rund 120 Texten vorzulegen.
Das Ergebnis ist ein Lesebuch im besten Sinne: Es ist kaum vorstellbar,
daß ein interessierter Leser aus der Vielzahl der hier gesammelten Ge-
danken und Empfindungen, zu denen die Begegnung mit dem Ulmer
Münster große und weniger bekannte Geister inspiriert hat, nicht gleich
Mehreres findet, was gerade ihn besonders anspricht. Denn erstaunlich
weit und umfassend ist das Spektrum der hier vereinten Themen.
Möge der Band das Interesse am Ulmer Münster und seinen vielfältigen
Ausstrahlungen weit über Ulm hinaus vertiefen und neu erwecken.

Ernst Ludwig
Oberbürgermeister

Einführung

Das Münster, eines der bedeutendsten Bauwerke der Gotik und das Wahrzeichen Ulms, hat zu fast allen Zeiten durch seine Maße, seine Architektur und Ausstattung den Blick vieler Menschen auf sich gezogen. Es wurde bewundert und mit anderen großen gotischen Kirchen verglichen. Man erforschte seine Geschichte, bewertete seine Architektur und suchte seinen theologischen Sinn zu erschließen. Mit welchem Eifer dies geschehen ist, zeigt die umfangreiche Literatur, in der sich die Auseinandersetzung mit dem Münster niedergeschlagen hat. Sie ist das Ergebnis der Arbeit von Heimatforschern, Dichtern, Schriftstellern, Theologen, Kunsthistorikern und Architekten. Die sehr verschiedenen Aspekte ergeben ein faszinierendes Bild von diesem Bauwerk und seinen Verflechtungen in historische Entwicklungen und Ereignisse, von der Grundsteinlegung am 30. Juni 1377 bis zum Jahr 1990, in dem die vor 100 Jahren erfolgte Vollendung des Hauptturmes gefeiert wird.

Aus der vielfältigen und weitverstreuten Literatur sind Texte ausgewählt worden, die sich vor allem für ein Lesebuch eignen, das die spannende Geschichte und Einmaligkeit des Münsters neu erleben lassen will: es soll zugleich ein Beitrag zum Fest und Jubiläum der Turmvollendung sein.

Anhand dieser sprachlich und orthographisch unverändert übernommenen Texte, denen jeweils kurze Erläuterungen vorausgehen, erfährt der Leser, mit welcher Begeisterung die Grundsteinlegung vollzogen worden ist, was den Bildersturm ausgelöst hat, in dem wertvollste Kunstwerke zugrunde gegangen sind. Er kann nachvollziehen, wie Karl V. 1548, nach seinem Sieg über die Protestanten, in das Münster einzog und das Interim in Kraft setzte, das eine vorläufige Ordnung bis zur Wiedererlangung der Glaubenseinheit sein sollte. Er kann teilhaben an der Freude, mit der am 31. Mai 1890 der Schlußstein auf die Pyramidenspitze des Münsterturmes gesetzt wurde, womit die dramatische Geschichte der Vollendung des Münsters im 19. Jahrhundert zum Abschluß gelangte. Er wird aber auch erschüttert zur Kenntnis nehmen, was am 22. April 1934, am sogenannten »Ulmer Tag«, geschah, als sich evangelische Christen aus ganz Deutschland im Münster versammelten und ein eindrucksvolles Glaubensbekenntnis ablegten, mit dem der Widerstand der evangelischen Kirche gegen den Nationalsozialismus begann. Er kann schließlich auch den Streit um die Neugestaltung des Münsterplatzes verfolgen, der schon mit dem Abbruch des Barfüßerklosters samt Kirche in den siebziger Jahren des letzten Jahrhunderts einsetzte, weil man glaubte, die Größe des Bauwerks verlange auch einen großen freien Platz, und einen neuen Höhepunkt erreichte, als die Pläne zur Neubebauung von Richard Meier vorgelegt wurden, die zu einem Bürgerentscheid zugunsten des Projekts führten. Dies und noch vieles andere Interessante enthält das Münsterlesebuch.

Mit den 41 darin enthaltenen Zeichnungen von Adolf Silberberger wird nicht nur das Auge befriedigt, sondern auch anspruchsvolle Kunst verwirklicht. Die Zeichnungen setzen sich auf eigene, unbestechliche, in tiefe Erlebnisschichten dringende Weise mit dem Münster auseinander. Ein großer Teil von ihnen ist von Silberberger eigens für dieses Buch geschaffen worden. Seit vielen Jahren ist er mit dem Zeichenstift dem Münster, seiner Architektur, Bedrohung und Einbeziehung in das Leben der Kirchengemeinde und der Stadt auf der Spur.

Bau- und Kunstgeschichte
einschließlich besonderer Ereignisse

Die Verlegung der alten Pfarrkirche in die Stadt und der Baubeginn des Münsters

Um 1488 schrieb der Ulmer Predigermönch Felix Fabri (um 1441 bis 1502) einen »Traktat« über die Stadt Ulm in lateinischer Sprache, in dem er ausführlich auf das Münster einging. Er beginnt mit der Schilderung der Verlegung der alten Pfarrkirche vom heutigen Alten Friedhof in die Stadt. Da ein Teil des Baugrundes, auf dem das Münster gebaut werden sollte, dem Grafen von Württemberg gehörte, mußte mit diesem über die Einwilligung verhandelt werden. Verhandlungen mußten vor allem auch mit dem Kloster Reichenau geführt werden, weil dieses der Patronatsherr der alten Pfarrkirche war und mit der Verlegung in die Stadt einverstanden sein mußte. Die alte Pfarrkirche, die sehr schön gewesen sein soll, wurde abgebrochen. Soweit möglich, wurden Baumaterial und einzelne Teile, wie z. B. die Portale, beim Neubau wiederverwendet. Da die alte Pfarrkirche eine Marienkirche war, ist die von Fabri verwendete Bezeichnung »Kirche zu Allerheiligen« mißverständlich und vielleicht damit zu erklären, daß in ihrer Nähe eine Allerheiligenkapelle stand.

Also im Jahr des Herrn 1377 lösten die Ulmer die alte Pfarre, die Kirche zu Allerheiligen, auf und führten und trugen alles auf den Schultern in die Stadt an den zum Bau der Kirche bestimmten Platz, und als alles hereingebracht war, gruben sie die Fundamente der Mauern bis aufs Wasser und schlugen in den Schlamm Pfähle aus dem stärksten Ulmenholz ein, um darauf die Grundsteine und große Felsblöcke zu legen, die eine so gewaltige Masse tragen sollten. Es war aber schauderhaft anzusehen die Tiefe, die Größe und der ringsherumgeführte gewaltige Kreis des Grabenwerks. Denn dieser Kreis beträgt ringsherum 464 Schritt. Als nun der Platz zum Fundament bereit stand, kündigten die Werkmeister den Ratsherren an, daß die Fundamente zu legen seien, und da dies das Werk der Ratsherren war, mußten mit Recht die Vornehmeren von ihnen den ersten Stein legen, dieweil sie dieses große Gebäude auf Kosten ihrer Stadt anzufangen, zu vollenden und abzuschließen beabsichtigten und beschlossen, daß keine Bitte hiefür außerhalb Ulms stattfinden solle, und keine besonderen Ablässe hiezu erlangten und keines Fürsten Hilfe anriefen mit Ausnahme des edlen Grafen von Wirtenberg, dem ein Teil des Baugrundes zu gehören schien, mit Rücksicht auf die Kirche des heiligen Georg und des ehemals an dieser Stelle von den Wirtenbergern gegründeten Klosters; denn von diesem Grafen mußte man die Zustim-

mung erbitten. Gerne aber willigte der edle Graf ein, da er die Hochher-
zigkeit dieser Bürger bewunderte, daß sie ein so staunenswertes Werk
mit eigenen Kräften auszuführen sich vornahmen.

Fabri, Felix: Abhandlung von der Stadt Ulm (Tractatus de civitate Ulmensi, deutsch), in: Mitteilungen des Vereins
für Kunst und Altertum in Ulm und Oberschwaben. H. 13–15, 1908/09, S. 25/26.

Gründe für die Verlegung der alten Pfarrkirche in die Stadt

*Für die Verlegung der Pfarrkirche in die Stadt, die den Ulmern nicht
leicht fiel, sprachen hauptsächlich zwei Argumente: einmal die Tatsache, daß die Klöster in der Stadt immer mehr in den Genuß von Spenden
kamen, die mit Sicherheit der Pfarrkirche zugeflossen wären, wenn sich
diese in der Stadt befunden hätte, und zum andern, daß es in unruhigen
Zeiten gefährlich war, zum Gottesdienstbesuch die Stadt zu verlassen.*

Denn sie fürchteten, daß, wenn das Volk sich außerhalb in der Kirche
befinde, eines Tages Verrätereien und Übergabe der Stadt stattfinden, die
Stadt erobert und das Volk draußen in Gefahr gebracht werden könnte,
weil damals die Zeiten ziemlich unruhig waren. Auch konnte man bei
großen Festen nicht gut dem Gottesdienst bei Nacht anwohnen, weil die
Tore nicht geöffnet wurden, und viele blieben auch an den Sonntagen der
Kirche fern, die entweder nicht herauskommen konnten oder wollten.
Auch sah man, daß das Volk den Predigern und Minoriten zu ihren Kirchen und Bauten reichlich beisteuere und vieles denselben Klöstern gegeben werde, was der Pfarrkirche gegeben worden wäre, wenn sie in der
Stadt gelegen wäre. Überdies bestellten viele bei den Klöstern ihre Gräber, die sie nicht geändert hätten, wenn die Pfarrkirche mit dem Kirchhof in der Stadt gebaut gewesen wäre. Als nun der Beschluß gefaßt worden war, bestimmten sie, die Pfarre überhaupt in die Stadt zu verlegen,
was jedoch für sie wegen der Gräber der Ihrigen und wegen des treffli-
chen Schmucks und Verzierung der Kirche schwierig war. Es war nämlich, wie oben gesagt worden ist, die Kirche sehr kostbar und mit bestän-
digem Glanz vieler Lampen geschmückt.

Fabri, Felix: Abhandlung von der Stadt Ulm (Tractatus de civitate Ulmensi, deutsch), in: Mitteilungen des Vereins
für Kunst und Altertum in Ulm und Oberschwaben. H. 13-15, 1908/09, S. 25.

Nordwestportal (Kleines Marienportal)

Lateinischer Bericht von der Grundsteinlegung des Münsters

Anno igitur præfato ultima Junii cum dies illuxisset, congregato in loco structuræ omni clero et populo, solenniter fundamenti lapidem primum ponere parati erant. De consensu Consulatus insignis vir Ludwicus Krafft, pro tunc magistratum civium tenens, in defossum fundamenti descendit cum quibusdam de optimatibus, ad suscipiendum saxum grande, quod dispositione artificum desuper in sublime mordaci bidente suspensum erat. Hora ergo tertia diei, qua Spiritus sanctus missus est apostolis, inceperunt submittere saxum in foveam non artifices sed maiores natu Ulmenses, quorum aliqui rotam trahebant vel tenebant, aliqui funem manu habebant. Magnificus autem vir Johannes Ehinger dictus Habfast et Conradus Besserer, civitatis capitaneus, et cæteri magnates supra fossam stantes lapidem manibus tangebant et dirigebant deorsum ad manus Ludwici Krafft magistri civium et cæterorum in fovea exspectantium. Omnia autem illa maturitate magna fiebant, cantante clero, orante populo, et diverso musicorum genere sonante, quasi ad modum sicut legitur Esræ 3. Suscepit ergo dictus Krafft saxum et in locum iam cemento stratum direxit et posuit. Cum autem positum esset saxum, eius locator peram aperuit, et aurum proferens petram centum fulgidis florenis texit et ornavit, post quem cæteri optimates etiam descendentes fundamentum auro et argento ornaverunt, similiter et illi de honorabili populo fecerunt et vulgi devotio, sicque dona grandia die illo sunt pro structura collata.

Fabri, Felix: Tractatus de civitate Ulmensi ... Tübingen 1889, S. 37/38. (Bibliothek des literarischen Vereins in Stuttgart. 186.)

Deutscher Bericht von der Grundsteinlegung des Münsters

Anschaulich schildert Fabri, wie am 30. Juni 1377, um 7 Uhr morgens, der Grundstein des Münsters gelegt wurde. Dabei hebt er die Opferfreudigkeit der Anwesenden hervor, die, angefangen vom Bürgermeister bis herab zum gewöhnlichen Bürger und Einwohner, den Grundstein mit Gold und Silber schmückten.

Als nun im ebengenannten Jahr der letzte Tag des Juni angebrochen und die ganze Geistlichkeit und das Volk an der Baustelle versammelt war, so waren sie bereit, feierlich den ersten Grundstein zu legen. Nach dem

Beschluß des Rates stieg der angesehene Herr Ludwig Krafft, der damals die Bürgermeisterwürde inne hatte, in die Fundamentgrube hinab mit einigen von den Vornehmsten, um den gewaltigen Felsblock in Empfang zu nehmen, der nach Anordnung der Werkleute oben in der Höhe in einer starken Klammer hing. Um die dritte Stunde des Tages nun, um welche der Heilige Geist den Aposteln gesandt wurde, begannen nicht die Werkleute, sondern die Ältesten von Ulm, den Stein in die Grube hinabzulassen; einige von ihnen drehten das Rad oder hielten es fest, andere hielten das Seil mit der Hand. Der hohe Herr Johannes Ehinger, genannt Habfast, aber und Konrad Besserer, der Stadthauptmann, und die übrigen hohen Herren standen über dem Graben, und berührten den Stein mit den Händen und richteten ihn abwärts gegen die Hände des Bürgermeisters Ludwig Krafft und der übrigen, die in der Grube warteten. Alles dieses aber geschah mit großem Ernst, während die Geistlichkeit sang, das Volk betete und allerlei Arten von Musikern spielten etwa so, wie man Esra 3 liest. Nun nahm der genannte Krafft den Stein, richtete ihn an die schon mit Mörtel bedeckte Stelle und legte ihn nieder. Als aber der Grundstein gelegt war, öffnete, der ihn gelegt hatte, seine Börse, nahm Gold heraus und bedeckte und schmückte mit 100 funkelnden (Gold)-Gulden den Felsblock, nach ihm stiegen auch die übrigen Patrizier hinab und schmückten den Grundstein mit Gold und Silber, ebenso machten es auch die vom ehrbaren Volk und die Andächtigen vom gemeinen Volke; und so wurden große Geschenke an diesem Tag für den Bau zusammengebracht.

Fabri, Felix: Abhandlung von der Stadt Ulm (Tractatus de civitate Ulmensi, deutsch), in: Mitteilungen des Vereins für Kunst und Altum in Ulm und Oberschwaben. H. 13-15, 1908/09, S. 26.

Späterer Bericht von der Grundsteinlegung des Münsters

Dem noch mehr auf Einzelheiten eingehenden Bericht von Elias Frick (1673–1751), Senior des Ulmer Pfarrerkollegiums, liegt eine Miniatur von 1633 zugrunde, die in der Festschrift »600 Jahre Ulmer Münster«, herausgegeben von Hans Eugen Specker und Reinhard Wortmann, Ulm 1977, Seite 87 ff. abgebildet und beschrieben ist. Das »Templum parochiale Ulmensium«, dem dieser Bericht entnommen ist, ist die erste ausführliche Münsterbeschreibung, die bedeutenden Quellenwert besitzt. Sie ist mehrmals neu aufgelegt worden und ist für mehr als ein Jahrhundert maßgeblich geblieben.

Denkmal der Grundsteinlegung

Nachdeme nun zu Legung deß Grundes alles fertig / und dessen der Rath berichtet worden / ward selbige mit grosser Solennität in besagten 1377. Jahr den letzten Jun. der auf einen Dienstag fiele / also vollzogen. Mit anbrechendem Tag fand sich sowol die Ulmische als aus der Nachbarschafft beschriebene Clerisey / in ihrem priesterlichen und gewöhnlichen Ornat an dem Ort / wo der Grund solte geleget werden / ein / und stellte sich in gehöriger Ordnung dar / ingleichem die gantze Gemeinde Jung und Alt in grössester Anzahl / und zwar die Jugend und Schul=Kinder mit weissen Hembdern angethan / brennenden Wachs=Liechtern in ihren Händen / und von grünen Zweiglein zierlich geflochtenen Kräntzlein auf denen Häuptern / die Knaben auf dieser / die Mägdlein / mit fliegenden Härlein / auf der andern Seiten. So verfügte sich auch der gesammte Rath dahin. Da dann Morgens um 7. Uhr (nicht um drey Uhr / sondern 3. Stund nach Aufgang der Sonnen / das ist / wie gemeldet worden / um 7. Uhr) die Legung deß grossen Grund=Steins dermassen geschehen / daß der damals Regierende Herr Burgermeister Ludwig Krafft in die Grufft deß Fundaments hinunter stieg / begleitet von vielen Edlen und Vornehmen der Stadt; oben stund der Theure (so nannte man ihn) Herr Johannes Ehinger / genannt Habvast / der sich in denen vorherigen Belagerungen der Stadt sehr berühmt gemacht / und Herr Conrad Besserer / Stadt=Hauptmann (von einigen werden beyde Herren / Ehinger und Besserer / Stadt=Hauptleute genannt / aber unrecht / dann Herr Ehinger war damals alter Burgermeister) den Stein / der in einer grossen starcken Klammer hieng / zu lencken / damit er an den rechten Ort käme; die Raths=Verwandte und andere vornehme Burger (dann man keinen von denen Bauleuten darzu ließ) griffen an das Rad und Seiler der Machine, daran der Stein hinunter gelassen ward / und Herr Burgermeister Krafft legte ihn unten an gehörige Stelle / unter welcher Arbeit das zuschauende Volck gebettet / die Clerisey gesungen / und eine schöne Music mit allerhand Instrumenten gehalten / allzumal über diesem Werck in grössesten Freuden lebend / wie dann auch alles gar hurtig hierbey zugienge. Kaum war dieser Stein geleget / so griff Herr Burgermeister Krafft in seine Tasche / langte 100. Gold=Gulden heraus / und legte sie auf den Stein / deme die andere Edle und Angesehene / so mit drunten waren / nachfolgeten / ferner die andere Vornehme / so oben gestanden / auch darauf hinunter stiegen und ansehnlich beysteureten / ja auch wer sonst unter der Gemeinde im Ansehen war / selbst auch der gemeine Mann / steureten desselben Tages gleich reichlich / daß man ein nahmhafftes zu Fortsetzung deß Baues erhub.

Frick, Elias: Templum parochiale Ulmensium. Ulm 1731, S. 4 u. 5.

Wie die Ulmer Pfarrkirche mit ihren Besitzungen an das Benediktinerkloster Reichenau kam und die Rechte, die diesem zustanden

In seinem »Traktat« schildert Fabri auch, auf welche Weise die alte Pfarrkirche und ihr Besitz an das Kloster Reichenau gelangt sind, wobei er eine Schenkungsurkunde Kaiser Karls des Großen von 813 erwähnt. Diese hat sich aber als eine Fälschung aus dem 12. Jahrhundert erwiesen. Tatsache jedoch ist, daß das Kloster in Ulm und Umgebung umfangreiche Güter besaß, zu deren Verwaltung es einen Pfleghof unterhielt, der ab 1246 urkundlich nachweisbar ist. Außerdem ist die Ulmer Pfarrkirche 1327 mit päpstlicher Genehmigung in das Kloster Reichenau inkorporiert worden, womit diesem alle Einkünfte der Ulmer Pfarrei zuflossen. Dafür übernahm das Kloster die Verantwortung für die Seelsorge, indem es einen Geistlichen bestellte und besoldete.

Unter der Regierung Karls des Großen im Jahr des Herrn 805, als er schon mehrere Klöster des Ordens des hl. Benedikt errichtet und Kollegialkirchen gegründet und mit zeitlichen Gütern begabt hatte, wollte er, daß einige Äbte zur Zierde des Römischen Reiches geistliche Fürsten des Reiches seien und überließ ihnen zu dem Zweck die Berechtigung zu zeitlichen Gütern. Denn der prachtliebende und fromme Fürst hielt es für unpassend, daß das Reich Fürsten habe, die nur von Gold glänzen und nicht mehr mit dem Äußeren der heiligen Religion geschmückt seien. [...]

Da aber Karl der Große sah, daß der Abt von Reichenau arm sei und den Stand eines Fürsten nicht führen könne, so gab er ihm durch Schenkung seine Königsstadt Ulm, indem er einen förmlichen Schenkungsbrief ausstellte, in welchem viele Fürsten des Reichs sich unterschrieben, und dieser Brief ist noch heute vorhanden. Mit dieser Tat aber wollte er einerseits das Kloster erhöhen, andererseits den Ulmer Bürgern zu Gefallen sein. Es waren aber zu damaliger Zeit in Au und in den übrigen Klöstern heilige Väter, sehr fromme Männer, denen die Adeligen, die Bürger und sonstige Weltliche untertan zu sein wünschten, die sich um so glücklicher zu sein schätzten, je frommeren Männern sie untertan wären. Deshalb stellten Fürsten, Freiherrn, Grafen und Edle, sich und ihre Besitzungen freiwillig unter die Klöster und bedauerten sehr, wenn bei ihnen Hindernisse vorhanden waren, daß sie den Mönchen nicht gegeben werden konnten; denn bei den Verhandlungen und Tagsatzungen der Adeligen wurden diejenigen vor den andern geehrt, welche den Klöstern einverleibt waren. Daher machte der Kaiser Karl sowohl zu Gunsten der Mönche als der Ulmer Bürger diese Schenkung. Und es ist möglich, daß die Ulmer Bürger ihn gebeten haben, irgend einem Kloster einverleibt zu werden zu größerem Ruhm für sich, und daß sie dem Abt mehr Recht gegen ihre Stadt übertragen haben, als der Kaiser ihm gegeben habe. Denn der Kaiser machte die Schenkung mit bestimmten Beschränkungen für den Abt. Die Bürger aber waren so der Religion ergeben, daß sie die Schenkung über die Grenzen und das Recht des Abtes ausdehnten; daher zog nicht nur die Zehenten alle und die Erstlingsgaben, die Zölle und Abgaben, das Umgeld und die Steuer der Abt ein, kleidete nicht nur den Stadtpfarrer ein und setzte den Schultheißen ein, sondern nahm auch das Kleinste in Empfang und übertrug auch unbedeutende Ämter. Man sagt nämlich, der Abt habe die Schlüssel der Tore gehabt und habe ihre Bewachung nach seinem Belieben übertragen. So übertrugen auch die Hut des Viehs nicht die Ulmer, sondern der Abt, wem er wollte, und alle öffentlichen Ämter, große und kleine, hatte er zu übertragen, und es war kein Haus und kein Gärtlein, von dem er nicht die jährlichen Zinsen eingezogen hätte. Denn immer waren einige sechs oder sieben Mönche von (Reichen-)Au in Ulm und wohnten in dem Haus, in dem nun der Bürgermeister Magnus Kraft sich aufhält, und hielten ihren Gottesdienst in der Kapelle des heiligen Ägidius. Denn jener ganze Hof mit dem Platz, den man Grienhof nennt, gehörte den Mönchen zu, und es waren damals keine Häuser daselbst, wie jetzt, außer dem vorher genannten Hause der (Prediger) Mönche und dem Hause des heiligen Nicolaus, das sie aus den stärksten Mauern bauten und dessen Fenster und Öffnungen sie mit eisernen Türen verrammelten wegen der daselbst aufgehäuften Schätze und zum Schutz bei Aufständen der Bürger gegen sie. Daher war der Hof oder Platz, der Grienhof genannt, ein Zwinger oder Lustgarten der Mönche, wie er auch den Namen behielt, und das Haus des Wilhelm Lew war eine Scheuer, wovon nämlich ein Teil von Stein war, ein angebauter Teil aber nicht, wie auch das Haus von Nikolaus Besserer und das Haus des Abts von Ochsenhausen und das des Mathäus Rem, auch das Haus des sogenannten Ferwers und das an den Turm und den Hof des heiligen Nikolaus angebaute Haus nicht von Stein waren; aber breit und anmutig war der Platz der Mönche, und so stand die Sache lange Zeit.

Fabri, Felix: Abhandlung von der Stadt Ulm (Tractatus de civitate Ulmensi, deutsch), in: Mitteilungen des Vereins für Kunst und Altertum in Ulm und Oberschwaben. H. 13-15, 1908/09, S. 16/17.

Die anstößige Lebensführung der Reichenauer Mönche in Ulm und der Verlust ihrer Güter und Rechte

Mit dem Bau des Münsters wuchs das Selbstbewußtsein der Ulmer, die nun um Ablösung der Rechte des Klosters Reichenau bestrebt waren, wobei sie geschickt die Schwächen der Mönche und die zerrütteten wirtschaftlichen Verhältnisse des Klosters auszunützen verstanden. Nach zähen Verhandlungen erwarb 1383 die Stadt das Recht, selbst den Geistlichen für die Ulmer Pfarrei vorschlagen zu dürfen. Und schließlich kam am 4. Juli 1446 ein Kaufvertrag zustande, mit dem die Stadt für 24000 Gulden alle Rechte und Besitzungen des Klosters in der Stadt und im Umkreis von 4 Meilen erwarb.

So brachten also die Ulmer lange Zeit unter dem Joch und Regiment der Mönche zu und erkannten sie als ihre Herren an und waren ihre freiwilligen Diener, so lange die Mönche andächtige Diener Gottes blieben. Als aber endlich die Religion nachließ und die weltliche Pracht bei den Mönchen zunahm, ließ unter Zustimmung Gottes bei den Ulmern die Liebe und Zuneigung und der Gehorsam gegen diese Mönche nach; denn sie sahen, daß von ihren Gütern der Übermut zum großen Ärgernis vieler genährt wurde. [...] Als nun [...] der Aufwand von Tag zu Tag wuchs, wuchsen notwendigerweise die Eintreibungen bei den Untertanen und die ungerechten Belastungen, weshalb die beschwerten Ulmer zu seufzen anfingen und unter sich verhandelten wegen Abschüttlung dieses Joches; weil sie jedoch klug waren, so suchten sie die Freiheit nicht plötzlich, sondern allmählich zugleich mit der Freundschaft ihrer Herrn. [...]

So war der Abt von Au häufig in Ulm und hielt gleichsam den Hof nicht eines Fürsten, sondern eines Königs daselbst, dem die Ulmer nach Bedürfnis Geld liehen, und diesen verpfändete er Zehenten, Zinsen, Abgaben und Rechte, vieles verteilte er auch zum Lebensunterhalt mancher, anderes verschleuderte er von selbst, und es war kein Tag, an dem nicht irgend etwas mit seiner Zustimmung ihm entzogen wurde. Einmal waren, wie ich hörte, vor der Fastenzeit fast alle von Au in Ulm und gaben sich mit den Bürgern dem Lanzenstechen, Tanzen, Hochzeiten, Gelagen und allen Vergnügungen hin und machten einen solchen Aufwand, daß kein Tag war, an dem nicht ein Dorf oder Zehenten drauf ging. Und hiemit geriet der Abt in solche Schulden in Ulm, daß es sich nicht mehr um das Vermögen des Abtes in Ulm handelte, sondern schon sein

Vermögen außerhalb auch fern von Ulm in Frage kam. Hiebei räumte er dem Schultheißen und dem Rat vieles ein und gab es hin, und gezwungen verzichtete er beständig auf seine Rechte [...]. Dies alles aber trieb nicht ein Abt, sondern mehrere nach und nach, und die Sache kam zu solcher Verkehrtheit, daß, wenn ein Abt gestorben war, die Ulmer beförderten, wen sie wollten, sie die keinen dem Kloster Nützlichen, sondern einen ihrer Stadt Ergebenen wählen ließen. In solcher Verachtung aber und Geringschätzung begannen die Äbte von den Ulmern gehalten zu werden, daß, wenn ein Stadtpfarrer gestorben war, sie selbst einen wählten und zu seiner Bestätigung und Einsetzung an den apostolischen Sitz schickten, und nicht an den Abt, den es von Rechts wegen anging. Denn bei diesem allem taten die Ulmer faktisch vieles, was den heiligen Regeln und Gesetzen entgegen war, und die Mönche hatten das Recht für sich, aber sie waren nachlässig, furchtsam und schläfrig [...]. Als sie aber viele Güter verschleudert und Rechte verloren hatten, wurden den Mönchen die Augen geöffnet und sie begannen mit den Ulmern zu streiten und zu prozessieren und sich neue unnütze Kosten zu machen; und so standen sie viele Jahre im Zwiespalt. Daher waren die Ulmer 14 Jahre lang wegen der Mönche in apostolischer Excommunikation, und doch konnten sie nicht diesen Mönchen geneigt gemacht werden, sondern bemühten sich inständig beim Papst und Kaiser, daß sie von ihnen befreit werden, was jedoch auf keine Weise geschehen zu können schien. Endlich aber wurde ein Weg zu ihrer Befreiung gefunden durch eine feine Rechtsanwendung, worüber eine lange Abhandlung abzufassen wäre, und die Ulmer wurden von den Mönchen befreit und die Mönche von ihnen, und die Ulmer gaben ihnen flugs nicht wenig Gold, nämlich 24 000 Gulden und kauften alle ihre Rechte und Güter in der Stadt Ulm und im Umkreis von 4 Meilen zurück, und diesen Rückkauf bestätigten Konzil, Papst und Kaiser durch feierlichste Urkunden und Siegel mit der Unterschrift vieler Fürsten.

Fabri, Felix: Abhandlung von der Stadt Ulm (Tractatus de civitate Ulmensi, deutsch), in: Mitteilungen des Vereins für Kunst und Altertum in Ulm und Oberschwaben. H. 13-15, 1908/09, S. 18/19.

Der Beginn von Ulms großer Blütezeit

Gegen Ende des 14. Jahrhunderts begann Ulms große Blütezeit. Fabri rühmt, daß die Ulmer innerhalb von 50 Jahren fünf große Leistungen vollbracht hätten: den Bau der Stadtbefestigung, die Errichtung des Münsters, das Bestehen von Schlachten und Belagerungen, die Erwerbung eines großen Herrschaftsgebietes und die Ablösung der Rechte der Klöster, vor allem des Klosters Reichenau. Dann schildert er, wie Kunst, Handwerk und Handel aufblühten, wie gewissenhaft auf die Rechtsgleichheit der Bürger geachtet wurde und auf welch vielfältige Weise man sich in Ulm vergnügen konnte.

Und was wunderbar zu sagen ist, fünf großartige und bedeutende Werke haben sie unternommen, die sie sozusagen zu einer und derselben Zeit im Verlauf von 50 Jahren vollendeten; wenn diese ein mächtiger König zugleich ausgeführt hätte, so wäre er ohne Zweifel als hochgesinnt, kühn und mächtig gepriesen worden. Und diese fünf Dinge vollbrachten die Ulmer zu derselben Zeit, wie sich ergeben wird. Das erste war die Befestigung der Stadt, das zweite die Gründung der Kirche der heiligen Jungfrau, das dritte das Bestehen von Schlachten und Belagerungen, das vierte der Ankauf von Herrschaften ringsum, das fünfte der Loskauf der Stadt von den Mönchen.

Von dem ersten ist zu bemerken, daß, als die Stadt Ulm, wie oben gesagt worden, erweitert worden war, sie viele Jahre lang ohne den Ring der Mauern dastand, während die Bürger mit der Aufrichtung ihrer eigenen Häuser beschäftigt waren [...] Die Bürger also faßten Mut, gruben ringsherum tiefe Gräben und führten eine Mauer mit Türmen darum auf, indem sie das Wasser der Blau in Gräben hinein- und ringsherumführten; und diese Arbeit wäre genügend für e i n Geschlecht gewesen. Die Alten sagen aber, daß dies in größter Eile geschah und alle Bürger, Adelige und Nichtadelige, Männer und Frauen das Werk betrieben, weil die Not, wie sich zeigen wird, sehr drängte. – Ein anderes Werk war gleich mit diesem begonnen worden, fürwahr ein großes und herrliches. Denn weil sie von der Furcht vor einer Belagerung der Stadt gedrängt die Stadt befestigten, verlegten sie auch ihre Pfarrkirche selbst, die außerhalb der Stadt war, herein, damit sie sicher in der Kirche sein könnten, und legten das Fundament einer wunderbaren und großen Kirche. [...]

Zu derselben Zeit etwa, als es den edlen Grafen von Helfastein an Mitteln fehlte, fiel nach vielen Umwälzungen und Veränderungen die Burg Helfastein mit der Stadt Geislingen und diese ganze Herrschaft in der Länge und Breite mit ihren Dörfern, Burgen, Höfen, Besitzungen und allen Zöllen den Ulmern zu, die für dies alles eine große Summe Goldes den eben genannten Grafen zahlten. [...] Hierauf kamen die erlauchten Grafen von Werdaberg, die von den unseligen Juden, die sich in Ulm aufhielten, Geld auf Zinsen aufnahmen, in solche Schulden, daß sie aus Mangel an beweglichen Unterpfändern unbewegliche Pfänder geben mußten, weshalb die edle Grafschaft Albegg mit der Burg und der Stadt und allem Zugehörigen den Juden verpfändet stand, und nun arbeiteten sie beim Kaiser dahin, daß sie die Herrschaft und die Burg, die nun ihnen gehörten, um in den Genuß ihrer Zinsen zu gelangen, bewohnen und in Besitz nehmen könnten. Sobald dies die Ulmer erwogen, kauften sie diese Grafschaft aus den Händen der Juden los und besaßen sie bis auf diesen Tag. [...]

So also kauften die Ulmer trotz sehr bedeutender Kosten, die sie auf den Bau der Befestigungen ihrer Stadt, auf die Errichtung der großen Kirche der hl. Jungfrau und auf die Verteidigung gegen ihre Feinde ringsum verwendeten, große Herrschaften und die edelsten Grafschaften.

Das fünfte und letzte, auch zur damaligen Zeit ein Werk von großer Schwierigkeit, griffen damals die Herren von Ulm mit männlichem Sinn an. Da nämlich die Ulmer noch unter der Gewalt der Mönche von Reichenau standen und, [...] Tag um Tag die Mönche ihre Rechte, Güter, Steuern und Zölle an die Ulmer verkauften und große Schulden machten, suchten die Ulmer Wege, wie sie von den Mönchen gänzlich sich befreien könnten. Als die Ulmer diese Wege nach wiederholter Exkommunikation gefunden hatten, kauften sie mit Zustimmung des Papstes, der Kirche und des Kaisers alle Rechte des Abtes von Au in Ulm und außerhalb Ulms auf vier Meilen mit allen Gütern und allem Zugehörigen und zahlten dem Abt in barem Geld 24 000 Gulden. Und wenn dieser Vertrag und die Zustimmung der Kirche einen Monat hinausgeschoben worden wäre, so hätte der Abt kaum [leicht] 100 000 Gulden für diese nun verkauften bedeutenden Rechte erhalten, weil seine Augen erhellt worden waren. Der Abt zog nun, nachdem er das Geld erhalten hatte, so von Ulm ab, daß auch nicht eine Klaue, die sein gewesen wäre, darin zurückblieb, während doch das Patronatsrecht der Kirchen und Altäre ihm gehört hatte, ferner alle Zehenten, alle Zölle, alle Weg- und Geleitsgelder, Steuern, Einkünfte von jedem Haus, Herd und Garten, von jeder erwachsenen Person, das Umgeld und die Bußen für Gewalttätigkeiten, der Preis für die Barchet- und Leinwandschau, das Einkommen aus allem, was im Waghause gewogen wurde, ein Teil der Schenkungsgelder fast in jeder Sache und die Gebühr bei allen Ämtern und die täglichen Geschenke der Bürger; dies alles kauften die Ulmer bis zum letzten Nagel. Ähnlich kauften sie die Rechte, Besitzungen und Güter des Abtes von Bebahusen, der viele in Ulm hatte, daß er nicht einen Halm mehr daselbst hatte. Auch von andern, sei es Geistlichen oder Weltlichen, die irgend etwas von Recht in der Stadt zu haben schienen, kauften sie ihre Rechte ab und machten die Stadt frei. Und es gibt heute keine Stadt im Reich, die, ich sage es kühnlich, freier wäre als Ulm, in der kein Fürst, kein Bischof, kein Abt etwas hat, außer unter der allgemeinen Steuer der Stadt. Außer dem eben Genannten begannen sie auch die Dörfer und Burgen im Umkreis der Stadt zu kaufen.

[...] alle Künste und Handwerke sind heute dreimal größer als vor 70 Jahren und sie nehmen von Tag zu Tag zu, weil sie nicht nur für die Bürger arbeiten, sondern für ganz Schwaben, und die Waren und Werke der Ulmer nach weit entfernten Gegenden gebracht werden. Aber zwei unverhältnismäßig bedeutende und fast für nichts geachtete Kunstbetriebe finden in Ulm statt, deren Produkte weithin verbreitet werden, nämlich das Abendmahlsbrot und die Spielkarten. Denn viele bereiten Hostien und bringen sie bis in die Alpen bis nach Innsbruck, Bozen und Trient. So gibt es in Ulm auch so viele Kartenmacher und Kartenmaler, daß sie in Fässern die Karten nach Italien, Sizilien und nach den entferntesten Inseln des Meeres und in jede Gegend schicken. Ich schweige von den Barchetstücken und mehrerem anderen, was von Ulm in die äußersten Gegenden der Welt gebracht wird. Es gibt also in Ulm so viele und so bedeutende Menschen als in manchen doppelt so großen Städten, nicht weil die Gegend um Ulm gut und fruchtbar wäre, so daß sie von den Gewächsen des Landes sich nährten, sondern es sind 5 Punkte, die zu dieser großen Menge beitragen.

Das Erste ist, daß die Stadt und die Gemeine an sich reich ist, wie aus dem früheren erhellt, und in Folge davon auch die Bürger reich sind. Deshalb können auch mehr Menschen hier sich nähren. – Das Zweite ist, daß dem Armen und Elenden Gerechtigkeit zu Teil wird, wie dem Reichen und Vornehmen. Denn das wurde den alten Ulmern laut und öffentlich nachgerühmt; so habe ich von einem alten Mann gehört, daß einst einer gegen einen andern einen Prozeß hatte, der durch die Ulmer Richter und den Gemeinen Rat nach Anhörung der Parteien entschieden werden sollte. Am Tage vor dem Urteil aber führte der eine von diesen bei mehreren Häusern der Ratsherren, Richter und Zunftmeister ein gemästetes Schwein herum, indem er es jedem anbot, damit er beim Urteil auf seiner Seite wäre, aber alle wiesen ihn mit seinem Schwein ab. Und so führte dieser das Schwein nach Ursperg zurück, wo er her war, und erhielt ohne diese Bestechung sein Urteil. [...] Das Dritte, warum Ulm so viele Einwohner hat, ist die Freiheit. Denn es gibt hier keine schweren Lasten, sondern leicht kann jeder Arme hier bestehen. – Das Vierte ist die Allgemeinheit der Geschäfte; denn alle Geschäfte werden hier getrieben. Deswegen können nicht nur Erwachsene, sondern Kinder von Armen täglich einen Denar oder zwei verdienen. – Das Fünfte ist die Ergötzlichkeit und das Vergnügen; denn wenn ein Mensch sich am Gottesdienst, an Religion und am Anhören des Wortes Gottes ergötzt, an Orgelspiel und Zierat, am süßen Gesang der Scholaren oder der lieblichen Melodie, an langem oder kurzem Gottesdienst, so wird er alles täglich in Ulm in der Nähe finden. Wenn aber jemand an irdischen und weltlichen Dingen sich ergötzt, so wird er es in Ulm in jeder Art im weitesten Maße finden. Hier gibt es Spiele, hier Schaustellungen, hier Gesellschaften, hier kann man einen Rausch trinken, hier gibts schöne und geschmückte Frauen, hier übermäßigen Luxus, hier irdische und weltliche Vortrefflichkeit, hier Müßiggang, hier emsige Arbeit, hier vernimmt man die Tagesneuigkeiten von Osten und von Westen mehr als in irgend einer andern Stadt Schwabens; hier herrscht Freude und Trauer, hier Leben und Tod, hier Tugend und Laster, was Ulm mit andern gemein hat.

Fabri, Felix: Abhandlung von der Stadt Ulm (Tractatus de civitate Ulmensi, deutsch), in: Mitteilungen des Vereins für Kunst und Altertum in Ulm und Oberschwaben. H. 13–15, 1908/09, S. 94–99.

Erste Beschreibung des Münsters

Fabris Traktat von 1488 enthält auch, in neun Punkten zusammengefaßt, die erste Münsterbeschreibung. Von diesen neun Punkten beziehen sich die ersten fünf auf das Äußere und Innere des Münsters und die übrigen hauptsächlich auf den Gottesdienst. In den sich auf das Münstergebäude beziehenden Punkten rühmt er dessen Größe, Schönheit und Ausstattung mit 51 Altären und zahlreichen Stiftungen. Er vergißt auch nicht, die Gebefreudigkeit der Ulmer gebührend hervorzuheben.

Es wuchs nun das Werk in ihren Händen, und innerhalb 111 Jahren, nämlich vom Jahr seiner Gründung 1377 bis zum jetzigen Jahr 1488 wurde es ein Tempel zum Staunen und zur Bewunderung für alle Völker und Jahrhunderte. Und nicht so sehr bewundert, wer es sieht, den gewaltigen Bau, als die Großherzigkeit und die Kühnheit der Gründer, daß sie in einer so kleinen Stadt ohne Anrufung von Fremden, ohne Beihilfe und Betteln ein solches Gebäude zu errichten wagten, dessen riesiger und erhabener Glockenturm heute zur Ehre der göttlichen Majestät, wie wenn er in den Himmel wachsen wollte, in die Höhe strebt. Das schon

Heiliger Abend 1975

längst vollendete Schiff der Kirche selbst aber strahlt innen in solchem Glanz, daß die Fremden, die dahin kommen, den Schmuck bewundernd es für eine Wohnstätte nicht sowohl der Sterblichen, sondern der Himmlischen erklären. Sehr viel tragen aber zum Schmuck dieser Kirche bei die in alter Kunst angefertigten (Stein)-Bildwerke der alten Pfarrkirche, die oben in den Vorhallen und Giebelfeldern der Türen dieser Kirche angebracht sind. Es hat aber die Kirche folgende 9 besondere Vorzüge vor allen Pfarrkirchen in der ganzen Christenheit.

Erstlich ist sie eine größere Pfarrkirche als jede andere, sie ist nämlich weder eine Kollegialkirche, noch eine bischöfliche, noch Abteikirche, sondern nur eine einfache Pfarrkirche, größer als viele bischöfliche und herrlicher als die meisten Patriarchenkirchen. Nicht jedoch wage ich sie mit der Sophienkirche in Konstantinopel zu vergleichen, welche die berühmteste auf dem ganzen Erdkreis ist, von 900 Priestern einst bedient, in wunderbarer Kunst und kostbarem Stoff erbaut, die jetzt leider der Unreinigkeit Mahomets unterworfen ist; aber diese war eine Patriarchenkirche.

Zweitens hat diese Kirche eine größere Schönheit als alle andern, nicht zwar im Schmuck der Wände oder in der Art des Bodenbelags oder den steinernen Bildwerken oder Gemälden oder der Vertäfelung, sondern in dem Glanz des Lichtes, worin die eigentliche Schönheit besteht. Denn viele Kirchen habe ich gesehen, die an Kunst und Stoff glänzender sind, aber keine, die von so reichlichem Licht durchströmt, keine, die in allen Winkeln so hell ist wie diese; und sie hat keinen finstern Winkel oder schattigen Aufenthaltsort oder dunkeln Wohnraum, wie große Kirchen zu haben pflegen; auch hat sie keine verborgenen Kapellen, sondern sie sind zugänglich und hell.

Drittens ist sie reicher an Altären als alle Pfarrkirchen: denn sie hat 51 Altäre, die alle ihre Gebühren und Einkünfte haben und nicht von Fürsten oder edlen Herren oder Fremden, sondern von den Einwohnern von Ulm selbst begabt sind, und wie sie die Patrone der Kirche sind, so sind sie auch die Kollatoren (Besetzer) aller Altäre. Viele Altäre aber gibt es, die 5, einige, die 4, einige, die 3 Präbenden haben.

Und daraus folgt viertens, daß keine Kirche, die eben nur eine einfache Pfarrkirche ist, so viele Geistliche an der Zahl habe, als die Ulmer Kirche.

Fünftens ist diese Kirche reicher an freiwilligen Gaben als alle andern. Wer aber wissen will, wie groß ihre Gaben sind, die täglich durch das Ulmer Volk am Opferstock oder Opferbecken für ihren Bau, und an den Altären in Silber und Wachs zum Gebrauch des Herrn Pfarrers dargebracht werden, der erwäge die Kosten der Bauleute, die täglich arbeiten und von entfernten Orten die Steine herbeiführen, deren Ankauf und Herbeiführung eine unglaubliche Summe erfordert, weil die Steine dieser Kirche nicht von ulmischem Boden, sondern von entfernten Orten herbeigeführt werden. [...]

Fabri, Felix: Abhandlung von der Stadt Ulm (Tractatus de civitate Ulmensi, deutsch), in: Mitteilungen des Vereins für Kunst und Altertum in Ulm und Oberschwaben. H. 13–15, 1908/09, S. 26–27.

Die Gefährdung des Münsters 1492 und die Behebung der aufgetretenen Schäden

Der Ulmer Schuhmacher Sebastian Fischer (1513–ca. 1555) schrieb eine Chronik, die eine wichtige stadtgeschichtliche Quelle ist. 1492 sind – wie er zu berichten weiß – an einem Sonntag während der Nachmittagspredigt zwei Steine aus dem Turmgewölbe herabgefallen, die eine Panik ausgelöst haben. Der Vorfall war ein alarmierendes Zeichen der baulichen Gefährdung des Münsters, vor allem seines Turmes. Zur Rettung des Bauwerks mußten umfangreiche Bauarbeiten ausgeführt werden, die sich bis ins Jahr 1507 hinzogen und die Architektur des Münsters veränderten. Was Fischer mitteilt, weiß er hauptsächlich von seiner Mutter, die auch dabei war, als das Unglück geschah. Die Handschrift der Chronik befindet sich in der Bayerischen Staatsbibliothek in München.

Im 1492 Jar hat sych das Meinster anfahen sencken, das man gfircht hat es werd vmfallen, ainmal an aim Suntag waren die leütt an der predig zu Mittag, da fielen zwen stain herab vß dem gwelb, da flohen die leütt vß der kirchen, dan sy mainten das Meinster welt vmfallen aber die stain hetten niemants troffen, Der kirchemayster must entlauffen (darum) das er nitt baß zu der kirchen baw geluget hett, dan man fand zwen groß keller, vnder den glogken, da dan das Meinster solt den sterckesten grund haben diselben zwen keller fillet man auß, vnd vnderfur man das Meinster mitt starcken mauren vnd gwelben, wie dan die Jarzal noch an der Maur bey den glogken stat also 1494 Jar Als man nun die dicken Mauren vnd gwelber gmacht vnd den thurn wol vnderfaren vnd versorget hett, welches sych danocht verzogen hat biß vff 8 Jar vngfar, hat man dar nach auch angfangen die kirchen zu vnderfaren, vnd gemacht die runden pfeyler die zu bayden seytten ainander nach hinauff Jn der kirchen staund vnd ist die Jarzal an der Maur ob der Neythart kappel, wan man die pfeyler vnd nebengwelber hat anfahen machen namlich Jm 1502 Jar vnd vff der anderen seytten beym tauffstain ist die Jarzal an der Maur ob der

Santkrystein 1507 Jar da send alle pfeyler vnd gwelber außgemacht worden * Mein liebe Mutter selig hat mir sollichs gesagt, wie oben gschryben stat das die leütt vß der kirchen gflohen send, dan sy ist selbs auch an der predig gwesen, da sollichs gschehen ist, sy ist fraw gwesen das sy vß der kirchen ist kumen, auch hat sy sehen die pfeyler auffmauren wie sy dan noch stand, deßgleychen auch mein vatter selig, sagt das, das der erst pfeyler gwesen ist denn man gmacht hat der rund pfeyler oben beym Sacrament hauß, aber da die leütt vß der kirchen gflohen send ist er noch nitt hie gwesen etc.

Fischer, Sebastian: Chronik, besonders von Ulmischen Sachen, in: Mitteilungen des Vereins für Kunst und Altertum in Ulm und Oberschwaben. H. 5–8. 1896, S. 226.

Bitte des Bürgermeisters und Rates von Ulm an die Stadt Eßlingen um Entsendung von fünf tüchtigen Steinmetzen

Die Gefährdung des Münsters drängte zur Eile. 1493 kamen in Ulm auf Einladung der Stadt Baumeister aus 28 Städten zusammen, die darüber berieten, wie geholfen werden könnte. Unter ihnen war Burkhard Engelberg, der Baumeister von St. Ulrich und Afra in Augsburg, dem schließlich die Rettung des Münsterturmes anvertraut wurde. Die umfangreichen Bauarbeiten konnten ohne fremde Hilfe nicht schnell genug bewältigt werden, weshalb man sich an andere Städte, u. a. an Eßlingen, mit der Bitte um Entsendung tüchtiger Steinmetzen wandte. Im Oktober 1493 trafen allein aus Augsburg 116 Steinmetzen in Ulm ein.

Den ersamen vnnd weisen Burgermaister vnnd Rate der Stadt Esslingen vnnsern besonndern gutten Fründen.

Vnnser früntlich willig Dinst voran. Ersamen vnnd weisen lieben Fründ, Nachdem dem Thurm an vnnser lieben frowen Pfarrkirchen hie bey vnns merklich prüch zugestannden sein, die durch hingeen vnnd schleissen der Zeit gross sorgen nicht mit klainem schaden auf Im tragen, Sein wir demnach sollicher prüch halben Eylennd hilff, vnnd gutter Stainmetzen nottürftig, demnach vnnd so wir nit zweiflen Jr syent der Junckfrawen Marie vnnd den lieben Heyligen, in der Ere vnnser Pfarrkirchen geweiht ist, zu lob in den Dingen erschliesslich hilff vnnd Fördrung zethun sonder genaigt, Bitten wir Ewer Weisshait gar vleissig Jr wöllent vnns zu lieb vnnd dem egenannten vnnserm kirchenthurm zu hilff vnnd gutt fünf Stainmetzen vnnd namlich Steffan, der zu Dinckelspühel ge-

20

wesst ist, Niklausen von knüttlingen, Hannsen von Rottemburg auf der Tawber, Hannsen von Hall vnnd Endrissen Weissenburger fürderlich vnnd on alles verziehen her gen Vlme schicken mit bewelch zu wendung söllicher prüch mit trewen zu helffen vnnd zu arbaiten, der yedem wirdt man ainen tag zu winterlon geben Zwainczig pfennig, vnnd ainem, der auff der Mawer arbeitten vnnd mawren kan, Viervnndzwainczig pfennig, Vnnd beweisent Euch hierinn so fürderlich vnnd gutwillig als wir vertrawen haben, Stet vnns vmb Ewer Weisshait mit willen zu verdienen, Vnnd wiewol wir vnns in den Dingen abslags nit versehen Nochdann so bitten wir hierumb Ewr verschriben antwurt wider mit dem botten. Dat. Sambstags nach Francisci Anno LXXXXIII°

Burgermaister vnnd
Rate zu Vlm.

Haßler, Konrad Dieterich: Ulms Kunstgeschichte im Mittelalter. Stuttgart 1864, S. 99.

Die Katastrophe von 1492, ihre Folgen und die Rettung des Münsterturmes durch Burkhard Engelberg

Frick geht zunächst den Gründen nach, die zur Katastrophe von 1492 geführt haben. Danach berichtet er den Vorfall und das, was daraufhin zur Rettung des Münsterturmes unternommen wurde, wobei er Burkhard Engelbergs Leistung sehr zu würdigen weiß. Leider ist durch die notwendig gewordenen Einbauten von der kühnen Idee Ulrichs von Ensingen, den Turm in das Schiff hereinzunehmen und dieses in voller Höhe und Breite unter ihm hindurchgehen zu lassen – was dem Bauwerk eine wirkungsvolle Leichtigkeit verliehen hätte – nicht mehr viel übrig geblieben.

Daß aber die Ulmer nachgelassen den Thurn höher zu führen / hat ein beschwerlicher Zufall verursachet / der sich Anno 1492 ereignet / als in welchem der Thurn um etwas zu sincken begunte / daß man besorgte er möchte einfallen / wie dann einsten an einem Sonntag zu Mittag unter der Predigt zwey Steine aus dem Gewölb herab gefallen / worüber groß Schrecken / wie jeder leicht erachten kan / entstanden / daß die Leute häuffig aus der Kirche geflohen / indem sie besorgt / der Thurn möchte einfallen / ob schon niemand Schaden geschehen: Es beschreibet dieses einer / dessen Mutter damahls selbsten in der Kirchen gewesen. Man fand im Nachsuchen zwey grosse Keller unter dem Thurn / die man zwar

ausgefüllet / aber gleichwol den Thurn noch nicht gesichert / und veste
genug erachten konnte; wann nun ohnedem der Baumeister aus Furcht
eines schlechten Tractements durchgegangen / und man zwar Processio-
nen und Umgänge nach damahliger Zeiten Art gehalten / fernern Schaden abzubitten / doch aber aus selbigen so viel Zuversicht nicht schöpf-
fen konnte / daß solche den Thurn werden stützen / so wurden aus 28.
Orten Baumeister beschrieben / Rath und Hülffe zu leisten / unter welchen doch keiner der Sache zu helffen sich getrauet / ausser Burckhardt
Engelberger / Steinmetzen von Augspurg / welcher wol sahe / daß die
zwey Pfeiler / welche die Helffte deß Thurns trugen / zu solcher Last
nicht starck genug wären / darum er den zehenden Pfeiler auf jeder Seiten mit dem äussersten deß Thurns vermittelst einer denen Pfeilern
gleich dicken Maur zu verbinden / sich vorgenommen / und dieses
Werck Anno 1494. angefangen / doch daß er zu jeder Neben=Seite einen
Durchgang liesse. Man findet deßhalben über dem Durchgang / wann
man unter dem Thurn gegen der Mittags=Seiten in das Seiten=Gewölb
gehen will / diese Worte an der Maur mit schwartzen Buchstaben gemah-
let: Das hat man underfaren in dem Jar da man zalt 1494.

Ferner wurde auch zwischen dem neundten und zehenden Pfeiler auf
gleiche Weise eine Maur aufgeführet / doch zu beyden Seiten vermittelst
eines Spitzbogens ein Durchgang zu denen Seiten=Gewölbern gelassen /
damit also auch gegen Morgen der Thurn nicht weichen könnte; und daß
er endlich zu beyden Seiten vestere Halt habe / hat man von dem zehenden Pfeiler auf jeder Seite eine Maur gegen die Wand der Seiten=
Gewölber aufgeführt / aber auch vermittelst eines geraumen Bogens /
einen Durchgang gelassen; Die Jahrzahl 1500. so über dem Bogen der
Mitternacht=Seite stehet / gibt Anzeige / daß man dieselbe in gedachtem
Jahr verfertiget. Man hat mit dieser Arbeit fast biß 1502. zugebracht /
gestalten auch vorgedachter Auctor meldet: Man habe mit diesem Un-
terfahren in die 8. Jahr zugebracht. Und hieraus kan der Leser nun abnehmen / warum man heut zu Tage nicht mehr zehen Pfeiler im Münster
zehlt? Es hat sich immittelst gedachter Engelberger sowol mit diesem
Bau verdient gemacht / daß man ihme / ausser seinem Lohn / 400. Gulden verehrt / und 50. Gulden jährlich Lebenslang zu zahlen bestimmt.
Solche Pension hat er in die 10. Jahr genossen / indem er Anno 1512.
gestorben / wie sein Epitaphium ausweiset / welches mir ein sehr werther Gönner aus Braschii Epitaphiis Augustanis communicirt / und also
lautet.

Zu Gedachtnuß deß vielkunstreichen Architectoren der Statt Augspurg – – – und St. Ulrichs Gebäu Meister auch Pfarr Thurn zu Ulm und
anderer schadhafften gezargten grossen Wiederbringer Burkarden Engel-

bergers alhier / der tod verschieden ist auf den 11. Febr. deß 15. und 12. Jahrs. Seiner und aller Christen Hail / GOtt der HErr mitheil.

Hierauf wurde noch zu einer Arbeit geschritten / nemlich / da zu beyden Seiten nur ein Gewolbe gewesen / wie man noch an denen durch beschriebene Mauren gleichsam abgesonderten Orten bey der sogenannten Kohl=Schnecken / und der kleinen Thůr dem Platz zu / siehet / so hat man nun jede Seiten in zwey Gewolber zu theilen fůrgenomen / damit auf solche Weise diese beyde Seiten dem mittlern hohen Gewolbe mit wenigerer dessen Beschwerung desto vester angeschlossen wůrden.

Frick, Elias: Templum parochiale Ulmensium. Ulm 1731, S. 48–49.

Der Beschluß des Ulmer Rats, den Weiterbau des Münsters einzustellen

Mit dem Bau am Münster soll zur Verhütung costens und aines Ehresamen Rats schimpf und span* stille gestanden werden.

Ulmer Ratsprotokoll vom 29. Januar 1543. [Stadtarchiv Ulm]   * span = Streitigkeit, Schwierigkeit

Die zu schwachen Fundamente des Münsterturmes

Martin Zeiller (1598–1661) Geograph und Reiseschriftsteller, geht in seiner knappen Beschreibung des Münsters auch auf den Turm ein, der seiner Ansicht nach wegen den zu schwachen Fundamenten nicht vollendet werden konnte.

Vnter den Kirchen vnd Gottshåusern [Ulms] leuchtet herfůr das gewaltige Műnster / oder die Hauptkirche / fast mitten in der Statt gelegen / [...] die wenig jhres gleichen / ja in Teutschland keine findet / so jhr an Grősse / Hőhe / Långe / vnd Breyte / gleich wåre / wiewol / deß Thurns halber / jhr Straßburg / vnd vielleicht auch andere / vorgehen. [...]

Der viereckichte Thurn daran / so mit lauter Quaderstůcken auff das zierlichst vnd pråchtigst auffgefůhret ist / hat in der Hőhe / biß an den Ring / oder Vmbgang zwey hundert vnd vier vnd dreyssig Werckschuh / in der Breyte aber neun vnd sechzig. Jst jnnwendig mit drey vnderschiedlichen Gewolben vber einander / auch stattlichen Glocken außstaffiert; håtte auch mit einem steinern außgehawenen gespitzten Tach

noch so hoch sollen außgeführet werden / wofern nur solches das Fundament [...] hätte ertragen können.

Zeiller, Martin: Chronicon parvum Sueviae. Ulm 1653, S. 398/399.

Die Einstellung der Bauarbeiten und das Notdach des Turmes

*Der Chronist Marcus Wollaib (1641–1733) ist ebenfalls der Meinung,
daß der Turm deshalb nicht vollendet wurde und ein Notdach bekam,
weil man sein Fundament für zu schwach hielt.*

Von disem Crantz an, hat man den Thurm angefangen einzuziehen und
recht in acht Eck zurichten, wie dann auff dise Art bereits ein Stuck [...]
hoch, noch mit lauter Quaderstücke, auffgeführet worden, man muste
aber innen halten, weil zu besorgen daß Fundament möchte einen gro-
ßern last nicht wol ertragen, dahero man anstatt deß vorgehabten steinern Tachs einen Hültzern Tachstuhl gleich auff das auffgeführte steinerne Stockwerck angefangen auffzurichten, welcher wegen seines
schnellen Schlußes, fast unscheinbar außsiht.

Wollaib, Marcus: Paradysus Ulmensis, Ulmischer Paradiesgarten. Handschrift, Ursprung 1714, S. 89.
[Stadtarchiv Ulm]

Gegen Kirchen und ihre Ausstattung

*Der Reformator und Volksschriftsteller Johann Eberlin von Günzburg
(1468–1533), ursprünglich Franziskaner, lehnt in einem gedruckten
Schreiben an den Rat der Stadt Ulm alle Arten von Kirchengebäuden,
auch das Münster, samt Ausstattung, entschieden ab. Eberlin war
1520/21 in Ulm und ist dann wegen seiner Hinwendung zur Reformation aus der Stadt ausgewiesen worden.*

Die antechristischen büben haben eur frume öltern verfürt / das sy ain so
kostliche kirchen gepawen haben darauff vnzälich gelt gangen ist / vnd
noch geet / darann Got kain gefallen hat / noch radt noch gepot dartzü
gegebenn und alle kost verlorenn vor got ist [...]
 Ain hauß habñ in ainer stat dar iñ die gmain zesamē kūpt gotes wort
zühörñ ist nit vnrecht / Weyter darff man seyn nit / ist auch nit not /dz

man es fast kostlich mach / got hat nit mer gfallñ darab / dañ so du ain badstubñ od' waghuß od' rathauß bauest / Cristus, hat gar wenig in den sinagogen vñ tēpel gepredigt aber vil mehr auf dem feld / über tysch am wasser auf den bergē in and'n heusern etc ist auch nit võ nõtñ im zůlob vñ dienst ain marmelsteinin tēpel datzůbauen / mõcht ich vm̄ got erwerbñ / dz er euch den syn gebe / alle kirchen bey euch abzůprechen / vñ die materien zůbrauchñ zů ainem luftigen spital / odcr zwaien / für arme leut / oder für die bilgrem oder zůhilff armen leuten, / jre heuser zepauen. Oder mõcht es nit besser werden / das der hagel all kirchen zerschlůg on schaden andrer heüser / ich wolt geren solang helffen arbaiten / biß man ain andre schlechte kirchñ pauet wie oben gesagt ist / on gmel / on kostliche zierd vnd meßgwand. Wõlt jr nit vmb gots willen geben / souil sylber / gold / seiden / saṁet. etc on nutz iñ der kirchen zůbehaltten so tailen es doch in vnd vnder die geschlecht / so solichs gekaufft vnd gestifft haben minder schad ists / wañ mann darein zů marckt vnd zů tantz geet / deñ daz sy ain pfaff zů dem altar iñ papistischen messen geprauch. Da Jesus christus die Euangelische meß einsatzt / henckt er nit vil saṁet vnd seidin an den halß / war christlich ding bedarf nit eüsserlich geschmuck / laßt sich benůgen an dem yñern / aber d' antechrist můß das eusserlich sůchen / zů aim schein / dann sein ding ist nit gůte war.

Eberlin, Johann, von Günzburg: Die ander getrew vermanung . . . an den Rath der loblichen stadt Ulm . . . Erffurdt 1523, Bl. 11/12.

Reformation und Bildersturm

Der Ulmer Rat hat sich mit der Durchführung der Reformation Zeit gelassen. Im Juni 1524 wurde der aus Brackenheim vertriebene Konrad Sam als Prediger angestellt, der das Wort Gottes nach der Heiligen Schrift ohne menschliche Zusätze verkündigen sollte. 1531 war es dann soweit: unter Beiziehung von Ambrosius Blarer aus Konstanz, Johann Oecolampad aus Basel und von Martin Bucer aus Straßburg wurde in der Stadt und im Ulmer Herrschaftsgebiet die Reformation durchgeführt, in deren Verlauf es zu einem Examen der Ulmer Geistlichen vor dem Rat und den Reformatoren kam. Am 16. Juni wurde die Messe abgeschafft und am 19. Juni begann der Bildersturm, dem der größte Teil der Münsterausstattung zum Opfer fiel.

Jm 1524 Jar ist Her conrat Saum von rottnacker birtig, meines hertzlieben fatters bruder, zu meinem fatter hieher gen vlm kumen, an Sant feyts tag nach mitag um die drey, dan man hat jn zu brackenhain vertryben von des wort gottes wegen [...]

Am andern tag darnach ist er vff das radthaus gangen, Da haund Jm die heren geantwurt er sell drey predigen thon zu ainer prob, da hat er drey predigen gethon, Da haund Jn die heren gefragt was man Jm ain Jar geben hab zu brackenhain Jm wiertenbergischen land, da er dan pfarrer gwesen ist, da hat er Jnen geantwurt ain Jar hundert gulde, da haund die heren gesagt sy wellen Jm auch ain Jar hundert gulde geben, also haund sy Jn angnummen zu ainem predigkanten, wie er nun ain weyl hie ist gwesen hat er nach seim weyb elsbetha geschickt die ist zu reyttlingen gwesen, also ist sy kumen, hat sy hie zu kirchen gefiert, haben also beyainander gewonet Jn allem fryden, vnd kaine kinder bey ainander gehebpt biß sy bayde gstorben send [...]

[Sam] hat also [...] das euangelyum prediget [...], biß vff das 31 Jar da haben meine heren hie zu Vlm ain mal zur sach gethon vnd ernst ange-legt wie sy den sachen thien der meß halb, haben also geschickt nach gelerten mennern, als ecolampady, Martin butzer von straßburg, Am-brosy blaurer von kostentz, die drey pedigkanten haben ain weyl hie ge-prediget, es ist auch ander prediger mer herkumen als zimprecht von memingen, vnd her bartleme miller von biberach, vnd ander mer, wie sy nun ain weyl geprediget haben, da haben meine heren hie zu vlm alle pfaffen Jn der statt vnd vff dem land herein beriefft vff das radthaus, auch den pryor zu predigern, vnd den gardyon zun barfussen, haben also die predigkanten mit Jn dispudiert, aber sy haben all gschwigen die bebsti-schen pfaffen weder ain doctor pfarrer zu geyßlingen der hat ain gschryfft gestelt, dar wider die predigkanten hefftig geredt haben, vnd mit bibli-scher schryfft darnider gelegt alles beschehen Jn der ratstuben, der prior zun predigern gab antwurt er welt form kayser dispudiern wie nun ain burgamayster vnd ain gantzer radt, alle handlung fleyssig erkundiget hetten, wurden sy bald zuradt thetten hinweg die meß dieweyl sy ain grewl for gott sey, sella man kain meß me haben, ist also die meß abge-thon, an ainem freytag ist der 16 tag brauchmonat gwesen, vnd hernach vff den 19 tag brauchmonat [...], da schlug man darnyder alle getzen*, vnd altar Jn der pfarrkirchen, wer ain altar oder haylgen Jn der kirchen hett, den ließ man es haimfieren aber wa haylgen oder altar waren des sych niemants annam des zerscheytet man vnd gab mans armen leyten zu ainem brennholtz das that man hernach auch Jn allen kirchen das geschach Jm 1531 Jar [...]

Fischer, Sebastian: Chronik, besonders von Ulmischen Sachen, in: Mitteilungen des Vereins für Kunst und Alter-tum in Ulm und Oberschwaben. H. 5-8. 1896, S. 10/11.
* am Rande: bilder.

Die Abgötterei der Bilderverehrung

In einem Schreiben, in dem der Rat darlegt, was ihn zur Reformierung der Ulmer Kirche bewogen hat, wird in einem eigenen Abschnitt die Bilderverehrung behandelt. Sie sei, so meinte der Rat, nichts als pure Abgötterei, weshalb man auch zurecht die Bilder aus den Kirchen entfernt habe.

Bilder sind auch so zů vnleugbarer abgȯtterey geraten / vnd wider das hell gepott gottes / nit allain on scheẘ; sonnder in hoffnung grosses verdiensts verehrt worden / vn̄ in dem auch der massen v̆berhand gnom̄en / das dem gmainen ainfȧltigen hauffen / nit annders vnd bas hat mȯgen gholffen werden / dann das wir (nach dem nun auß der schrifft die warhayt sȯlchs gȯtzendiensts / vnd abgȯtterrey halb / gnůg gepredigt ist) sollch bilder vn̄ gȯtzen / die namlich, so zů verehrung vffgestȯlt / vn̄ auch vilfȧltiger weyß verehrt wordē sind, in vnsern kirchen gentzlich abschafften vn̄ hinthȧten / wie wyr sy dan̄, in vnser Statt schon abgschafft vn̄ hin gethon haben / vn̄ vff dem land bey den vnsern / so bald dieselbigē durchs wort der warhait gnůgsam bericht werdē / auch also abschaffen vn̄ hinthůn wȯllen / ongezweyfelt solchs werd vns nieman verargen / der dz gȯtlich gepott Exo. XX. vn̄ Deut. v. ye recht angesehen / und dabey war genomen hat, wȯlcher maß die Bilder gȯttlicher ding erinnern / nach dem man ym̄er fürgibt / sy seyen der layen bůcher / Dan̄ ain yeder verstendiger / der in dysen hanndel recht sehen will / gleich findt, das die bilder nichts dan̄ ain fliegende andacht in leütten erwecken / vnd sy allgmach dohin bringen / dz sy gwonen / gottes sunst nierget zů gedencken, oder zů ehrn / dan̄ wan̄ sy die vnentpfintlichen gȯtzen, vnd lugenhafften werck menschlicher hen̄d anschowen, mit schwȧrer schmach vnd vernichtůg der so herlichen, wunderbarlichen, lebendigen bilder Gottes / so Er selbs gmacht / vnd vns fürgstȯlt hat / zů denen vns auch der gayst gottes / in hayliger schrifft allenthalb weyßt / Nemlich / hym̄el / erd / vnd was hierinnen ist / menschen vnnd an̄der creaturen, die vns die gȯttlich macht / fürsehung vnd gůte / so gwaltig fürbringen / vnd gleich in die augen stoßen / das (so eüsserlich fürbildung helffen kȯnde) wyr Gottes nym̄er mehr vergessen solten, vnd kain gedancken wyder sein willen jm̄ermehr haben / so alle die bilder / die von menschen werden zůgericht / nichts dann der menschen / oder anndrer gschȯpfft gottes / nichtige / lȧre / laruen sind. [...]

Bilder haben geredt / gewaint / gwandert / gsund gmacht / teüffel außtryben / vnnd allerlay wunder wz man der hayden gȯtzen ye zůgeben hat / gwürckt / daher es dann alls vol wallfȯrt / vnd so grober abgȯttery wor-

den ist / das es nitt hat mögen gröber sein / daran vnser auch der teüfel
nur gespott, vnd mancherlay gleuff, durch so grobe lugen, vnd vnge-
reympte fantasey vffgericht hat / das es zů erbarmen ist.

Gemain außschreiben ... 1531, Bl. 14.

Der Bildersturm ein »Schandfleck«

*Der Ulmer Superintendent Konrad Dieterich (1575–1639) setzte sich in
mehreren Predigten eingehend mit dem Münster und seiner Ausstattung auseinander. In seiner ersten »Ulmischen Jubel- und Danckpre-
digt«, die er zum Reformationsfest 1617 gehalten hat, schildert er kurz
und übersichtlich den Ablauf der Reformation in Ulm, wobei er für den
Bildersturm keinerlei Verständnis zeigt. Er sagt vielmehr, daß durch
den Bildersturm dem Münster ein solcher »Schandfleck« zugefügt worden sei, »welcher in Ewigkeit ... nicht wird können außgewischt werden«. Damals waren noch sehr deutlich seine Spuren auch am Chorgestühl und an den Türen zu sehen.*

Hierauff ist in nechstfolgendem 1531. Jahr / die endliche allgemeine Reformation in Stadt vnd auff dem Land / in Gottes Namen vorgenommen /
zu welcher dann auff angeben Cunrad Sams / D. Johann Occolampadius,
zu Teutsch Haußschein genant / von Basel / Martinus Bucerus von
Straßburg / vnnd Ambrosius Blaurer von Costantz; von einem Ehrsamen
Raht allhero beschrieben / denen Herr Zimprecht von Memmingen /
vnnd Herr Bartholome von Biberach / Evangelische Prediger / zugeordnet worden / welche nach dem sie Sontags Exaudi glücklich allhier angelangt / haben sie endlich auff vorgehende Tractation vnnd Anordnung
eines Ehrs. Raths in den Pfingstfeyertågen in der Stadt / vnd dann auch in
denen vornembsten Kirchen auffm Land / als Geißlingen / Langen Aw /
Leipheim vnd andern / vnterschiedene Predigten zum Volck gehalten /
sie in den vornemsten Glaubens Artickuln Christlicher Lehr auß Grund
H. Schrifft vnterwiesen / vnnd zu was Ende die vorstehende Reformation
angesehen / mit mehrerm berichtet. Nachgehendts hat ein E. Raht die
strittige Hauptpuncten Christlicher Lehr inn etliche Artickel / deren
achtzehen gewesen / von jhnen verfassen lassen / vnd all Geistliche Gelehrte vnd Ordensleut in Stadt vnd Landt / die Priester in der Stadt den
fünfften / die Ordensleut den sechsten / die andere auff dem Land den
siebenden Junii zu sich auffs Rahthaus beruffen / jhnen die bemelte Ar-

Der im Bildersturm zerstörte Kargaltar

tickel vorlesen / vnnd gantz ernstlich ermahnen / erbeten / vnd ersuchen
lassen / sie vnbeschwert was sie darvon hielten / anzeigen / vnnd wo sie
einen oder den andern Vnrecht heissen wůrden / dessen Gegentheil auß
Grund heiliger Gőttlicher Schrifft erweisen wolten. Ob nun wol deren in
der Zahl ob dreyssig vnd hundert gewesen / ist doch nicht einer erfunden /
der ein einzigen Artickel einiges Jrrthumbs aus der heiligen Schrifft
hette zubeweisen sich bewilliget / ohne allein D. Georg Ostwald damals
Pfarrer zu Geißlingen / vnd Kőllin der Prior im Prediger Kloster welche
zwar nach vielen Außreden / so sie vergeblich eingewendet / sich dahin
bewegen lassen / daß sie aus Grund heiliger Schrifft / wo viel gedachte
Artickul wider die Schrifft weren / anzuzeigen sich erbotten / vnd zuge-
sagt / Gestalt dann auch eben hierzu D. Ostwalden zum andern mal vier-
zehen Tag Zeit auff sein begehren gestattet. Haben auch endlich jhre
Schriffte vbergeben / aber darinn gemeine schlechte vngerereimbte Sachen fürbracht / welche jhnen Angesichts eines Ehrsamen Rahts / auch
etlicher der vornembsten Geistlichen in der Stadt vnd auff dem Land /
wie in gleichem etlicher Bürger vnd Unterthanen / welche in specie
hierzu beruffen / Gegenwahrt / so Grůndlich / Christlich/ Freundlich
vnd Bescheidenlich widerlegt / daß sie mehrer vnd ferner Jnstantz nicht
herfůr bringen kőnnen oder wollen / Jn massen die mit jhnen gepflogene
Action / so ein E. Raht noch des Jahrs / sub dato den ersten Augusti in
offenen Truck publiciren / vnd an hundert vnd sieben Geist= vnd Weltliche / Chur=Fůrsten / Grafen / Herrn / alle Stådte des Reichs / auch andere
vornemme Freyståtte / vnd alle angråntzende Prælaten / hohen vnnd
nidern Stands / abgehen lassen / mit gnugsamen Vmbstånden zuerken-
nen gibt / welche wol werth / daß sie anderwerts in Truck geben / und
menniglich bekannt werden mőchte. So bald nun diese Handlungen
vollendet / sind auff Bewillig= vnd Beliebung der Bůrgerschafft den 16.
Tag Junii die Meß vnd alle Feyertåge / ohne den Christtag / abgeschafft /
folgenden 19. vnnd 20. Dito / die Altåre zerstőret / die Bilder gestůrmet /
die Orgeln abgethan / vnd alle Zier der Kirchen hiedurch vertilget. Zu der
zeit hat es zwey vnd fünfftzig Altar in diesem Můnster gehabt / vnnd hat
vnser Frawen Altar in der mitte gestanden / strack hierunden neben der
Cantzel da jetzo der Singstul stehet / ist der vornembst vnd mit einem
stattlichen Eyssernen Gegitter vmbgeben gewesen / diese Altår sind alle
mit einander außgereumbt / vnd hat man ein hőltzern Tisch gesetzt an
den Ort da vnser jetziger Altar stehet / darauff man das Abendmal ersten-
mahls Sontags nach Margrethen gehalten. So sind auch zwo Orgeln darinnen gewesen / eine in der Hőhe neben dem Predigstul / so die Vornembste / die ander im Chor so die geringste. An denen HeuptSeulen
sind der Apostel vnd andere schőne Bilder gestanden / welche alle herun-

der gerisen / die vbrige so man nicht außschaffen können / sind zerpik-
kelt / zerhackelt / zerstimmelt vnd zerstůmpelt / wie dann noch die
Stund der Augenschein an Kirchthuren vnnd dem schönen hůltzern Ge-
stůl im Chor genugsamb außweiset. Dannenher / ob wol inn Abschaffung der Påbstischen Abergleubischen Mißbråuch / bey dieser Reformation / ein nützlich Werck geschehen / so ist doch durch die vnzeitige
Bilderstůrmerey dem schönen Edlen herrlichen Můnster Gebew ein solcher Schandfleck angekleckert / welcher in Ewigkeit darvon nicht wird
können außgewischt werden.

Dieterich, Konrad: Sonderbarer Predigten ... Th. l. 1632, S. 13/14.

Kaiser Karl V. im Münster

*Nach seinem Sieg über die im Schmalkaldischen Bund zusammenge-
schlossenen Protestanten in der Schlacht bei Mühlberg am 24. April
1547 wollte Karl V. im Reich wieder die Religionseinheit herstellen.
Diesem Ziel sollte bis zum Zusammentreten eines allgemeinen Konzils
das Interim dienen, das eine Kaiserliche Religionsordnung darstellt,
die, dem Inhalt nach katholisch, auch Zugeständnisse an die Protestanten, wie Laienkelch und Priesterehe enthält. Für den Gottesdienst bedeutete dies die Wiedereinführung zahlreicher katholischer Zeremonien. Zur Einführung des Interims kam der zu dieser Zeit in Augsburg
weilende Kaiser persönlich nach Ulm, wo am 15. August 1548 im Münster unter großem Zulauf der Bevölkerung ein feierliches Hochamt gehalten wurde, bei dem der Kaiser das Abendmahl in beiderlei Gestalten
empfing. Im Zug des Kaisers befand sich auch der in der Schlacht bei
Mühlberg in Gefangenschaft geratene Kurfürst Johann Friedrich von
Sachsen.*

Bald dar nach hat man sich gerist zwen altar zubauen Jn der pfarrkirchen,
vnd vff den ersten tag augst hat man angfangen stain zufieren, vnd den
anderen tag augstmonat hat man anfahen zubauen an den zwayen alte-
ren, vnd ist namlich das ain der fronaltar oben Jm kor, vnd der ander ist
der seelaltar vnda am kor, daselbst ist gestanden der tisch des heren,
daruff man das nachtmal des heren begangen hat, den selbigen tisch des
heren hat man zerrissen vnd hinweg gebrochen, vnd den selaltar an die
stat gebawen, [...]
    Wie nun die zwen altar send gebawen gwesen, da ist ist der kayser von
augspurg zogen, vnd an dem 14 tag augstmonat (am Rande:) × Jm 1548

Jar x hat man am morgen alle schranden* uß der kirchen miessen heim tragen, das ist ain afftermontag gwesen, darnach vff den Mitag ist der kayser kumen zwischen xi vnd 12 zu mitag vnd ist zum herperthor herein geritten (am Rande:) x das ist das dryt mal das er ist hie gwesen x zum ersten ist der kurfirst hertzog hans [Johann Friedrich von Sachsen] kumen, send ettlich reyter forher geritten, darnach spanisch hackenschitzen, darnach hat man den kurfirsten vff ainem wagen gefiert, vnd ettlich des kurfirsten edeleüt bey Jm vff dem wagen gesessen, vnd send der spanischen hackenschitzen gwesen bey zwayhundert, die for vnd nach zogen send, nachgentz ain raysiger zeüg gefolget, vnd hat der kurfirst einkert Jm Mintzhauß vff dem Margt, darnach ist der kayser eingeritten mitt finffzehen hundert pferden hat einkert Jn vrrich ehingers haus beym herperthor, vnd ist der raysig zeüg wider zu vnser frawen thor hinauß geritten, vnd dussen Jn der landschafft gelegen, biß der kayser wider hin weg ist zogen, vnd ist sollichs einreytten des kayser geschehen an aim afftermontag zwischen xi und 12 ist der 14 tag augst gwesen wie oben geschryben stat *

Am anderen tag darnach ist Maria himelfart gwesen da ist der kayser Jn die kirchen gerytten mit seinen welschen heren, vnd send for Jm her geritten yeren zwen mitt silber verguldten seylen die haben sy yber die achslen getragen hab ich gefragt, was die zwu seylen bedeuten, oder wie man es hayß, hat man mir gesagt sy hayssen plus, vltra (das ist noch weytter) Die zwu seülen die man Jm forfiert, bedeütten die seülen, die der kayser herculus gesetzt hat, da er vermaint hat er hab die gantz welt vnder Jn bracht, da hat er ain saul gesetzt, am end des lands hispania da das mer am engesten ist, vnd die ander saul hat er gesetzt, (gegen spania) yber das mer da das ander drytayl der welt ist (genant Aphrica) die, da barbary, egipten, Ethiopien, vnd Libia, Jnn verfasset ist, da hat er die ander saul gesetzt zu ainer gedechtnus als ob kainer mer weytter, nach Jm wurde sein gwalt hinstrecken, Darum fiert unser kayser die zwu säulen, vnd die yber schryfft, plus, vltra, (das ist) noch weytter, well er sein arm hinstrecken, Darnach send zwen herolt daher geritten, die haben guldin mentel an Jnen hangen gehebt, darin ainn schwartzen adler, nach den herolten ist geritten der hertzog von saffay, gantz ain Junge person, darnach der Marschalck von bappenhain trug dem kayser das schwert for, dar nach der kayser vnd ander groß heren, vnd hett der kayser ain schwartz samatin rock an, ain schwartz hietle vff vnd an seinen halß hangen ain guldin kettin, daran waren gemacht, feür eysen vnd feürstain, vnd hanget vnden daran ain guldis lemle**, da fragt ich was die kettin bedeütte, ob es auch ettwas bedeütte, da ist mir solche antwurt worden, Die kettin ist sein lieberey oder gsellschafft [...]

Wie sy nun also send zur kirchen kumen, send sy von Jren rossen ab-
gstanden, vnd also wie sy ainander nach gerytten send, also send sy Jn
ainer ordnung ainander nach Jn die kirchen gangen, hinauff Jn den kor,
vnd mitt Jn ain gantze file trabanten mitt schafalein*** vnd hellabarten,
vnd was oben Jn dem kor bey dem fronaltar, dem kayser ain besunderer
stand zugericht, vnd mit samat umhenckt oben bey der neythart kappel
was sein stand, da war es vm x da er in kirchen kam, vnd was so ain
merckliche welt Jn der kirchen von Manen weyber, kinden, das ich glauben will, weyl die kirch gestanden ist, das vff ainmal nie sofil folcks
darein kumen sey. dan das was das erst mal das man wider meß hat gehalten, Jn der pfarrkirchen, es hett ain bischoff meß, der was vß dem
niederland, vnd dienten Jm zu altar, sechs Jn guldin stucken, da ward alle
zeromonien gebraucht, als orglen, syngen, liechter, vnd was dan darzu
gehort (am Rande:) x vnd enpfieng der kaiser das sacrament bayderlay
gestalt x als nun das ampt auß was, zwischen xi vnd 12 da ritt der kayser
wider hain, Jn seiner Ordnung, wie er dann Jn die kirchen geritten was,
vnd als sy vff den marckt kamen, zu dem mintzhaus, da stiend der gefangen kurfirst an einem fenster, da naygten sy sich all gegen dem kurfirsten, deselbigen gleychen thett der kurfirst gegen Jnen auch, aber der
kayser sach Jn fraintlicher gstalt an, gleychsam er Jn anlachen welt, er
naygt Jm aber nitt mitt dem kopf, gab Jm auch kain vrzaychen, sovil ich
gsehen hab, dan ich hab gutt achtung darauff gehebt, [...]

Fischer, Sebastian: Chronik, besonders von Ulmischen Sachen, in: Mitteilungen des Vereins für Kunst und Altertum im Ulm und Oberschwaben. H. 5-8. 1896, S. 136-139.
*   hölzerne Bänke, gewöhnlich ohne Rücklehne.
**   der Orden des goldenen Vließes ist gemeint.
*** französisch javelline, Halbpieke, ein kurzer (Wurf-)Spieß; spanisch jaballina.

Spanier im Münster

*1531 hatten Kurfürst Johann von Sachsen und Landgraf Philipp I. von
Hessen zusammen mit anderen Fürsten und mehreren Städten den
Schmalkaldischen Bund zur Verteidigung des evangelischen Glaubens
gegen die Religionspolitik Karls V. gegründet, dem auch Ulm ange-
hörte. Aber noch vor der entscheidenden Schlacht bei Mühlberg im
April 1547, in der der Kaiser die Schmalkaldener besiegte, hatte sich
Ulm mit dem Kaiser wieder versöhnt. Um des Kaisers Gnade zu erlan-
gen, mußte sich Ulm Karl V. unterwerfen, 100000 Gulden Entschädi-
gung bezahlen und außerdem noch eine spanische Besatzung in die
Stadt aufnehmen.*

Alß die Statt Ulm in den Schmalkaldischen Krieg mit impliciert ward, derentwegen sie Ao 1547 von Kayser Carolo V. mit vielen, meistens Spanischem Volck beleget ward, trieben die Soldaten in dem Münster großen Muthwillen, schoßen ihr Gewöhr loß, und gebrauchtens für ihren Tuṁel- und Musterblatt.

Wollaib, Marcus: Paradysus Ulmensis ... Handschrift. Ursprung 1714, S. 211. [Stadtarchiv Ulm]

Zu was der Münsterturm diente

Nachdem der unvollendete Turm einen aus einem kleinen Geschoß, einem Dach und vier Ecktürmchen bestehenden Abschluß erhalten hatte, konnte man dort gut eine Feuer- und Kriegswache unterbringen. Ferner war der Kranz auch für astronomische Beobachtungen geeignet.

In [... den] vier Erckern [des Münsterturmdaches], seyn lange eiserne Stangen, die man herein ziehen kan, an welche, so nächtlicher weil Feür in der Statt außgehet, eine große Latern, mit vier großen brennenden Wachßlichtern, außgehänget wird, darbey man abnehmen kan, in welcher Refir das Feür gesehen werde, und wohin man demselben zusteüren, lauffen solle.

Gleichermaßen seyn auch in allen vier Erckern, auff dem Gesembs eiserne offene Ring eingemacht, darin man deß Tages den roten Feüroder gelben Kriegß-Fahnen stecket, und damit gleichfalß andeütet, in welcher Gegend Die Feür- oder Kriegßgefahr sich ereigne.

Solche ereignende Feür und Kriegß-Gefahr wurde von Alters her, mit drey Straichen an die Sturm-Glocken kund gemacht. Anno 1702 ist hirinnen eine Enderung gemachet worden, künfftig, an statt der vormahls gewohnlichen drey Streichen, fünffzehn zu thun, welches selbigen Jahrs den 13. Sept. bey dem laydigen heimlichen Ein- und Überfal Emanuelis Maximiliani, Chur-Fürstens in Bayern, erstmahls practiciret worden.

Nach disem hatte es sein verbleiben, doch mit disem unterscheid, daß bey feindlichem An- und Überfall, fünffzig Sturmstraich, und drey losungs Schüß auß Doppel-Haacken, sollen gethan werden.

Auff disem Crantz pflegen die Herren Mathematici zuweilen ihre observationes anzustellen.

Wollaib, Marcus: Paradysus Ulmensis ... Handschrift. Ursprung 1714, S. 89. [Stadtarchiv Ulm]

Vorkehrungen zur Verhütung von Schäden

Zur Verhütung und Behebung von Schäden mußte das Münster von Zeit zu Zeit von dazu bestimmten Handwerksleuten inspiziert werden. Wenn ein Gewitter heranzog und das Wetterglöcklein läutete, mußten sich 34 Personen, darunter auch der Organist, ins Münster begeben und sich an genau festgelegten Orten aufstellen, um im Ernstfall eingreifen zu können. Dafür standen auch 63 große, mit Wasser gefüllte Kupferkessel, einige Bütten und sieben Karrenspritzen bereit.

Dieweilen bey einem solchen gewaltigen und großen Gebaü, besonders wenn selbiges schon einige hundert Jahr gestanden, sich gar leichtlich ein ohngefährer Schaden ereignen könte, wo man nicht im̃erhin gute und genaue Achtung darauff gebe. Solchem nun, alß viel möglich vorzukom̃en, ist für gut- und Nothwendig angesehen worden, gewisen Werckleuthen von Maürer, Zim̃erleüthen, steinmetzen [etcetera] anzubefehlen, daß solche zu gewisen Zeiten, alles in genaue Obsicht nehmen, und wo einiger Mangel oder Gefahr sich hervor thäte oder zu besorgen were, solches so bald an gehörigen Orten anbringen solten, damit dem übel in zeiten begegnet, u. größeren Schaden vermittet werden möchte. Zu disem Ende, pflegen die, hierzu bestelte werckleüthe nicht allein daß innere Gebau genau zu visitiren, sondern werden auch zu zeiten in einem sogenanten Seßel außerhalb deß Thurmes, von unten an biß oben auffgezogen, umb zusehen ob kein Stein ledig oder vom wetter verdorben seye.

Nachdem auch die hohe und große Gebau, insonderheit der wettergefahr unterworffen, und von selbigem mehr dann die nidere und geringe Gebäu beschediget und getroffen werden. Alß seyen auch auß guter vorsorg, nicht allein auff allen Böden deß Thurms, sondern auch auff allen Bühnen und der Orgel, große kupfferne Keßel gestellet, deren bey 63 seyn, die den Som̃er über mit waßer gefüllet seyn, im Nothfall sich deßen bedienen zukönnen. Auch zu underst in der Kirchen stehen etliche große Bütten mit Waßer angefüllet.

Es seyn auch von vielen Jahren her 5 Karren Spritzen auff den Bühnen und 2 in dem GlockenThurm, damit wann etwa Feür aufkäme, man sich derselben bedienen könte.

Wann ein gefahrlich wetter aufsteiget, wird von dem Münster Wächter, ein besonder Zeichen mit Leitung deß WetterGlöcklens gegeben, Auff solch gegebenes Zeichen, samlen sich so bald bey 34 Persohnen in dem Münster, und weist ieder seine stelle, wohin er sich verfügen solle. Einige davon haben ihr Zim̃er Axte, einige Handspritzen, die neben der Münster Thür in einem besondern Kasten in verwahrung auffbehalten werden, umb solche so bald bey der hand zu haben, und dem ereignenden Unglück, nach möglichkeit zu begegnen.

Unter ermelten Persohnen ist auch der Organist, welcher die Orgel zu beobachten, der PfarrKirchen Bau-Schreiber, und andere.

Wann das Wetter vor bey, hat jeder in dem Pfleghof kr [ ]* abzufordern, die ihme zu einer recompens verordnet seyn.

Es seyen auch 3 besondere Münster oder Sturmherren, darunter ein junger Patritier, die auch ihre besondere Inspection auff das Münster haben, darauff in gewisen Fällen erscheinen müßen, deren Befehl auch die Wächter zu pariren haben etc.

Wollaib, Marcus: Paradysus Ulmensis ... Handschrift. Urspring 1714, S. 209. [Stadtarchiv Ulm]
* ohne Vermerk

Wetterschäden und Reinlichkeit

Die bekannte Münsterbeschreibung von Elias Frick enthält auch eine Zusammenstellung der durch Blitzschlag am Münster von 1598–1727 entstandenen Schäden. Bei den vielen Einschlägen, die es gab, grenzt es schon fast an ein Wunder, daß das Münster nicht größeren Schaden nahm. Am Schluß seiner Aufzählung vergißt er nicht zu erwähnen, daß das Münster immer sehr sauber gehalten werde.

Es wird übrigens alle Sorge an den Münster=Bau überall gewendet / gestalten ein besonders Amt ist / welches das Pfarr=Kirchen=Bau Pfleg=Amt genennet / und allezeit von drey vornehmen Herren deß Raths verwaltet wird / so die Inspection hierüber hat / dahero wird alles so fort repariret / wo sich was schadhafftes zeiget / oder wo es vom Wetter Schaden nimmet. Wie dann unterschiedliche mahl das Weter in das Münster geschlagen / und zwar etlichmal es zimlich beschädiget: davon in alten und neuen geschriebenen Chronicken unterschiedliches aufgezeichnet ist. Anno 1598. schlug das Wetter in das Münster / beschädigte die Orgel / zwey Pfeiler und einige Kirchen=Stühl. Jahrs hernach Anno 1599. schlug es in den Knopff / daß man ihn mußte abnehmen / und einen neuen hinauf setzen / der biß Anno 1688. gestanden. Anno 1610, den 23. Maji, schlug es abermahl Abends um 7. Uhr ins Münster / und hat es (so setzt der Auctor einer Chronick hinzu) in kurtzen Jahren fünffmahl in das Münster geschlagen. Anno 1616, den 11. Julii Morgens um 3. Uhr hat es einen Balcken zerschmettert / beyde Wächter zu Boden geschlagen / die

Alte Feuerwehrspritzen auf der Münsterbühne

sich doch gleich wieder erholet / und keinen Schaden genommen / ausser daß der eine am Fuß durch ein Stuck seines Schneid=Stuhls verletzt worden / sonsten hat es auch an der Orgel einigen Schaden gethan. Anno 1622. den 2. Julii schlug das Wetter zweymahl ins Münster. Anno 1639. den 2. Junii schlug es wieder in das Münster und beschädigte wohl 50. Pfeiffen an der Orgel. Anno 1641. den 10. Sept. hat das Wetter beyde Schnecken / Orgel / Tauff=Stein und Thüren beschädiget. Anno 1644. den 13. Febr. Morgens zwischen 4. und 5. Uhr haben drey schröckliche Donnerschläge das Münster betroffen / und grossen Schaden gethan / Steine etlich Centner schwer herunter geschlagen / theils weit hinaus auf den Platz / theils zu 20. 30. 40. 50. Schritt weit in die Kirche hinein geworffen / in solcher Menge / daß man etliche Karren voll Quaterstuck und Maurwerck wegführen müssen. Anno 1658. den 30. April schlug es wieder in das Münster / und beschädigte einen Maurer / Jacob Schmid / geweßten Stadt=Decker / im hinaufgehen an der Hand. Anno 1660. den 30. Maji Abends um 5. Uhr hat das Wetter die Orgel übel zugerichtet / etliche Bilder bey dem eisernen Gitter herunter geschlagen / und den einen Schnecken hart beschädiget. Anno 1681, den 12. Maji am Tage der Himmelfahrt Christi Abends um 4. Uhr schlug das Wetter oben in den Ercker gegen Mittag / und traff einen Maurer Hanß Jacob Oertlen / welcher doch wieder genesen. Anno 1704. schlug das Wetter in das Dach der von damahliger fremder Besatzung auf dem Krantz erbauten Wacht=Hütte / that doch sonst kleinen Schaden, Bemelte Wacht=Hütte ist / da gleich darauf bemelte Besatzung ausziehen muste, abgebrochen und weggethan worden. Anno 1727. den 3. Sept. Abends um 5. Uhr hat es abermahl in das Münster geschlagen / unter der Schlag=Glocken an der Seiten gegen Mittag einen Gratsparren entzwey geschlagen / an dem Steinwerck deß Thurns an unterschiedlichen Orten auf dem Krantz / in dem Glockenhauß und Schnecken / Schaden gethan / auch einen Zimmermann / Nahmens Christoph Miller / bey dem Antritt deß Gängleins da man von einer Schnecken zur andern gehet / zu Boden geworffen / und an der Hand und Fuß verletzt / der doch auch wieder curirt worden. Ob nun wol diesemnach öffters schwere Gewitter das Münster berührt, so ist doch niemahls ein Brand daraus entstanden / sondern dasselbe biß hieher durch GOttes grosse Güte vor Feuer beständig verwahret geblieben / wie es dann auch weder durch Erdbeben noch durch Sturmwinde einigen Haupt=Schaden erlitten. Der barmhertzige Vatter wolle ferner solcherley Schaden in Gnaden abkehren! Sonsten möchte noch zu gedencken seyn / daß / als der Fußboden in der Kirchen sehr vergangen / man Anno 1664. denselben mit abgeriebenen grossen Blatten besetzt. Jm übrigen wird die Kirche sehr rein gehalten / und nicht nur zu denen Fenstern gar fleissig gesehen / das schadhaffte auszubessern / sondern es werden auch sowol wann die Fenster ausgebessert werden / zugleich die Wände und was man vom Gewölbe erreichen kan / rein abgekehret / als auch zu gewissen Zeiten alle Wände und alle Gewölber durch abkehren sorgfältig gereiniget / auch der Thurn umfahren, / damit genauer Augenschein genommen werde / ob / und was etwa mangelhafftes sich daran finde?

Frick, Elias: Templum parochiale Ulmensium. Ulm 1731, S. 59/60.

Beschädigung und Entfernung des Martinsfensters

In der Zusammenstellung von Elias Frick ist nicht erwähnt, daß am 5. Juli 1688 das Martinsfenster durch Hagel so stark beschädigt wurde, daß man es entfernen mußte. Davon berichtet uns Marcus Wollaib.

Anno 1688, den 5. Juli. Nachts 11 Uhr, kam plötzlich ein grausamer Hagel; Es fielen Stein, so groß alß die welsche Nüß, davon die Fenster gegen Abendwerts, sonderlich verderbet wurden. Das Bild deß Bischoffs Martini [durchgestrichen und darübergeschrieben S. Georgii], wie er zu Pferd sitzend, einem armen Mann, mit dem Schwerd, ein Stück von seinem Mantel herabschnitt, welches mehr dann Lebensgröße mit schönem gemahltem Glaßwerck gemacht war, und das große Fenster hinter der Orgel fast gantz eingenomen, wurde so gar übel zugerichtet, daß mans nicht mehr repariren könte, sondern man muste es gantz abgehrn*, und mit gemeinen Glasscheiben machen lassen.

Wollaib, Marcus: Paradysus Ulmensis ... Handschrift. Urspring 1714, S. 214. [Stadtarchiv Ulm]
* abgehrn, abkehrn = beseitigen

Ermahnung, das Münster zu erhalten

Das Werk der Vorfahren, das diese mit so großem Eifer und Aufwand errichtet haben, verpflichtet die Nachkommen – wie Konrad Dieterich, seit 1614 Superintendent in Ulm, in einer Predigt betont –, es zu hüten und vor Schaden zu bewahren. Dabei vergleicht er das Münster mit einer »Schönen Edlen Jungfrau«, die an Ansehen gewinnt, wenn sie schön gekleidet und geschmückt ist.

39

[...] wann wir diß vnser herrlich Münstergebåw ansehen oder darein gehen / sollen wir vns der grossen devotion vnd liberalitet vnser Christlichen Vorfahren erinnern / vnd bedencken / was vor grossen Vnkosten dieselbige jnnerhalb 111. Jahren / darinn solch gebawet / angewendet / wie sie so reichlich zu demselbigen gestewret / wie groß vnd klein unter der gemeinen Bürgerschafft so trewlichen hierzu geholffen. Jch finde in alten Legenden des Bruschii / daß dieser Baw in die neunmal hundert tausent Gülden gekostet. Fœlix Faber meldet / daß damals die Bürger allhier / nit wie zu Jerusalem / jhre eygene Håuser gebawet / vnd den Tempel öde ligen lassen / sondern jhre eygene Wohnhåuser, ja die gemeine Stadtmåwren vnd Porten anstehen lassen / vnnd vor allen dingen den Tempelbaw volnführet / auch selbsten mit Hand anlegen helffen / mit zutragen / mit fröhnen / mit dienen / wie sie nur gekönnet / darmit nur diß Hauß des HErrn Zebaoths jhres Gottes möchte vollendet / vnd hierdurch jhr Gottesdienst befördert werden. Dieser löblicher Christlicher inbrünstiger Eyfer / der sol vns auch entzünden / sol vns ein Lvst vnnd Frewd machen / daß wir auch mit der gleichen Freywilligkeit zulegen / damit insonderheit diß herrliche vnd andere vnsere Kirchenbåw / in vblichem wesen / mit Tach vnnd Fach / Gethürnen / Glocken / Mawren / Wenden / Fenstern / Altaren / Cantzel / Thuren / Gestühlen vnd andern nothwendigen Zierahten erhalten / wo sie zerfallen / wieder auffgerichtet / verbessert / ergåntzet / vnnd wo von nöhten andere von newem erbawet werden mögen. Denn es ist nicht genug / daß man von seinem Christlichen löblichen Vorfahren stadtliche Gebåw / Gelt vnd Gut ererbet / Sondern das vornembste ist daran gelegen / daß man das jenige / so man mit ehren ererbet / auch mit gebührendem Ruhm vnd Lob erhalte / vnnd auff seine Nachkommene fortpflantze / [...]

So ists ohne das diß edle Gebåw an jhm selbsten werth / Gereichet vber diß Gott dem Allmåchtigen zu gebührenden Ehren / der gemeinen Stadt in sonderbaren Zieren / vnser Religion vnd Gottesdienst aber bey månniglichen Außlåndischen zu billichmåssigem Lob vnd Ruhm.

Einer schönen Edlen Jungfrawen gereichet es zu sonderbaren Zier vnd Ehr / wann jhr ein Guldene Kron auffgesetzet / Sie mit Ketten vnnd Edelgesteinen behångt / auch mit andern schönen herrlichen Thalaren vnnd Güldenen Stücken bekleidet. Vnser Münster ist die schöne Edle Jungfraw / das ist mit dem Thurn als eine Edlen Kronen geziret / mit seinen steinen Posamenten / Portalen vnnd Bogen / als mit einer gulden Ketten vmbhenget / Sein Talar glåntzet von denen vielfåltigen Fenstern / damit es gleich als mit güldenen Stücken geschmücket vnnd bekleidet. Da wil vns nun gebühren / daß wir diese vnser so herrlich gezierthe Edle Jungfraw in Ehren halten / vnnd mit zusehen / damit ja derselbigen in jhrem

Schmuck vnd Zier kein Schandflecken angehenget / vnd Sie dadurch bey
månniglich / so wol Jnheimischen als Außlåndischen geunehret werde.

Dieterich, Konrad: Sonderbarer Predigten ... Th. l. 1632, S. 93-94.

Wiederherstellung des Chorgestühls

*Es hatte nicht verhindert werden können, daß im Bildersturm auch das
Chorgestühl beschädigt wurde, obwohl dies zusammen mit dem Sakramentshaus und den Portalen unter dem Schutz des Rates stand. 1665
hat man sich schließlich aufgerafft, die Spuren der Zerstörung von dem
aus Zürich stammenden Bildhauer Johann Ulrich Hurter beseitigen zu
lassen.*

Weiln die schön geschnitzte Bilder an den Stühlen im Chor von langer
Zeit hero zergänzt und zerstimlet sein, solle der Bildschnitzler, Hurter
uff den Augenschein geführt und vernommen werden, ob er denselben
helfen und was er für seine Arbeit nehmen wollte.

Ulmer Pfarrkirchenbaupflegeamtsprotokoll vom 27.6.1665. [Stadtarchiv Ulm]

Erste Renovierung des Münsters

*Noch zur Reichsstadtzeit ist eine gründliche Renovierung des Münsters
ins Auge gefaßt worden, zu der es aber infolge der Kriegswirren am Ende
des 18. und zu Beginn des 19. Jahrhunderts nicht gekommen ist. 1817
konnte dann die Renovierung in Angriff genommen werden, die nun
aber hauptsächlich darin bestand, dem Innern einen grauen Anstrich
zu geben.*

Wåhrend einer zweimaligen Belagerung im letzten franzôsischen Kriege,
1800 und 1805, war es nicht môglich, zu verhindern, daß auch die schône
Münsterkirche zu militårischen Zwecken hingegeben und dann leider!
auch manches in ihr verwüstet wurde.
   Doch schneller gingen die traurigen Tage vorüber, als man ewartete;
und es kehrte Ruhe, dann Friede in unsere Stadt, und mit demselben
wurde auch wieder die alte Ordnung in der Kirche hergestellt.
   Was unter der reichsstädtischen Verfassung, schon lange beschlossen
war, das ganze Innere dieser Kirche vom Staube zu reinigen, und alles
geschmackvoll und für das Auge gefållig herzustellen, das hatten so

manche äußere ungünstige Ereignisse, besonders auch die eingetretenen politischen Veränderungen nur verzögert; die Ausführung selbst erfolgte zuletzt doch; man wählte zur Verschönerung der Münsterkirche die denkwürdigste Zeit, das so hochgefeierte Jahr des dritten Reformations= Jubiläums, das Jahr 1817.

Hr. Prälat von Schmid und Hr. Stiftungs=Verwalter Konrad Daniel Dieterich* erwarben sich hierbei auf's Neue den gerechtesten Dank der Ulmer. Denn sie waren es vorzüglich, die sich bei der allerhöchsten Stelle mit reiner Liebe für dieses rühmliche, aber mit einem Aufwande von mehr als 6000 fl. verbundenen Unternehmen, verwendeten, und unter Mitwirkung des Hrn. Regierungs=Raths, Oberamtmanns Muff den vom königl. Baurath Hrn. Glaser und Architekt Hrn. Werkmann vorgelegten Plan auf's nachdrücklichste beförderten.

Dieser Plan ging nicht blos dahin, die hohen Wände, die weiten Gewölbe, die dicken Pfeiler und großen Säulen zu übertünchen, sondern auch alles aus dem herrlichen Gebäude, theils zu entfernen, theils an eine schicklichere Stelle zu verweisen, was je den Totaleindruck hindern oder schwächen könnte; sodann aber jedem Einzelnen, das seit Jahrhunderten seine ursprüngliche Frischheit verloren hatte, wieder seine vorige, anziehende Gestalt zu geben, und so viel möglich das Ganze in jenem einfach erhabenen Gewande darzustellen, wie es der alte deutsche Baugeist forderte.

In der unglaublich kurzen Zeit von vier Monaten wurden die Wände, und was den innern Raum der Kirche ausmacht, mit einer angenehmen alterthümlich grauen Farbe überzogen. [...]

Dieterich, Michael: Ausführliche Beschreibung des Münsters in Ulm. Ulm 1825, S. 70-72.
* Des Verf. innigst geliebter Bruder.

Goethe zur Baukunst der Gotik

Als sich Goethe 1772 begeistert über die Westfassade des Straßburger Münsters äußerte, konnte er nicht ahnen, daß er damit vielen die Augen für die Schönheit der gotischen Baukunst öffnen würde und daß man sich später in Fragen der Erhaltung und Vollendung gotischer Bauwerke sogar auf ihn berufen würde. Auch in Ulm berief man sich auf ihn, als es darum ging, das Münster vor dem Verfall zu bewahren und seinen Endausbau in die Wege zu leiten.

Das Münster von Südosten

Als ich das erstemal nach dem Münster ging, hatt ich den Kopf voll allgemeiner Erkenntnis guten Geschmacks. Auf Hörensagen ehrt ich die Harmonie der Massen, die Reinheit der Formen, war ein abgesagter Feind der verworrenen Willkürlichkeiten gotischer Verzierungen. Unter der Rubrik gotisch, gleich dem Artikel eines Wörterbuchs, häufte ich alle synonymischen Mißverständnisse, die mir von Unbestimmtem, Ungeordnetem, Unnatürlichem, Zusammengestoppeltem, Aufgeflicktem, Überladenem, jemals durch den Kopf gezogen waren. Nicht gescheiter als ein Volk, das die ganze fremde Welt barbarisch nennt, hieß alles gotisch, was nicht in mein System paßte, von dem gedrechselten, bunten Puppen= und Bilderwerk an, womit unsere bürgerlichen Edelleute ihre Häuser schmücken, bis zu den ernsten Resten der ältern deutschen Baukunst, über die ich, auf Anlaß einiger abenteuerlichen Schnörkel, in den allgemeinen Gesang stimmte: »Ganz von Zierat erdrückt!« Und so graute mirs im Gehen vorm Anblick eines mißgeformten, krausborstigen Ungeheuers.

Mit welcher unerwarteten Empfindung überraschte mich der Anblick, als ich davor trat! Ein ganzer, großer Eindruck füllte meine Seele, den, weil er aus tausend harmonierenden Einzelheiten bestand, ich wohl schmecken und genießen, keineswegs aber erkennen und erklären konnte. Sie sagen, daß es also mit den Freuden des Himmels sei. Wie oft bin ich zurückgekehrt, diese himmlisch=irdische Freude zu genießen, den Riesengeist unserer ältern Brüder in ihren Werken zu umfassen. Wie oft bin ich zurückgekehrt, von allen Seiten, aus allen Entfernungen, in jedem Lichte des Tags zu schauen seine Würde und Herrlichkeit. Schwer ists dem Menschengeist, wenn seines Bruders Werk so hoch erhaben ist, daß er nur beugen und anbeten muß. Wie oft hat die Abenddämmerung mein durch forschendes Schauen ermattetes Auge mit freundlicher Ruhe geletzt, wenn durch sie die unzähligen Teile zu ganzen Massen schmolzen, und nun diese, einfach und groß, vor meiner Seele standen, und meine Kraft sich wonnevoll entfaltete, zugleich zu genießen und zu erkennen.

Goethe, Johann Wolfgang von: Sämtliche Werke. Propyläen-Ausgabe. Bd 1. München [1909], S. 289/290.

Beginn der Münsterrestaurierung

Der Buchhändler und Verleger Philipp Ludwig Adam, Mitbegründer des Vereins für Kunst und Altertum in Ulm und Oberschwaben, schildert den Anfang der Münsterrestaurierung, wobei er auch die von Goethe, Herder und Friedrich Schlegel ausgelöste Hinwendung zur Gotik erwähnt. Die Münsterrestaurierung wäre aber nicht in Gang gekommen, wenn nicht drei Ereignisse vorausgegangen wären, nämlich: eine Ermittlung der Bauschäden von Eduard Mauch 1838, die Gründung des Vereins für Kunst und Altertum in Ulm und Oberschwaben 1841, dessen Hauptaufgabe die Erhaltung und der Ausbau des Ulmer Münsters sein sollte, und schließlich die Neugründung der Münsterbauhütte 1844.

Eine lange Reihe von Generationen ist dahin geschwunden, ohne daß ihnen das Verständniß der von den Altvordern überlieferten Schätze der Kunst in Architektur, Bildhauerei und Malerei jemals aufgegangen wäre. Sie lebten mitten unter den größten und schönsten Zeugnissen einer hohen künstlerischen Bildung, aber das Auge wollte sie nicht erfassen und der Sinn sie nicht begreifen; ja es fehlte nicht an betrübenden Versuchen, die Erbschaft der Väter zu verderben durch rohen oder verdorbenen Geschmack eines auch sonst auf Abwege gerathenen Zeitalters. Endlich aber brach sich allmälig die bessere Richtung Bahn und es traten immer mehr Männer auf, denen die Gabe verliehen war, anregend, lehrend und kräftig unterstützend dafür zu wirken, daß eine neuere Zeit empfänglich werde für alle die Schönheiten, die wir aus den vielen Stürmen früherer Tage gerettet überkommen haben in den erhabensten Denkmalen der Kunst im deutschen Vaterland.

Göthe, Herder und Fr. Schlegel stehen in der Reihe der frühesten Kämpfer, die ihr Wort erschallen ließen, um altdeutsche Kunst aus ihrer nur allzulangen Verkennung und Verachtung zu retten, unter deren vandalischer Herrschaft ein großer Theil unserer Kunstdenkmale vollkommen zu Grunde ging, oder doch wenigstens in den sog Renaissance=Styl umgewandelt wurde. Und den Gebrüdern Boisserée in Köln, welche auf praktischem, wie auf wissenschaftlichem Wege Verständigung der altdeutschen Kunst verbreiteten, folgten bald die Werke von Moller, Stieglitz u. A., indeß zu gleicher Zeit England und Frankreich durch Herausgabe ähnlicher schöner Abbildungen Vieles leisteten. Während am Nieder= und Mittelrhein schon der Anfang thätiger Wiederherstellung der Kunstwerke des deutschen Mittelalters gemacht ward, ließen sich im südwestlichen Deutschland noch keine Spuren finden vom Erwachen des neuen Geistes, und insbesondere in Ulm hielt man es noch im Jahre 1817 für ein wohlgefälliges Werk, unter dem Namen einer Restauration des innern Münsters Wände, Säulen und Pfeiler zu übertünchen und die interessantesten Zeugnisse des ursprünglichen Zustandes zu verwischen, wie man schon zehn Jahre früher den zur Kirche gehörigen und in gleichem Style mit ihr aufgebauten Oelberg gewaltsam vollständig niederriß.

Aber allmälig wirkte auch in Ulm die immer weiter verbreitete Einsicht in die Verhältnisse und Formen altdeutscher Kunst und das meisterhafte Vorbild, das in Köln, Straßburg, Freiburg, Nürnberg, Magdeburg, Regensburg und an immer mehreren Orten in kundiger Wiederherstellung mittelalterlicher Kirchenbaudenkmale gegeben wurde, und kam dies zuerst in den nachmals veröffentlichten Bemerkungen des Bürgerausschusses zu den Rechnungen der Kirchen= und Schulstiftungs=Verwaltung vom Jahr 1837/38 und der folgenden Jahre zur Geltung. Es waren darin erstmals kräftige und nachhaltige Aufforderungen zu einer so dringend nothwendigen baulichen Pflege des Münsters unter genauen Nachweisungen der einzelnen Mängel und Gebrechen niedergelegt. Schon damals wurde im Ulmischen Intelligenzblatt Nro. 62 die Wiedereröffnung der alten Bauhütte zum Zwecke der Münster=Restauration beantragt. Von nun an blieb sie stets der leitende Gedanke bei Denen, die sich eine würdige Restauration des Münsters zur Lebensaufgabe gemacht hatten.

Bei Stiftung des Vereins für Kunst und Alterthum in Ulm und Oberschwaben im Jahre 1841 ward in die Statuten als Zweck des Vereins aufgenommen: »Kunst und Alterthum in Ulm und Oberschwaben in allen Richtungen zu erforschen und die Denkmale derselben zu erhalten zu suchen,« und die Gründer sprachen sich darüber unverholen und klar aus, daß der nächste und erhabenste Gegenstand des Vereins Fürsorge des Münsters seyn solle.

[Adam, Philipp Ludwig]: Historische und kritische Beiträge zur Restaurierung des Ulmer Münsters. Stuttgart 1854, S. III u. IV.

Der ruinöse Zustand des Münsters und die Notwendigkeit, eine Bauhütte zu gründen

Der Zeichenlehrer Eduard Mauch (1800–1874) bezeichnet 1838, nach der Erfassung der Schäden, den Zustand des Münsters als ruinös. Er drängt deshalb auf die Gründung einer Bauhütte, weil nur auf diese

Weise die Schäden behoben und der Fortbestand des Bauwerks gewähr-leistet werden könne. Ferner – so meint er – diene es der Stadt, wenn das Münster in einem guten Zustand erhalten werde, da viele Fremde nur wegen des Münsters nach Ulm kämen.

Dieses so plötzlich erschienene Zeichen einer großen Aufmerksamkeit und Pflege auf und für unser Münster wird jeden Menschen erfreuen, welcher Sinn für ein derartiges Denkmal der Baukunst hat; insbesondere aber einen Ulmer. [...]

Den Einheimischen, und besonders Denjenigen, welche fast täglich an unserm Münster vorbeigehen und es betrachten, fällt der ruinenhafte Zustand desselben nicht mehr so sehr in die Augen, man gewöhnt sich nach und nach an diesen Anblick, auch kann man ermüdet werden, sich ferner für die pflichtmäßige Erhaltung unsers Münsters zu interessieren. Aber den Fremden fällt dieser Zustand sehr auf, sie müssen der Meinung werden; entweder verstehen wir den Kunst=Werth dieses Denkmals nicht; oder mangeln die Mittel; oder aber verstehen wir den Kunst= Werth, haben auch die Mittel, wollen aber nicht. [...]

Freilich können diese Uebel noch 50 und mehrere Jahre unbeachtet gelassen werden, das Münster fällt deshalb noch nicht ein, aber der Scha-den wächst dadurch in schnellen Schritten, und zwar so, daß unsere Nachkommen vielleicht nicht mehr helfen können, und wenn sie mit unsern Werken, im Fall wir je solche errichten würden, ebenso verfüh-ren, so würden wir uns über ihre Nichtachtung bitter beschweren.

Sollten uns im Augenblick die tüchtigen Arbeiter dazu fehlen, so kann man sie [...] einladen. [...]

Daß die zu wünschenden Steinmetzen nicht hier sind, ist schon Folge einer nicht allseitig aufmerksamen Verwaltung.

An allen derartigen Gebäuden wie unser Münster, z. E. in Köln, Wien, Straßburg, Freiburg etc., besteht die sogenannte Hütte nicht nur noch dem Namen nach, sondern in ihrem ursprünglichen Gedanken; an all diesen bezeichneten Gebäuden arbeiten stets zwei bis drei Steinhauer mit Lehrlingen. So viel Arbeiter haben immer an einem solchen großar-tigen Bau zu thun, der Charakter und die Technik der Architektur pflanzt sich auf diese Art und Weise fort, und soll einmal die Aufgabe festgehalten werden, das Gebäude im rechten Zustande zu erhalten, so ist es auch der wohlfeilste Weg.

Die Sorge für den gehörigen Fortbestand unseres Münsters ist für die Stadt von großer Wichtigkeit! – Nicht nur unsere Ehre und unser Dank-gefühl erfordern diese Aufmerksamkeit, sondern auch die materiellen Vortheile, welche den Einwohnern daraus zu gut kommen, sind wohl zu bedenken! Viele Fremde kommen nur wegen unseres Münsters, oder bleiben deshalb längere Zeit hier.

Dann Heil einer Verwaltung welche durch weise Sparsamkeit ihren Pflichten nachkommen kann; dann Heil einer Behörde, die allseitigen Kunstsinn und religiöses Gefühl hat, um ihren Schutz wenigstens dem Wesentlichen angedeihen lassen zu können!

Intelligenzblatt für die Kreishauptstadt Ulm und deren Umgebung. 1838, S. 342/343. [Stadtarchiv Ulm]

Die Vollendung des Münsters vom Beginn der Restaurierungsarbeiten an geplant

Der Münsterbaumeister Karl Friederich (1885–1944) schildert den ruinösen Zustand des Münsters vor Beginn der Renovierungsarbeiten und betont, daß die Initiatoren der Restaurierung von Anfang an den Ausbau beabsichtigt hätten.

Schon seit dem Übergang der Bauleitung von Matthäus Böblinger auf Burkhard Engelberg nach 1492 hatte man auf eine Weiterführung des Turmbaues verzichtet, denn das Wollen der Zeit war nicht mehr auf den Ausbau solcher zum Himmel strebenden Turmriesen gerichtet, sondern suchte seine Aufgaben näher bei der Erde. Deshalb beschränkte man sich auf die Sicherung des Vorhandenen und führte die unvollendeten Teile zu einem raschen und einigermaßen befriedigenden Abschluß.

Der steinerne Riese schlief nun einen jahrhundertelangen Schlaf, und erst die Begeisterung der Romantik im Anfang des 19. Jahrhunderts weckte ihn wieder auf. Das stolze Werk der Väter war zwar immer das Wahrzeichen der Stadt geblieben, aber erst jetzt besahen die Bürger es wieder genauer und stellten nun viele Schäden und Gebrechen fest. Im Jahre 1838 fand eine gründliche Bauschau statt und der vom Obmann des Bürgerausschusses Ed. Mauch erstattete Bericht zählt 38 Schäden auf. Doch geschah zunächst nichts Durchgreifendes; der mit der Obhut betraute Kirchenstiftungsrat kam über allgemeine Erwägungen fast nicht hinaus und versuchte, mit kleinen Mitteln und möglichst geringem Kostenaufwand auszukommen.

[...] Der ungeheure Innenraum mit seinen Außenwänden stand seit der Einwölbung des Mittelschiffes unter Moritz Ensinger 1471 fertig da. Dagegen war der Hauptturm nur bis zur Vierecksplattform vollendet, das Achteck darüber aber ein malerischer Torso geblieben und von den Chortürmen zeichneten sich nur niedrige Anfänge in der Dachform ab.

48

Der Otmar= und der Marienpfeiler an der Südwand der Sakristei und der Böblingerpfeiler von 1478 an der Südwestecke des südlichen Seitenschiffes waren vollendet, alle übrigen Langhaus= und die Chorstrebepfeiler aber in Höhe der anschließenden Dächer stecken geblieben und die Chorgalerie nur in Fachwerk ausgebaut. Also überall Absichten, nirgends Vollendung, das Ganze aber in seinen einfachen großen Formen doch von stärkster Eindrücklichkeit.

Wie war der bauliche Zustand? »Es schien die Meinung sich immer mehr befestigen zu wollen, dieses Gebäude sei unzerstörbar*«, indes waren die Jahrhunderte nicht vorübergegangen, ohne tiefere Spuren zu hinterlassen. Frost und Hitze hatten große Zerstörungen am Steinwerk, namentlich an dessen Ornamentik angerichtet. »Von den Tausenden von Pyramiden waren nur wenige noch vollständig erhalten«, die Krabben und Kreuzblumen großenteils abgewittert, und viele Fialen fehlten ganz. Der Bau zeigte also die typischen Erscheinungsformen der atmosphärisch=mechanischen Steinverwitterung. Dazu flößte der Zustand der Dächer ernstliche Besorgnis ein; »die meisten Sparren und Balkenköpfe waren verfault« und die Dachdeckung selbst vielfach beschädigt, so daß man bei »heftigem Regen im Dachraum mit offenem Schirm gehen mußte«. Im Winter wurden die Auflagermauern durch das eindringende Schneewasser immer wieder durchfeuchtet und deshalb die Steine des Hauptgesimses und der oberen Wandteile durch den Frost nach und nach auseinandergesprengt und zertrümmert. An den äußeren Strebepfeileransätzen und den reichgegliederten Teilen des Hauptturmes sproßte eine üppige Vegetation und trug zur Zerstörung weiter bei; im Mauerwerk zeigten sich da und dort beträchtliche durchgehende Risse, hohe Mauern wichen von der Senkrechten stark ab und so ist es verständlich, wenn das Münster »im Auge der Gebildeten und Kundigen einer großen Ruine nicht unähnlich sah«. Dabei traf man allenthalben auf Spuren von dem, was noch hätte werden sollen und nicht mehr hatte verwirklicht werden können, insbesondere auf die vielen Strebebogenansätze an den Hochschiffwänden. Auch erschienen um 1830 eine ganze Reihe von Stichen und Lithographien mit der Ansicht des unvollendeten Hauptturmes und dem Ausbauentwurf Böblingers daneben, deren Aufschrift so lautete: »Das Ulmer Münster, wie es jetzt ist und wie es hätte werden sollen«. So ist es begreiflich, daß die berufenen Bausachverständigen aus all diesen Schäden, den Rissen in den Wänden, den von den Umfassungsmauern abgerissenen Gewölbekappen, dem von der Höhe herabrieselnden Mörtel und vielen anderen Anzeichen beginnenden Verfalls den Schluß zogen: Wenn wir das Werk unserer Ahnen nicht vollenden, so wird es bei dem jetzigen Zustand nicht bleiben, sondern es muß über kurz oder lang eine Katastrophe eintreten. Und so kommt schon das erste Gutachten zum Ergebnis: Nur der Ausbau des einstmals beabsichtigten Strebewerkes kann nachdrückliche Hilfe bringen.

Friederich, Karl: Die Wiederherstellungsarbeiten am Ulmer Münster im 19. und 20. Jahrhundert, in: Mitteilungen des Vereins für Kunst und Altertum in Ulm und Oberschwaben. H. 25. 1927, S. 49/50.
* Die wörtlichen durch »« hervorgehobenen Ausführungen sind aus zerstreuten Aktenquellen entnommen.

Wenn der Münsterturm vollendet wäre

Noch bevor die Restaurierung des Münsters begann, wurde schon seine Vollendung in Erwägung gezogen, wovon man aber nichts an die Öffentlichkeit dringen ließ. Man beschränkte sich mit Hinweisen in der Art, wie schön und hoch der Münsterturm wäre, wenn er vollendet wäre.

In besonderer Reinheit, Großartigkeit und Anmuth stellt sich die Vorderseite der Außenkirche dar, das Portal mit seinem dreifachen hohen Eingange und seiner Vorhalle, und mit den fast unzählbaren Bildwerken, welche dort in schöner Ordnung und nach sinniger Auswahl aufgestellt sind. Darüber im Thurm das ungeheure einzige Fenster, das vordem mit der Legende des heil. Martin bemalt, in das ganze Mittelschiff der Kirche hineinleuchtete, solange die Aufstellung der Orgel dieß nicht beschränkte. Weiter empor die zwei schlanken und noch höheren Fensteröffnungen des zweiten Thurmstockwerkes zwischen den zierlichsten freien Wendeltreppen bis zu dem Kranze, mit welchem das Bauwerk stillstehen mußte und dann auf dem 15′ hohen Anfang des zweiten Thurmtheiles eine spitzige, fast 100′ hohe Bedachung erhielt, während der noch vorhandene Aufriß des Thurmes, von hier an aus dem Viereck aufsteigend, noch ein drittes octogones Stockwerk mit je Einem in der Mitte von zierlichem Steinwerk unterbrochenen, wiederum höheren Fenster zeigt, und darüber die Verjüngung einer reich durchbrochenen Nadel mit fünf Kränzen, und auf der Spitze die Bildsäule der Patronin der Kirche mit dem Jesuskind in den Armen andeutet. [...]

Bis auf den Boden des ersten Kranzes, wo das Achteck sich erhebt, beträgt die Höhe des Thurmes 234 württembergische Fuß*; der ausgebaute Thurm würde 510 Ulmer Werkschuh oder 520 württembergische Fuß betragen. Das vergoldete Standbild der Jungfrau Maria auf der Spitze hätte um etliche Fuße noch über die Spitzen des Kölner und des Straßburger Thurmes hinweggeschaut. Die Spitze des jetzigen Thurmes hat die Höhe von 337′.

Grüneisen, Carl und Eduard Mauch: Ulm's Kunstleben im Mittelalter. Ulm 1840, S. 22/23.
* 1 württ. Fuß = 33,6 cm

Der Münsterkreuzer

In den ersten vier Jahren, von 1844 bis 1848, wurden die Restaurierungsarbeiten von der Kirchenstiftung bezahlt. Als dann 1848 durch die Ablösungsgesetze die Einnahmen aus Gefällen und Zehnten versiegten, drohte wegen Geldmangels die dringend notwendige Restaurierung zu scheitern. Daß es nicht so weit kam, ist den regelmäßigen und einmaligen Zuschüssen der Könige von Württemberg und Preußen und des österreichischen Kaisers sowie den jährlich in Ulm unter der Bezeichnung »Münsterkreuzer« durchgeführten Sammlungen zu verdanken. Die Aktion »Münsterkreuzer« ist von Münsterbaumeister Ferdinand Thrän ins Leben gerufen worden.

Der Münsterkreuzer.
Aufruf an die Einwohner der Stadt Ulm
zu freiwilligen Beiträgen für den Münsterbau.

Aus der Veröffentlichung der monatlichen Berichte über den Münsterbau werden Sie im Allgemeinen den Stand und Fortgang der Restauration entnommen haben, und aus eigener Anschauung sich überzeugen, was in 6 Bau=Jahren bis jetzt geschehen ist. – Bisher waren die städtischen Collegien im Stande, für jedes Jahr 10,000 fl. aus dem Fond des Stiftungs=Vermögens zu verwilligen. Mit dem 1. Juli 1850 wird diese beträchtliche Summe wohl ermäßigt werden müssen, denn das Ablösungs=Gesetz greift so tief und empfindlich in alle Verhältnisse dieser Cassen ein, daß genannte Summe kaum mehr ausgesetzt werden kann.

Aber indessen geht Ihre herrliche Kathedrale ihrem Untergang entgegen, der unausbleiblich ist, wenn nicht mit Ernst und festem Willen dagegen eingeschritten wird. Ohne Schminke aber auch ohne Uebertreibung will ich Ihnen gewissenhaft erklären, was diesem Bau bevorsteht.

Nicht in den ersten 10, 15 oder 20 Jahren, aber schon nach einem halben Jahrhundert, nach 60, 80 Jahren, werden und müssen Einstürze erfolgen, daß man die Mittel nicht mehr aufzutreiben im Stande ist, um nur die Kirche zu erhalten.

Der Thurm ist durch den neuen Kranz von oben herab gegen das Eindringen des Wassers wieder auf Jahrhunderte geschützt, doch sind in den nächsten 10 Jahren noch große Aufgaben an ihm zu lösen.

Das Mittelschiff zeigte aber in der jüngsten Vergangenheit unterm sogen. Hochwerk an seinen Gewölben drohende Erscheinungen; – diese Gewölbe haben sich nämlich völlig von der Wand der Kirche getrennt – ein Pfeiler in der Hauptwand mit den großen Fenstern (gegen die Hafengasse hin) ist innerlich auf ziemliche Tiefe geborsten, und nach dieser Gegend hat sich auch das ganze Mittelschiff bedeutend geneigt, – ja bei orkanartigen Stürmen und heftigen Donnerschlägen erzittert das Gebäude.

Wenn hier nicht bei Zeiten und mit den kräftigsten Maßregeln geholfen wird, d. h. wenn der Bau nicht seine äußern steinernen Streben erhält, wie sie ihm ursprünglich zugedacht waren und unvollendet geblieben sind, so ist es unausbleiblich, daß diese Erscheinungen sich zeitweise und schneller aufeinander wiederholen, bis eine Hülfe unmöglich wird.

Die Wahrscheinlichkeit liegt ziemlich nahe, aber ich will nicht hoffen, es so weit kommen zu sehen, daß ein Theil der Kirche dem Gottesdienst abgesperrt werden müßte. Diese steinernen Streben, deren Beruf es ist, das Mittelschiff zu stützen, haben ihr Fundament auf den Seitenschiff=Pfeilern und Wandungen, welche wirklich noch mit den häßlichen Ziegeldächern bedeckt sind.

Diese Mauern und Pfeiler sind aber verwittert, durchnäßt und erfroren; Risse von 5 und mehr Fuß Tiefe durchfurchen dieselben, und dem gewaltigen Frost ist hier das weiteste Feld der Zerstörung eingeräumt. In kurzer Zeit werden Sie an der Südseite neben der Sacristey selbst sehen, was abgebrochen werden mußte, und wie Eis, Schnee und Regen hier gehaust haben.

Von den Gebrechen des Chores will ich noch nicht reden, da dieselben gegen das bisher Gesagte noch einige Zeit in Hintergrund gestellt bleiben können.

Sie haben nun ein klares Bild über den Zustand Ihres Münsters, und Ihnen ist das künftige Schicksal dieses Baues anheim gegeben.

Ihre Voreltern haben den Münster aus eigenen Mitteln erbaut, während sie nach Außen vielfach Fehden und Kriege zu führen und im Innern sich durch Befestigung, Erbauung und Armirung großer Zeughäuser u. s. w. gegen äußere Feinde zu schützen hatten, – und Ihnen liegt nun die erhabene Pflicht ob, auch in dieser mislichen Zeit dieses prachtvolle Gebäude ferner zu erhalten.

Ich hielt es meinem Beruf für angemessen, den Weg dazu anzubahnen, und brachte die Gründung eines Münsterkreuzers in Antrag.

Der Stiftungsrath ertheilte seine Genehmigung hiezu, und es werden zu diesem Zweck in jedem Stadtviertel die gedruckten Listen nächster Tage in Umlauf gesetzt, deren Titelblatt über den Zweck nähere Aufschlüsse gibt.

Was die Controle der eingehenden freiwilligen Gaben betrifft, so hatte Ihr werther Mitbürger, Herr Controleur Schreiber, die Güte, das Amt des Cassiers zu übernehmen, – über die Verwendung selbst hat der Stiftungsrath nach den bestehenden Gesetzen zu bestimmen, und in den öffentlichen Berichten werden die gefallenen Beiträge, wie die Namen ihrer Geber dem Publikum mitgetheilt.

Im April 1850. Stadtbaumeister Thrän.

Allgemeines Anzeigenblatt von und für Ulm nebst seiner Umgegend. Beil. zur Ulmer Schnellpost. 1850, Nr. 99. [Stadtarchiv Ulm]

Spendenaufruf für das Ulmer Münster

Der vom Münster-Comité verfaßte Aufruf richtet sich sowohl an einzelne Bürger als auch an die Fürsten und Vereine Deutschlands, die sich die Erhaltung der Altertümer und Baudenkmäler zur Aufgabe gemacht haben. Aus dem Aufruf geht hervor, was und von wem bis 1857 gespendet worden ist. Es wird auch erwähnt, daß namhafte Beträge von katholischen Gemeinden Württembergs eingegangen sind.

Restauration des Ulmer Münsters.
AUFRUF.

Als in der zweiten Hälfte des XIV. Jahrhunderts die deutsche Baukunst ihren Höhepunkt erreicht hatte, unternahmen die Bürger der alten Reichsstadt Ulm ein Werk, das die meisten ähnlichen innerhalb der Grenzen Deutschlands an Grösse und Pracht übertreffen, von keinem übertroffen werden sollte, – sie begannen den Bau ihres Münsters. Ihre bisherige Pfarrkirche, ausserhalb der festen Mauern liegend und desshalb in jenen fehdereichen Zeiten den Bürgern nicht die nöthige Sicherheit gewährend, ausserdem zu klein für die rasch wachsende Bevölkerung der zu ihrer höchsten Blüthe sich nun entwickelnden Gemeinde, wurde verlassen und sollte im Mittelpunkte der Stadt, weithin sichtbar in der gesegneten Donauebene, hochüberragend selbst die nahen Berge der Schwäbischen Alb, gekrönt vom kolossalen, vergoldeten Standbilde der Himmelskönigin neu erstehen. Ueber ein volles Jahrhundert haben sie unausgesetzt daran gebaut, das gewaltige Werk meist mit eigenen Mitteln, wie sie die fromme Begeisterung, der Kunstsinn und der sprüchwörtlich gewordene Reichthum einer mächtigen Stadt gewährten, rasch fördernd. Aber gegen das Ende des XV. Jahrhunderts gerieth der Bau in's Stocken: einer andern Richtung angehörige Ideen fiengen an sich geltend zu machen; der Kunstgeschmack hatte bereits eine wesentliche Aenderung erfahren; die Kräfte der Stadt waren in immerwährenden Kriegen und durch umfassende neue Festungswerke erschöpft worden. Zwar war die eigentliche Kirche sammt dem Chore vollendet; aber der westliche

Hauptthurm war nur bis Etwas über die Hälfte seiner ursprünglich beabsichtigten Höhe aufgebaut, die Kreuzthürme südlich und nördlich zwischen Chor und Kirche waren, jener kaum, dieser noch nicht aus dem
Sokkel herausgewachsen, und die Strebebogen nebst ihren Belastungspyramiden, sowie Umgangsgalerien und Wasserableitungen – Alles im
Entwurf oder in den Anfängen vorhanden – fehlten in der Ausführung
gänzlich. Was der Schluss des XV. und das erste Jahrzehend des XVI.
Jahrhunderts noch hinzufügte, wie die Unterfahrung der ungeheuren
Last des Thurms mit starken Mauern und die Trennung jedes Seitenschiffes in je zwei Schiffe und Stützung ihrer Gewölbe durch achtzehn
schlanke Rundsäulen, waren eben schon Maassregeln der Erhaltung.
Aber seit dieser Zeit, seit mehr als drei Jahrhunderten ist nicht nur
Nichts mehr geschehen für Fortführung und Vollendung des Baues, sondern selbst für die Erhaltung des Vollendeten wurde entweder gar nicht
oder nur ungenügend, nicht einmal immer zweckmässig und immer nur
in der äusserlichsten Richtung und Weise gesorgt. Mit jenen Ursachen,
welche die Einstellung des Baues herbeigeführt hatten, wirkten, wie
vielfach auch anderwärts, in verderblichem Wetteifer zusammen die
Unkenntnis und der Unverstand, die Fahrlässigkeit und die Noth der
nächstvergangenen Jahrhunderte, um eines der grössten und schönsten
Baudenkmale deutscher Vorzeit in nicht allzuferner Zukunft mit dem
Ruin zu bedrohen. Mit dem Ruin: – denn nicht allein war das Mauerwerk des Thurmes vom Kranze abwärts auf eine Höhe von durchschnittlich 10′ durch das Einsickern des Wassers und Schnees verwittert oder in
horizontaler Richtung weithinein angegriffen und der Dachstuhl der
Kirche vielfach baufällig; sondern auch die constructiv wesentliche Or-
namentur vom Kranze an bis zum Hauptportal, sowie überall an den
Aussenseiten der Schiffe und des Chors ist durch die verzehrende Einwirkung von vier Jahrhunderten grossentheils zerstört und Stein um
Stein an Fialen, Rosetten, Blumen, Gesimsen zerbröckelt bald da bald
dort und wirkt im Niederfallen wiederum zerstörend auf die untern
Theile; das eine der Treppenhäuser, das nordwestliche, ist nicht mehr
begänglich; in der ganzen Länge der Kirche einschließlich des Chors derselben muss die Wasserableitung hergestellt, müssen die fehlenden kolossalen Strebebogen zwischen den Wandpfeilern und dem Hochwerke
nebst den Belastungspyramiden der erstern gebaut werden, wenn nicht
die stets wachsende Gefahr des Einsturzes von Theilen des Mittelschiffes, dessen Kappen von seinen Sargmauern bereits losgerissen sind, zur
Wirklichkeit werden soll, eine Wirklichkeit, welche möglicherweise

Strebebögen der Südseite

vielleicht allerdings erst nach Jahrzehenden eintritt, ebensowohl aber auch in der nächsten Zeit eintreten kann.

Zwar ist in den letzten zwölf Jahren für Herstellung des Zerfallenen oder Fehlenden und doch unumgänglich Nothwendigen und für Abwehr der drohenden Gefahren geschehen, was immer geschehen konnte; es ist ins Besondere die Vorhalle – vielleicht die schönste unter den vorhandenen dieses Styls – durch ebenso glücklich ausgeführte als schwierige Arbeiten vor dem Einsturz gerettet und fünf, als Widerlager der zunächst zur Ausführung bestimmten Strebebogen dienende Belastungspyramiden erheben sich in einer Höhe von 143 Fuss, ja, das erste Paar dieser Strebebogen, in diesem Augenblicke glücklich vollendet, vermittelt bereits die organische Verbindung zwischen den Wandpfeilern der Seitenschiffe und dem Hochwerke als Stütze des letztern mit der in der Geschichte der deutschen Baukunst bisher unbekannten colossalen Spannweite von 66 Fuss; es ist das Alles nach dem einstimmigen Zeugnisse der namhaftesten Sachverständigen und unter ausdrücklicher Anerkenntnis der Staatsregierung, welche das ganze Werk der Restauration durch eine eigene technische Commission begutachten und überwachen lässt, auf vollkommen zweckmässige und befriedigende Weise geschehen und weit über 100,000 Gulden sind aus Stiftungsmitteln für die genannten Zwecke verwendet worden; auch hat sich das Werk – mit tiefgefühltem Danke erkennen wir es – bisher grosser Geschenke Seiner Majestät des Königs und der Königlichen Familie und namhafter Staatsbeiträge zu erfreuen gehabt und erfreut sich derselben fortwährend sowie mannigfacher sonstigen Förderung durch die K. Staatsregierung und durch Privaten und insbesondere auch des Ertrags einer Collekte in sämmtlichen evangelischen Kirchen neben reichlichen Gaben katholischer Gemeinden Württembergs. Aber, wir dürfen es uns nicht verhehlen, die in ihrem Bestande durch die Zeitverhältnisse wesentlich geschmälerten und durch zahlreiche, stets wachsende anderweitige Bedürfnisse in Anspruch genommenen Mittel der Kirchen- und Schulstiftungs-Verwaltung und der Stadt reichen nicht mehr aus, um in der begonnenen, schlechterdings nothwendigen Weise fortzufahren.

In Anerkennung der thatsächlichen Verhältnisse, des grossen Umfangs des Bedarfs und der wachsenden Dringlichkeit der Hülfe, hat denn auch auf den Grund der Beschlüsse der Versammlungen der deutschen Geschichts- und Alterthums-Vereine zu Nürnberg (1853), zu Münster (1854), zu Ulm (1855) und zu Hildesheim (1856) der Verwaltungs-Ausschuss ihres Gesammtvereins die Erhaltung des Münsters als eine Angelegenheit nicht bloss einer einzelnen Gemeinde oder selbst des Königreichs Württemberg, sondern vielmehr des gesammten Deutschlands

56

erklärt »das mit der Ehre des Besitzes eines so erhabenen Denkmals sei- ner grossartigen Vergangenheit auch die Aufgabe zu theilen verpflichtet sei, den Ruhm der Vorväter sich zu erhalten.«

Darum wenden wir uns vertrauensvoll mit der Bitte um thatkräftige Unterstützung an Alle, welchen die Erhaltung und Wiederherstellung unseres Münsters, dieses Werkes von der höchsten nationalen, monu- mentalen und kirchlichen Bedeutung, am Herzen liegen kann. Wir wen- den uns an die hochherzigen Fürsten Deutschlands, welchen die Gren- zen der einzelnen Staaten keine Grenzen ihres nationalen Sinnes sind; wir wenden uns an die Vereine Deutschlands, welche es sich zur beson- deren Aufgabe gemacht haben, was eine grosse Vorzeit Grosses und Schönes uns hinterlassen hat, ungeschädigt den kommenden Ge- schlechtern zu übergeben; wir wenden uns an Alle und jeden Einzelnen unserer Brüder in den weiten deutschen Gauen, welches Stammes und welches Bekenntnisses er sein mag, dass er vergesse Dessen, was uns trennt, und eingedenk sei Dessen, was uns einigt, des gemeinsamen Va- terlandes mit den grossen Schöpfungen seiner Vorzeit, und des Glau- bens, welcher verlangt, dass durch die Liebe diene Einer dem Andern (Gal. 5. 13).

Ulm, im September 1857.

       Das Münster-Comité:

       Dr. Hassler, Professor.

       Dr. Landerer, Decan und erster Stadtpfarrer am Münster.

       Knapp, Stadtpfarrer an der Dreifaltigkeitskirche.

       Murschel, Stadtschultheissen-Amtsverweser.

Flugschrift.

»Der Reisende für das größte Haus Deutschlands«

Die Beschaffung der Mittel für die Restaurierung und den Ausbau des Ulmer Münsters ist vor allem dem Gymnasialprofessor, Sprach- und Geschichtsforscher, Politiker und Landeskonservator Konrad Dieterich Haßler (1803–1873) zu verdanken. Als »Reisender für das größte Haus Deutschlands«, wie er sich selbst nannte, warb er mit Vorträgen in ganz Deutschland für »sein« Münster. In seinen Vorträgen hob er an Hand von Beispielen aus dem von ihm wiedergefundenen Münsterarchiv die Opferfreudigkeit und Selbstlosigkeit der Ulmer hervor, ohne die im Mittelalter das große Werk nicht zustande gekommen wäre.

Willkommen seien Sie mir also in der weiten, freundlichen Donauebene, in welche Sie, vom Lechfeld der Hunnenschlacht herüber, unterhalb Günzburg hereinlenkten. Freilich darf es kein trüber Tag sein, an
welchem aus Moorgründen und Altwassern oft genug dichtaufsteigend
über die Ebene sich der Nebel lagert, der Nebel, welchen der Volkswitz
so nahrhaft findet, daß man mit ihm das Mittagessen ersparen könne.
Nein, es sei ein sonnenheller Tag! Da erblicken Sie schon auf der Grenze
des ehemaligen Gebiets der alten Reichsstadt, unterhalb Leipheim, auf
eine Entfernung von 5–6 Stunden dem Duft am Abhang der Schwäbischen Alb aus blauem Himmel entragend, eine ungeheure, in ihren Umrissen kaum unterscheidbare Masse, in welcher Sie näher kommend
deutlicher und deutlicher das Münster erkennen; wie es daliegt inmitten
der spitzgiebligen Häuser der alten, mächtigen Stadt, aus welcher heraus
selbst die Thürme, selbst der hohe, schlanke, minaretartige der Dreifaltigkeitskirche sich in kindisch=vergeblichem Bestreben abzumühen
scheinen, auch nur die Höhe der untern Anfänge des Dachstuhls an dem
Riesenbau zu erreichen. [...]

Wir überschreiten die Donau und verlieren durch enge Straßen auf
verrufenem spitzigen Steinpflaster wandelnd vorüber am Fischkasten,
einem der schönsten Werke mittelalterlicher Kunst von der Hand Georg
Sürlins, vorüber am alten Rathaus, auf welches der alte Volksreim lautet: »hier geht der Rath aus«, den Anblick des Münsters gänzlich, bis wir
durch das sogenannte Gewölb hindurch mit Einem Schritte, plötzlich
unmittelbar vor ihm stehen, so klein, so winzig, daß wir darüber alles
Maaß verwechseln und vergessen. Und es ist noch nicht einmal der
Thurm, es ist nur die Südseite der Kirche, deren Seitenschiff sich vor uns
73′ hoch erhebt, über demselben das Mittelschiff bis zu 146′, und das
Dach bis 220′ steil ansteigend, auf eine Länge von 430′, einschließlich
der Vorhalle des Thurmes und des Chores, und eine Breite von 170′, welche die Breite des Doms zu Köln noch um etwa 12′ überschreitet. Es ist
jedoch nicht der Anblick des Schönen, der uns hier fesselt, es ist nur der
des Colossalen, der uns drückt, um so mehr, als das Unfertige des Baues
uns hier allzusehr in die Augen springt und selbst als Unschönes erscheint. Denn es fehlen nicht allein die Seitenthürme der Kreuzesarme,
deren einer hier auf der Südseite kaum erst aus dem Sockel herausgewachsen ist, es fehlen überall bis auf wenige, nur fragmentarische Ausnahmen, die Belastungspyramiden auf den Pfeilern der Seitenschiffe, es
fehlen überall die an diese sich anlehnenden Strebebogen und Streben,
welche die Verbindung der Seitenschiffe mit dem Hochwerk des Mittelschiffes organisch vermitteln und diesem zugleich als Stütze seiner Sarg-
wände und mittelbar seiner Gewölbe dienen sollten. So liegen nun die

ungeheuern Dachflächen in ihrer ganzen Breite und Höhe öd und kahl vor uns, [...]

Wir umwandeln den Chor, der, als ältester Theil der Kirche, auch von Außen gesehen an und für sich zwar sehr schön ist, doch wegen des Mangels des nur angefangenen aber nicht ausgeführten Gallerieumgangs mit seiner Wasserableitung eben auch den Eindruck des Unfertigen macht und in Folge dieses Mangels bedeutende Risse zeigt, welche die ängstlichsten Besorgnisse erregen. Von hier aus gehen wir die Nordseite der Kirche entlang, ohne uns bei den interessanten, uralten Bildern der Portale oder bei jenen abenteuerlichen Figuren aufzuhalten, welche hier, wie bei andern ähnlichen Domen, noch manches ungelöste Räthsel einer sinnreichen Symbolik oder auch eines muthwilligen Humors darbieten und stehen nun vor dem westlichen Hauptthurme. Hier ändert sich Anblick und Eindruck gänzlich. Denn obwohl der Thurm nur bis etwas über die Hälfte gebaut ist, und selbst einschließlich seines jetzigen nicht organischen aber ansehnlich hohen Nothdaches nur etwas über ⅗ seiner ursprünglich beabsichtigten Höhe von 530 Ulmer Werkschuhen erreicht; obwohl seine ornamentale Ausstattung vom Kranze abwärts bis zum Hauptportal durch die verzehrende Einwirkung von vier bis fünf Jahrhunderten und durch Nachlässigkeit, Unverstand und Rohheit der Menschen vielfach und empfindlich gelitten hat und Stein um Stein an Fialen, Rosetten, Blumen, Gesimsen zerbröckelt niederstürzt; so macht er doch, ungeachtet des Massenhaften nach allein seinen Dimensionen; worin er alle Thürme dieses Styls übertrifft durch den Reinheit und Anmuth mit Großartigkeit paarenden Frontanblick, durch die Vorhalle, die unvergleichliche, mit ihrem dreifachen hohen Eingange und ihrem Bilderreichthum, durch das ungeheure, 42' hohe und 20' breite Fenster, welches in das ganze Mittelschiff hineinleuchtet und die über demselben im Thurme sich erhebenden noch höheren schlanken Fensteröffnungen, durch die in stattliche, baldachinartige Thürme auslaufenden Treppenhäuser ganz den Eindruck der erhabenen und zugleich der zierlichen Schönheit. Und nun treten Sie hinein mit mir durch die Vorhalle und das doppelthürige Hauptportal, hindurch unter dem Spitzbogengewölbe, welches die Orgel von 100 Registern trägt, die größte meines Wissens, welche existiert, und blicken Sie vorwärts durch die ganze Länge des Mittelschiffes und die porta triumphalis, durch welche es vom Chor getrennt ist, aus dem Ihnen in glühender Farbenpracht die alten Glasmalereien entgegenleuchten, oder blicken Sie aufwärts zum Gewölbscheitel des Hochwerks, oder rechts und links seitwärts durch den Wald von Pfeilern und Säulen in die Hallen der Seitenschiffe; oder mustern Sie mit prüfendem Blick Einzelnes, wie es in unerschöpflichem Reichthum sich

Ihnen darbietet: diese Blumen= und Blätterkronen, die Köpfe an den Tragsteinen von antiker Meisterhaftigkeit, diese Bilder überall in der Kirche, in der Sakristei, in den Kapellen, welche selbst zum Theile den Raum mäßiger Kirchen darbieten; diesen Kanzeldeckel, ein Holzschnitzwerk des jüngern Sürlin, mit der niedlichen, in ihm sich aufwärts windenden Treppe, auf der das Gebet des Predigers zum Himmel steigt; dieses Sakramenthaus, 90′ hoch, also noch die Hälfte höher, als jenes berühmte Werk von Adam Kraft in der St. Lorenzkirche zu Nürnberg und ihm doch weder an Tiefe der Ideen, noch an Schönheit der Formen, noch an technischer Vollendung irgend nachstehend; aber lenken Sie Ihre Aufmerksamkeit jenem größten und schönsten aller bekannten Holzschnitzwerke zu, jenem Chorgestühle des ältern Sürlin, und beachten sie, wie an seiner Basis neben den Gebilden der unorganischen und der organischen Natur aus dem Pflanzen= und Thierreiche auch Menschenantlitze sich breit machen, aber fratzenhaft verzerrte, Typen der gottverlassenden und deshalb gottverlassenen Menschheit in ihren gräulichen zum Thierischen und unter das Thierische versinkenden Mißgestalten, wie aber über dieser Basis in dreifacher Aufstufung sich erheben zunächst das denkende, gottsuchende Heidenthum der alten Welt, rechts (heraldisch gesprochen) in männlichen Repräsentanten, wie Pythagoras, Cicero, Seneca, und Andere, darunter freilich auch Terentius, links, beim Mangel anderer weiblicher Personen, in den Brustbildern der Sibyllen; sodann über diesem die vorbereitende Offenbarung des Alten Bundes in Bildern hauptsächlich der Propheten und heiligen Frauen; und endlich, das Alles übergipfelnd die Offenbarung, die da kam, als die Zeit erfüllet war, die Offenbarung des Neuen Bundes, dargestellt in den Aposteln und den Frauen des Neuen Testaments und männlichen und weiblichen Heiligen der christlichen Kirche und Legende. Und wenn Sie das Alles stundenlang, tagelang, jahrelang immer wieder auf's Neue betrachtet und in überschwänglicher Freude immer wieder neue Formen voll Würde und Erhabenheit, voll Anmuth und Schönheit, voll Geist und Leben gefunden haben, oder wenn gar in den Hallen, in welchen 20 000 Menschen bequem Raum finden, unter den Klängen der Orgel, auf den Wogen des Gesangs der Gemeinde, bei der Verkündigung des göttlichen Wortes Ihre Seele sich emporschwingt zu dem Unsichtbaren, der zwar nicht wohnet in Tempeln, von Menschenhänden gemacht, dessen auch nicht gepflegt wird als ob Er Jemandes bedürfte, den aber auch äußerlich so würdig zu verehren, als wir es nur immer können, für uns Pflicht und Bedürfniß ist; dann, ja dann werden Sie jedesmal wieder bei der Frage angelangt sein: was waren die Motive und Mittel dieses Baues, wie haben die Leute seiner Zeit das gekonnt, wie ist dieses wundervolle

Werk der Kunst ins Leben getreten? Und damit stehen wir wieder an dem Punkte, den ich als den wesentlichsten meiner heutigen Aufgabe bezeichnete.

Als die Ulmer anfingen dies Gotteshaus zu bauen, vor dem Jahre und in dem Jahre 1377 und in den folgenden, da näherte sich ihre Stadt allerdings dem Höhepunkt ihrer Macht und erreichte denselben während der ununterbrochenen Fortsetzung des Baues im ganzen Laufe des 15. Jahrhunderts. Sie war nach dem von mir schon berichteten Gräuel gänzlicher Verwüstung aus Schutt und Asche wieder erstanden, für ihre Treue von den dankbaren Hohenstaufen mit vielfachen Freiheiten begabt, welche sie während der kaiserlosen, der schrecklichen Zeit klug und kühn zu erweitern wußte, bis sie zur vollen Reichsfreiheit und damit zur äußeren Unabhängigkeit gelangt unter Ludwig dem Bayer auch ihre innere Verfassung umgestaltete, und während sie ihr Landgebiet fortwährend erweiterte, so daß es nächst dem Nürnberger das größte aller Reichsstädte war, wußte sie dem gemeinsamen Angriffe des Luxemburger Karl IV. und des Grafen Eberhard des Greiners von Würtemberg bei harter, langwieriger Belagerung siegreich zu widerstehen. Es war dies in demselben Jahre, in welchem sie noch ihren Münsterbau begann, um dieselbe Zeit, in welcher Gewerbe, Kunst und Handel in wetteifernder Thätigkeit der Geschlechter und Zünfte zu einer nie geahnten Blüthe sich entwickelten, um die Zeit, in welcher die bedeutendsten Städte der alte Spruch also schildert:

> Venediger Macht,
> Augsburger Pracht,
> Nürnberger Witz,
> Straßburger Geschütz
> Und Ulmer Geld
> Regiert die Welt.

Also Macht und Geld hat diese gewaltigen Dome und Münster gebaut? O nein, die sind's nicht gewesen! Wie wäre es sonst zu erklären, daß in unserer Zeit ungleich mächtigere Staaten und Städte, welche mit Leichtigkeit über Millionen zu den verschiedensten Zwecken alle Tage verfügen, selbst da, wo es Bedürfniß ist, so gar Nichts der Art zu Stande bringen, was auch entfernt an den Bau hinanreichte, [...]

Also muß es etwas Anderes gewesen sein! [...] Ich habe gesucht, da und dort, und [...] gefunden, was ich so lange gesucht und je zu finden kaum gehofft, das alte Münsterarchiv, das seit 300 Jahren für verloren geachtete war es, so weit nicht die Mägde es zu höheren Zwecken verwendet, oder nicht Schnee und Regen das Papier wenigstens zum Theil wieder zu dem gemacht hatten, woraus es gemacht wird, zu Brei oder einzelne Theile sich schon in früheren Zeiten an andere Orte hin verirrt hatten. Ich brauche wohl nicht zu sagen, daß die rettbaren und geretteten Reste des Archivs jetzt anders und besser aufbewahrt sind. Überhaupt hätte ich dieser merkwürdigen Urkunden gar nicht erwähnt, wenn nicht gerade sie es wären, welche die Lösung unserer Hauptfrage entweder, was nämlich die Mittel anbetrifft, direct Schwarz auf Weiß enthalten, oder, was die Motive betrifft, indirect in den schlagendsten Thatsachen hinstellen. In diesen Beziehungen sind unter diesen Urkunden die merkwürdigsten die Rechnungsbücher der Kirchenpfleger. Sie lassen uns tiefe Blicke werfen in den Charakter jener Zeiten und gewähren das mannigfache Interesse. Schon die naive Einfachheit der Buchführung ist in hohem Grade ansprechend. Wo man in unsern complicirten Lebens= und Rechtsverhältnissen, in unsern gesetzmacherischen Zeiten für die Actenstöße eines einzigen Jahres ganze Säle nöthig haben würde, da reichten für ganze Decennien, ja, wenn der Bau langsam vorrückte, fast für ein halbes Jahrhundert drei redliche Männer mit einem einzigen Buche aus, ohne alle Quittungen, ohne irgend eine Rechnungsbeilage, selbst ohne Unterschriften. Und was von der Form, das gilt in noch höherem Maaße von dem Inhalte dieser Acten. Sie gewähren Aufschluß über die Stiftungen und über die Gaben und Beiträge, durch welche es einer einzigen Stadt möglich wurde, in der Hauptsache ohne fremde Hülfe das Riesenwerk zu unternehmen und fortzuführen, sowie über die mannigfachsten Ausgaben für Material, für Tages= und Jahreslöhne, z. B. der Kirchenmeister u. s. w. Ich würde Ihre Güte und Geduld mißbrauchen, wollte ich vor Ihnen in die Einzelheiten eingehen, auch hätte ich das Alles für den Augenblick in seiner urkundlichen Authenticität nicht einmal so bei der Hand; es genüge, nur ein Paar Momente, wie sie mir aus früherer Aufzeichnung vorliegen, mitzutheilen, Züge, welche geeignet sind, den Sinn zu charakterisiren, der die wahren Grundpfeiler solcher großen Werke bildete. Nicht bloß Stiftungen an großen und kleinen Geldsummen, oder Ertrag des zu diesem Zweck öfters gewährten Ablasses, oder Schenkungen an Gütern, Beifuhr von Material waren die Mittel der Ausführung des Baues, sondern auch Schenkungen an Kleidungsstücken, alten und neuen, an Möbeln, Kleinigkeiten aller Art, die regelmäßig auf die Hütte gebracht, dort von den Kirchenpflegern in Empfang genommen und sofort zum Besten des Baues verwerthet wurden. So in der Rubrik »vnser frowen gevand« (das Münster ist eine Marienkirche) figurirt neben des Bürgermeisters Heinrich Kraft Mantel, verkauft um 20 Gulden, ein Bettlein von der Dunkinin, der Steinmetzlin, verkauft um 1 Pfund Heller, neben dem Barchenttuch von der Zollerin, verkauft um 2 Gulden 3 Schilling Heller, der Mantel von der Magd des besagten Heinrich Kraft, verkauft um 6 Gulden, neben des Millers Wamms und Hosen, verkauft um 6 Schilling 6 Heller, Heinrich Schribers Panzer und Goller mit 6 Gulden, und neben der Bürgermeisterin Mantel, verkauft zu 15 Gulden 5 Groschen, erschienen – es ist rührend anzuhören – 4 Schilling gelöst um einen Kapenzipfel und einen Filzhut »von den gefangen Lüten« im Elend, d. h. von den Kriminalverbrechern. Auch bringen eines reichen Patriciers Sohn und seine Genossen, leichtsinnige Spieler, auf des Priesters Rath und des Vaters Geheiß, Karten sammt Würfeln, Brettspiel und Schachgabel, mit diesen vielleicht auch ihre Leidenschaft, dem Bau des Herrn zum Opfer dar.

Sie haben mit mir das Sakramenthaus an der porta triumphalis bewundert, das an Schönheit keinem weicht, an Größe alle übertrifft. Eine Urkunde gibt Aufschluß über Stiftung und Meister. Eine Frau, Engel (Angelica) Zäringerin hat das Werk gestiftet, und der Meister, der es geformt, heißt, ohne andere Bezeichnung, schlechthin »der Meister von Wingarten,« d. i. Weingarten bei Ravensburg, der alten Welfenwiege. Rührt uns aber die aufopfernde Mildthätigkeit, aus der solche Stiftungen floßen, so müssen wir die Weisheit bewundern, mit welcher sie verwaltet wurden. – Jene Engel Zäringerin stiftete zu besagtem Zwecke 200 Gulden (etwa 1000 Thaler nach dem jetzigen Geldwerthe), aber damit die Sache, oder vielmehr die Person, verschwiegen bliebe, gibt sie dieselben nicht den Kirchenpflegern, sondern in die Privatpflege des Hans Neidhardt. Was that dieser? Er läßt durch seinen Schaffner oder Unterkäufer, Frick heißt dieser, mit jenen 200 Gulden Ochsen und Löwen einkaufen, – das sind nämlich besondere mit den Bildern dieser Thiere bezeichnete Sorten von Leinwand – versteht sich zur Zeit, da die Leinwand wohlfeil ist, verkauft sie wieder zu günstiger Zeit mit ansehnlichem Nutzen, wiederholt diese Operation eilfmal, immer zur Zeit der Nördlinger Messe, also 5½ Jahr hindurch, und das Sakramenthaus scheint in dieser Periode zu Stande gekommen zu sein, ohne daß das dafür gestiftete Kapital nur angegriffen wurde.

Bedürfen wir nun noch weiter Zeugniß? Ich glaube kaum. In Betreff des Wie, der Mittel und Wege liegt Alles klar vor Augen. Aber auch die Gestalt des Woher hebt sich helleuchtend ab von dem dunkeln Hintergrunde der Vergangenheit. Viele einzelne Züge dieser Gestalt sogar sind kennbar. Sie zeigt einen kühnen, bewußten, festen Willen. Als die Ulmer den Bau anfingen, erklärten sie, ein Futteral bauen zu wollen über das Straßburger Münster, und in der That, man kann was die Kirche betrifft, die Straßburger ganz bequem in die Ulmer hineinstellen. Nach dem ältesten Originalaufriß des Thurmes aus dem 14. Jahrhundert, welcher wohl mehr denn 100 Jahre, und einem zweiten etwa aus der Mitte des 15. Jahrhunderts, welcher vielleicht 50 Jahre älter ist, als der letzte von Matthäus Böblinger, der allein in weiten Kreisen bekannt wurde – beide ältere Aufrisse haben sich nun auch gefunden – sollte in der Höhe, da wo das Kreuz der Kölner Thürme aufhörte, das 12′ hohe goldne Standbild der Himmelskönigin auf dem Ulmer Münster beginnen. Denn das war der Gedanke des Mariencultus im Mittelalter: die Mutter, die Gottgebärende steht über dem Kreuze des Sohnes. Aber dieser kühne, bewußte, feste Wille, es war nicht der Eigenwille, nicht der sich Selbstsuchende kleine Wille des menschlichen Ich; vielmehr ein Wille, der ein Anderes, Höheres sucht, in dessen Dienst er freudig und beharrlich steht und aufgeht: das zeigen die demuthsvollen Züge der Opferwilligkeit, der Opferthätigkeit, welche wir kennen gelernt haben; das zeigen noch mehr die Züge der Selbstverläugnung, nicht bloß der Einzelnen, sondern ganzer Reihen von Generationen, welche, ungleich unserm kurzathmigen, wie toll rennenden – gebe Gott, daß nicht ins Verderben rennenden – nur die eitle Gegenwart keine Zukunft kennenden und hoffenden Geschlechte, beim Beginn solcher Riesenbauten recht wohl wußten, daß sie die Vollendung derselben nicht erleben würden, aber dennoch unverdrossen Stein zum Steine fügten und Jahrhunderte ruhig fortbauten: denn sie bauten ja nicht für sich, sondern ein Haus dem Ewigen. Kennen Sie nun die Gestalt im Hintergrunde an den Zügen des kühnen, festen, weil in Gott ruhenden Willens mit seiner Aufopferung und Selbstverläugnung? Es ist der Glaube: und wenn man mir entgegenhält »jedoch zugleich der Aberglaube,« so widerstreit ich's nicht, denn selbst der Aberglaube hat den Glauben zu seiner nothwendigen Voraussetzung. Der Glaube also hat diese Dome, diese Münster aufgerichtet.

Und nun folgen Sie mir noch einmal, nur einen Augenblick noch, in die Hallen unseres Münsters! Richten Sie Ihre Blicke hierauf zu den Gewölben des Hochwerks; sehen Sie die klaffenden Risse zwischen den Gewölbkappen und den gewichenen und täglich weiter weichenden Seitenmauern; sehen Sie die geknickten und geborstenen Gurte! Sie drohen den Einsturz. Wann dieser erfolgen wird, wer kann das wissen? Er, der die Welt allmächtig hält, kann auch frei in der Luft mit seinem starken Arm diese Gewölbe halten, so lang es Ihm gefällt. Aber ob es Ihm lange gefallen wird, wenn die Menschen, gewarnt, nicht das Ihrige thun? Aber damit sie es thun, Wessen bedarf es? Was allein kann hier helfen, retten, stützen, erhalten? Wenn ich es nenne, werd' ich nicht unevangelisch handeln. Der heilige Apostel hat sie bezeichnet, die Retterin, und ihr selbst die erste Stelle angewiesen, noch über den Glauben und der Hoffnung. Es ist die Liebe. Sie ruf' auch ich an; sie anzurufen aller Orten

werd' ich, so es Gottes Wille ist, nicht müde werden all mein Lebenlang.
Was der Glaube gebaut hat, die Liebe soll, die Liebe wird's erhalten: dies
meine Hoffnung, die mich nicht wird zu Schanden werden lassen.

Haßler, Konrad Dieterich: Zur Geschichte der kirchlichen Baukunst im Mittelalter, mit besonderer Beziehung auf
das Ulmer Münster. Ein Vortrag auf Veranlassung des evangelischen Vereins für kirchliche Zwecke, gehalten am
23. März 1857. Berlin 1857.

Mitglieder der israelitischen Gemeinde spenden für das Münster

*Anläßlich des 500jährigen Münsterjubiläums 1877 gingen namhafte
Spenden ein, u. a. von der israelitischen Gemeinde in Ulm, die mit einem Begleitschreiben 1300 M. überreichte, womit die Jeremiasstatue
an einem Pfeiler des Mittelschiffes angeschafft werden konnte. Die
Namen der Spender sind in den »Münsterblättern« abgedruckt.*

Aus Anlaß des 500jährigen Münsterjubiläums rüsten sich alle Kreise unserer Stadt, ihrer Theilnahme in irgend einer Weise freudigen Ausdruck
zu geben. Sowie uns Juden auf allen Gebieten des öffentlichen Lebens
gleiche Interessen mit unseren christlichen Mitbürgern bewegen, so
nehmen wir auch an dem herrlichen Kunstdenkmal, welches unsere
Stadt ziert, lebendigen Antheil, indem wir zu seinem Unterhalte und zu
seiner Verschönerung jederzeit nach Kräften beitragen.

Wir nachbenannten Mitglieder der israelitischen Gemeinde zu Ulm
ergreifen deßhalb mit Freude die außerordentliche Gelegenheit des bevorstehenden Festes, indem wir hiemit eine Stiftung von
M. 1,300 – EJN TAUSEND DREJ HUNDERT MARK
dem Münsterbaukomité unter der Bestimmung überreichen, dafür eine
der vier im Innern des Münsters aufzustellenden Statuen (Jesaias, Jere-
mias, Ezechiel, Daniel) anfertigen zu lassen.

Es würde einem Wunsche der Stifter entsprechen, wenn am Fuße dieser Statue die Widmung »von einer Anzahl Mitglieder der israelitischen
Gemeinde Ulm« vermerkt werden könnte.

Mit dieser Stiftung wollen wir unsern Mitbürgern sowohl, als auch
spätern Geschlechtern ein Zeugniß geben, wie auch wir im Verein mit
allen Gliedern unseres städtischen Gemeinwesens nicht nur am Gedeihen unserer Stadt in der Gegenwart eifrig mitarbeiten, sondern auch ihrer großen Vergangenheit in politischer und künstlerischer Beziehung
ein warmes Herz entgegenbringen.

Ulm, den. 30. Juni 1877.

Münsterblätter. H. l. 1878, S. 22/23.

Was Restaurierung und Ausbau des Münsters gekostet haben

Münsterbaumeister Friederich schildert in groben Zügen, wie das Geld für die Renovierung und den Ausbau des Münsters zusammengekommen ist, die fast 4,5 Millionen Mark gekostet haben.

Von großem Interesse ist die Aufbringung der für das gewaltige Wiederherstellungswerk erforderlichen Geldmittel, die sich bis zum Tode Thräns bereits auf eine halbe Million Gulden beliefen. Zuerst trug die Kirchenstiftung aus den Zinsen ihres Vermögens die Kosten fast allein und wandte jährlich mindestens 10 000 fl. auf. Aber die innerpolitischen Umwälzungen des Revolutionsjahres 1848 und die hierdurch veranlaßte Ablösung der alten Gerechtsame hatte ein katastrophales Zusammenschmelzen der Stiftseinkünfte zur Folge. So mußte man auf neue Wege zur Beschaffung von Mitteln sinnen. Thrän schlug nach dem Beispiel von St. Nikolai in Hamburg die regelmäßige Sammlung eines Münsterkreuzers in Ulm vor, die von 1850–70 nicht unwesentliche Beträge lieferte. Auch eine viermalige »Landeskollekte« von 1856–60 ergab gute Erträgnisse. Viel geschah in Stadt und Land von privater Seite; so gaben Vereine in Ulm, Eßlingen, Ravensburg und anderen Orten Konzerte zu Gunsten des Münsterbaues. Man beschränkte sich mit den Werbungen nicht auf die engere Heimat, sondern versuchte auch außerhalb Württembergs das Interesse für das Ulmer Münster zu wecken mit dem Erfolge, daß namhafte Summen aus den verschiedenen deutschen Ländern im Laufe der Jahre zusammenkamen. Als 1852 aus Mangel an Mitteln die Schließung der Bauhütte bevorstand, gab der König von Württemberg 2000 fl. und spendete auch späterhin mit anderen Mitgliedern des kgl. Hauses häufige Beiträge. Von den Gaben der übrigen deutschen Fürsten interessieren besonders die des Kaisers von Oesterreich, die von 1860–65 zusammen 4840 fl. und die des Königs von Preußen und nachmaligen deutschen Kaisers, die insgesamt 14 000 fl. betrugen. Als um 1865 die freiwilligen Beitragsquellen versiegten, sprang der württ. Staat, der schon seit 1852 Jahresbeiträge von zuerst 3000, später 6000 fl. gewährt hatte, mit einem einmaligen Beitrag von 50 000 fl. bei. Denn gerade damals sollten die Arbeiten in verstärktem Umfange weitergeführt werden auf Grund eines im Dezember 1864 von Thrän aufgestellten Überschlags über die gesamten noch nötigen Wiederherstellungsarbeiten, der am Ende die Anmerkung trägt: »Dauert der Bauturnus 11 Jahre, so erfordert das Jahr: 181 181 fl. = 10 909 080 Kreuzer. Hat das Königreich Württemberg 1 700 000 Einwohner, so träfe es den Kopf im Jahre 6⁴/₁₀

Kreuzer.« [...] Thrän regte auch 1867 nach dem Vorbild von Köln die Schaffung einer Ulmer Münsterbaulotterie an. Diese trat 1868 ins Leben und bildete bis zum Ende der Wiederherstellungs= und Ausbauarbeiten eine ergiebige Haupteinnahmequelle. Sie war zunächst auf einzelne kleinere Bundesstaaten beschränkt, nach Fertigstellung des Kölner Domes gewährte ihr Preußen ebenfalls Eingang. Daneben flossen auch kleine Bächlein weiter, und die warmherzige Mithilfe der Ulmer Bürgerschaft ließ ihr Kleinod nicht im Stich. [...]

Der Ausbau des Münsters war die bedeutendste Leistung der Stadt Ulm im 19. Jahrhundert, auf die viel Begeisterung, ein hohes Können und ein Geldwert von fast 1½ [4½] Millionen Mark verwendet worden sind. [*]

Friedrich, Karl: Die Wiederherstellungsarbeiten am Ulmer Münster im 19. und 20. Jahrhundert, in: Mitteilungen des Vereins für Kunst und Altertum in Ulm und Oberschwaben. H. 25. 1927, S. 52-54.
[*] Nach Rudolf Pfleiderer kostete die Restaurierung und der Ausbau des Münsters von 1840-90 4351812 Mark (Pfleiderer, Münsterbuch, Ulm 1907, S. 25).

Die Finanzierung der Restaurierungs- und Ausbauarbeiten

Auf vielfältige Weise sind – wie aus der nahezu vollständigen Übersicht hervorgeht – die Mittel zur Deckung der Kosten zusammengekommen, die bei der Restaurierung und dem Ausbau des Ulmer Münsters entstanden sind.

Bald nachdem Thrän die Bauleitung übernommen, drohten die politischen Ereignisse den Fortgang des kaum begonnenen Werkes zu gefährden. Die Zehntablösung des Jahres 1848 schmälerte die Einkünfte der Ulmer Stiftung, welcher die Bestreitung des Bauaufwands zur Last fiel, dergestalt, daß die jährliche Leistung für die Restaurationsarbeiten von 10000 fl. auf 1000–3000 fl. herabgesetzt wurde. Die Folge war, daß am 31. Dezember 1850 sämtliche Arbeiten an Turm und Kirche eingestellt wurden. Allein in so kläglicher Weise sollte das freudig unternommene Wagnis nicht scheitern; die Regierung trat mit einem jährlichen Staatsbeitrag von 2000 fl. ein und kein Mittel blieb unversucht, um noch weitere Bäche und Bächlein in die Münsterkasse zu leiten. Eine Taxe wurde von den Besuchern des Münsters erhoben, in der Bürgerschaft der »Münsterkreuzer« eingeführt, Gesuche an die Protektoren der Kunst, Seine Majestät unsern König Wilhelm und Ihre Majestäten die Könige Ludwig von Bayern und Friedrich Wilhelm von Preußen gerichtet, ein Aufruf an ganz Deutschland erlassen und zunächst die deutschen Altertumsvereine auf der allgemeinen Versammlung zu Mainz 1852 und zu Ulm selbst 1855, für das Werk gewonnen. Mit den wachsenden Anforderungen steigerten sich weiterhin, um dies hier vorauszunehmen, auch die Leistungen der Stadt, der Regierung, der Einzelnen; so verpflichtete sich im Baujahr 1856, als es sich um die Ausführung der Strebebögen handelte, die Stadt auf 4 Jahre zu einem Jahresbeitrag von 6000 fl., einen gleichen Beitrag leistete der Staat, König Wilhelm, um nur einen Akt hoher Munifizenz zu erwähnen, spendete aus eigenen Mitteln 3000 fl.; das Opfer eines Sonntags im Jahre von allen Kirchen des Landes wurde dem Münster zugewiesen, auch in Preußen in allen evangelischen Kirchen eine Kollekte für das Münster gestattet u. s. w. Es ist namentlich das Verdienst Konrad Dietrich Haßlers († 1873), der als »Reisender für das größte Haus Deutschlands« alljährlich auszog, das Interesse der weitesten Kreise für das Münster rege gemacht und so, wie die Münsterblätter mit Recht sagen, das Münster gerettet zu haben. Kurz, es gelang, Jahr um Jahr die nötigen Mittel herbeizuschaffen, bis endlich, als der Gedanke an den völligen Ausbau des Turmes unabweisbar sich aufdrängte, die moderne Hilfsquelle der Lotterie erschlossen und der Münsterkasse regelmäßiger reichlicher Zufluß gesichert wurde.

Knapp, Hermann: Das Ulmer Münster seit fünfzig Jahren, in: Besondere Beilage des Staats-Anzeigers für Württemberg. 1890, S. 113-119.

Der schmerzliche Eindruck des Unvollendeten

Für das Empfinden der Menschen im 19. Jahrhundert ist bezeichnend, daß der Anblick des Unfertigen einen »schmerzlichen Eindruck« hinterließ. Das war mit ein Grund für das Bemühen, endlich die unvollendeten Bauwerke des Mittelalters zu vollenden. Frommel befaßt sich im folgenden Auszug hauptsächlich mit der Architektur des Münsters, deren »Nüchternheit und Schmucklosigkeit in ihm den Eindruck des Gewaltigen und Riesenhaften« erwecken.

Der ursprüngliche Plan war einfach. Da Ulm kein Bischofssitz war, so behielt man auch bei dem Neubau den einfachen Charakter der Pfarrkirche bei, man verzichtete auf das Kreuzschiff und schmückte die Westfaçade mit nur einem Thurm, während zwei kleinere zu beiden Seiten des Chores Wache halten sollten. Es ist sehr zu beklagen, daß dieser Plan nicht zur vollen Ausführung kam. Der Westthurm, der mit Oktogon und Helm die gewaltige Höhe von 520 Fuß erreichen sollte, ist mit der kleinen modernen Spitze nicht über 337 Fuß hinausgekommen, während von den beiden Ostthürmen nur der südliche bis zur Höhe von etwa 170 Fuß gebracht worden ist. Eben so machen die Langseiten des Riesenwerkes den schmerzlichen Eindruck des Unvollendeten, ja dadurch, daß die schwerfälligen Strebepfeiler der Strebebögen und jedes krönenden Schmuckes entbehren, einen betrübenden Eindruck. Und dennoch entbehrt der Koloß keineswegs seiner eigenthümlichen Schönheit; dennoch wird man bei eingehenderem Anschauen sich dem Eindruck nicht entziehen können, daß man hier ein Werk ersten Ranges vor sich hat.

Ganz besonders tritt uns dies entgegen, wenn wir von der Westseite uns dem Thurme nähern.

Großartig und schön ist die Gliederung desselben auch in seiner Unvollendung. Eigenthümlich vor allem die Dreitheilung des mächtigen Portals mit seinem mannigfachen sinnigen Bilderschmuck. Blickst Du hinauf nach den Spitzbogen der drei Thore, so gewahrst Du über den beiden äußeren die ernsten Gestalten von je sechs Aposteln, während über dem mittleren sechs heilige Frauen, in ihrer Mitte die Schutzheilige der Kirche, die Jungfrau mit dem Kinde, sinnend herabschauen. So empfangen den Eintretenden auch an den beiden Pfeilern des Eingangs in die Vorhalle die Jungfrau mit dem Kinde und der heilige Martin, der heilige Antonius und Johannes der Täufer, als die besonderen Beschützer des Heiligthums, und im Tympanon über dem Eingangsportal siehst Du die heilige Geschichte vom Sturz der gefallenen Engel bis zur Verfluchung Kains. Von höchster malerischer Wirkung ist das gewaltige Martinsfenster über der Eingangshalle, das vor der Aufstellung der Orgel sein farbiges Licht in das Mittelschiff der Kirche warf. Ueber der dreifachen spitzbogigen Vorhalle desselben erheben sich im zweiten Stockwerk des Thurms zwei schlanke hohe Fenster zwischen zierlichen Wendeltreppen bis zum Kranz, hinter welchem sich die moderne fast 100' hohe Spitze erhebt.

Wenn uns jedoch das Aeußere des Baues nur getheilte Eindrücke hinterläßt und das Gefühl des Bedauerns über die Unvollendung das vorherschende blieb, um so freudiger überrascht uns ein Blick in sein Inneres. Zwar ist auch hier manches im Laufe der Jahrhunderte zerstört oder beseitigt worden, aber es ist immer nur einzelnes; die hohen Räume, durch zwölf kolossale Fenster der Seitenschiffe, durch zehn kleinere des überragenden Mittelschiffs vom Licht reichlich durchströmt, erfreuen durch ihre schönen Verhältnisse das Auge. Die durch zehn Rundsäulen getheilten Seitenschiffe gewähren vom Mittelschiff aus herrliche Durchblicke, so daß vielfach diese wohlthuenden Eindrücke des rein Architektonischen für den Mangel reicherer Gliederung der Wände und Pfeiler entschädigen. Gerade diese Nüchternheit und Schmucklosigkeit erhöht aber den Eindruck des Gewaltigen und Riesenhaften, der noch dadurch unterstützt wird, daß der Chor, obgleich höher als die Seitenschiffe, dennoch 50 Fuß niederer sich an das Mittelschiff anschließt.

Frommel, W.: Zur fünfhundertjährigen Jubelfeier des Ulmer Münsters, in: Daheim. 1877, S. 638–640.

Der Turm des Ulmer Münsters einer der kühnsten, großartigsten und einheitlichsten Baugedanken des Mittelalters

An den Bau des Strebewerks und der Chortürme mußte sich folgerichtig der Ausbau des Hauptturmes anschließen, was ohnehin vom Beginn der Restaurierungsarbeiten an beabsichtigt worden war. Um dies nun verwirklichen zu können, bemühte man sich, die Vollendung des Hauptturmes zu einer nationalen Aufgabe zu machen. Es gab aber auch Kräfte, die die Vollendung der Straßburger Münsterfassade lieber gesehen hätten, wogegen Lübke Stellung bezieht, in dem er u. a. das architektonisch Einmalige des Ulmer Münsters betont.

Nachdem in unserem Jahrhundert die wieder erwachte Begeisterung für die großen Schöpfungen des Mittelalters auch am Ulmer Münster sich in hoher Opferfreudigkeit bethätigt und die Wiederherstellung des lange verwahrlosten Denkmals durch den stilgerechten Ausbau der beiden Chorthürme und durch die Vollendung der Strebewerke des Langhauses, der kühnsten unter allen vorhandenen, geführt hat, ist man in freudigem Vertrauen zu dem letzten Schritt dieses gewaltigen Werkes übergegangen, indem man den Ausbau des Hauptthurmes in Angriff genommen hat. Für dieses große Unternehmen möchten wir die Opferwilligkeit des ganzen Vaterlandes aufrufen, da wir der Ueberzeugung sind, daß eine würdigere Aufgabe im ganzen Bereich monumentaler Herstellungsarbeiten für uns nicht gefunden werden kann. Namentlich aber möchten wir zugleich vor jenem Concurrenzgedanken eindringlich warnen, der noch vor Kurzem den Ausbau der Straßburger Münsterfaçade in den Vordergrund zu schieben suchte. Wir würden die Verfolgung dieses Planes für ein in hohem Grade bedenkliches, ja verfehltes Beginnen halten. Denn in Straßburg ist die seit dem Ende des 14. Jahrhunderts in Angriff genommene Umgestaltung der Façade in ein so unlösbares Mißverhältniß zu dem ursprünglichen Bau getreten, daß ein weiteres Fortschreiten auf dieser Bahn die Dissonanz nur noch schärfer zu Tage bringen vermöchte. Der eine ausgeführte Thurm, so unharmonisch er sich den älteren Theilen anschließt, ist immerhin ein Zeugniß constructiver Kühnheit und virtuosenhaft gesteigerter Technik. Er könnte wahrlich nicht gewinnen, sondern in seiner einzigartigen Bedeutung nur verlieren, wenn ihm ein anachronistischer Zwillingsbruder zur Seite gegeben würde. Seine mächtige Wirkung beruht eben auf dem Contrast dieser bis zur schwindelnden Höhe emporgeführten Spitze zu der mächtigen Plattform, von der sich dieselbe in unvergleichlicher Kühnheit aufschwingt. Die Verdoppelung des Motivs wäre gleichbedeutend mit einer Vernichtung desselben.

Ganz anders beim Ulmer Münster. Hier gilt es einen Bau vollenden, der, in stetiger folgerichtiger Entwicklung vom Boden aufsteigend, in großartiger Gesetzmäßigkeit sich entfaltend, immer reicher, zierlicher und luftiger emporsteigend, nur in jenem schlanken Octogon und der durchbrochenen Spitze seinen befriedigenden Abschluß erreichen kann, welche der alte Meister in seinem Bauriß mit klarem Geiste und fester Hand vorgezeichnet hat. In organischer Entwicklung den Thürmen des Kölner Doms und des Freiburger Münsters nacheifernd, entfaltet die Spitze des Ulmer Thurmes jene reicheren, graziöseren Formenspiele der Spätzeit, welche mit ihrem üppigen Leben die strengeren Strukturformen aufs Geistvollste umspielen. Es ist keine Frage, daß der Ulmer Thurm in seiner Ausführung nicht bloß einen der kühnsten, großartigsten und einheitlichsten Baugedanken des Mittelalters, sondern auch eine der schönsten Umrißlinien der an herrlichen Thurmsilhouetten so überaus reichen gothischen Epoche verwirklichen würde. Zur Erreichung eines solchen Zieles mitzuhelfen ist eine der würdigsten Aufgaben für deutschen Patriotismus und Monumentalsinn. Wir zweifeln nicht, daß diese Erkenntniß immer weitere Kreise unseres Volkes ergreifen und zu lebendiger Betheiligung an dem großen Werke anspornen werde.

Ich hebe nur hervor, daß wir es hier mit der großartigsten kirchlichen Schöpfung des deutsch=mittelalterlichen Bürgerthums zu thun haben, dem weit und breit in deutschen Landen kein anderes ebenbürtig zur Seite tritt. Mit richtiger Einsicht und besonnener Selbstbeschränkung haben die Ulmer Bauherren durch Reduktion des Grundplans, namentlich durch schlichte Gestaltung des Chores und Verzichten auf ein Querschiff, durch sparsame Vereinfachung der Formen, durch Abweisung alles unnöthigen Reichthums der Detailbildung sich die Möglichkeit bewahrt, ein Gotteshaus zu schaffen, das durch seine gigantischen Dimensionen das stolze Machtgefühl damaligen Bürgerthums, und durch den schlichten Ernst seiner Formgebung die anspruchslose Gediegenheit dieser Lebenskreise ausspricht. Wenn daher, dem Glanz bischöflicher

Kirchen gegenüber, eine an's Trockene, selbst Nüchterne grenzende Auffassung vorherrscht, die nicht frei von handwerklicher Derbheit ist, so haben wir darin die charaktervolle Eigenart deutschen Bürgerthums zu würdigen.

Lübke, Wilhelm: Die Münster zu Straßburg und Ulm, in: Münsterblätter. H. 3 u. 4. 1883, S. 66–73.

Streit um den höchsten Kirchturm der Welt

In der Ulmer Schnellpost erschien 1885 der Abdruck eines wenige Tage zuvor in der Kölner Zeitung erschienenen Artikels über den Ausbau des Ulmer Münsterturmes. Dem Artikel zufolge, war man in Köln der Meinung, die Ulmer wollten um jeden Preis den höchsten Kirchturm der Welt haben, was aber von diesen entschieden zurückgewiesen wurde.

»Es war um Pfingsten des Jahres 1883, als ich zuletzt den Hauptturm des Münsters bestieg. Damals stand noch der aus dem Ende des 15. Jahrhunderts herrührende, einige Meter über die Plattform des Vierecks aufgehende Teil des Achtecks, dessen Notbedachung mit ihrer Zipfelkappe ein Wahrzeichen der Stadt geworden, ähnlich wie es für Köln einmal der weithin berühmte Domkran gewesen. In dem achteckigen, von schlanken Türmchen umstandenen Häuschen, das so in dieser luftigen Höhe gebildet worden, wohnte damals noch der städtische Feuerwächter. Nach der Ostseite ging von dort der Blick hinab auf das alte, moosbewachsene Satteldach des Langschiffes und hinüber zu den beiden neuen Chortürmen, welche erst vor wenigen Jahren vollendet worden. Scharen schwarzer Dohlen nisteten hinter den Wimpergen, flogen, aufgeschreckt durch den Besuch der Fremden, auf und umkreisten schreiend den Turm. Heute ist es sehr anders da oben. Das Zipfelkappenhäuschen ist verschwunden, die Feuerwache ist in den südlichen Chorturm verlegt, das Dach des Langschiffes ist behufs Erneuerung abgetragen worden, die Dohlen, aufgescheucht durch den Lärm der Arbeit, haben die Stätte, die sie jahrhundertelang bewohnten, verlassen und auf der Plattform des Vierecks erhebt sich ein starkes Holzgerüst als Wahrzeichen dafür, daß unsere Zeit das vollbringen werde, was vergangene Jahrhunderte wohl zu ersinnen, aber nicht auszuführen vermocht. Die höchst mühsame Arbeit der Turmverstärkung, die von Grund aus sozusagen einen andern Turm in den bereits vorhandenen hineingebaut hat, ist jetzt als vollbracht zu betrachten. Die Verstärkung hat die Höhe des Vierecks der Plattform erreicht und acht mächtige Steinbogen bilden über und neben dem alten Turmgewölbe den festen Grund zum Weiterbau für das Acht-

eck. Ungeheure Steinmassen mußten zu diesem Zwecke versetzt werden. Beim Betrachten dieser Arbeiten, wozu gegenwärtig auf dem Turme selbst die beste Gelegenheit ist – später wird man nur noch die Einbauten hinter dem Maßwerke der Fenster sehen können – ist es schier unbegreiflich, anzunehmen, daß der Meister, der den Plan dieses wundervollen Turmes ersonnen hat, sich in der Berechnung der Stärke der Grundmauern und in dem gesamten Unterwerk, das erforderlich ist, das Ganze zu tragen, so ungeheuer geirrt haben soll. Ich habe mich niemals recht zu dieser Ansicht bekennen können, umsoweniger, da man wegen des Fehlens der ursprünglichen Pläne gar keinen urkundlichen Anhalt dafür hat. Ich glaube vielmehr, daß Ulrich von Ensingen den Turm, an dessen Ausführung er verhindert wurde, ursprünglich gar nicht so hoch hat ausführen wollen, wie es spätere Meister, hauptsächlich Matthias Böblinger, dessen Steinmetzzeichen mit der Jahreszahl 1494, jetzt sehr sichtbar, sich auf der Rückseite eines Wimperges des obern Umganges befindet, hat thun wollen. Und dieses Bestreben, den Turm immer noch höher zu bauen, als ursprünglich die Absicht, ist auch heute noch vorhanden, denn die Pläne werden immer noch kleinen Aenderungen unterworfen und sind immer noch nicht endgültig festgestellt. Unverkennbar tritt dabei auch das Bestreben zu Tage, den Turm um einige Meter höher zu führen, als die Türme des Domes zu Köln. Es ist das eine Nebenbuhlerschaft, die an und für sich ebenso harmlos als begreiflich ist, die aber anscheinend doch Schwierigkeiten einschließt, deren Bewältigung nicht so leicht ist, als es den Anschein hat. Da kann man nur wünschen und hoffen, daß diesem Bestreben, den höchsten Turm der Welt in Ulm zu haben, nicht die künstlerische Form und die edlen Verhältnisse desselben zum Opfer fallen. Mit dem Fortbau ist aber nun thatsächlich begonnen worden. Am 29. Juni hat der Gasmotor den ersten Stein zum Weiterbau hinaufgehoben und gegenwärtig erhebt sich das neue Mauerwerk der vier großen Eckfialen bereits um etwa eines Fußes Höhe über die alte Plattform. Wünschen wir ihm ein fröhliches Wachsen und Gedeihen.«
Ulmer Ewiderung

Die augenfällige Wahrheit ist, daß der Ulmer Turm mächtiger angelegt ist als die Kölner Türme. Wird er also höher als diese, so ist dies in seiner ursprünglichen Anlage begründet. Uebrigens zeigt der neueste Entwurf einen kleinen Rückgang in dem Höheverhältnis gegenüber den früheren. So wenig ist der Höhengesichtspunkt als solcher ausschlaggebend. Es handelt sich um möglichste Festhaltung des Böblingerschen Planes. Dies verlangt die Harmonie des Baus wie die geschichtliche Treue.

Ulmer Schnellpost. Jg. 48. 1885, S. 671 u. S. 759. [Stadtarchiv Ulm]

Die Vollendung des Münsterturmes

Am 31. Mai 1890, abends 6 Uhr, ist in einem feierlichen Akt der Schluß-
stein des Hauptturmes gesetzt worden, womit das bedeutendste Werk
Ulms im 19. Jahrhundert seinen krönenden Abschluß gefunden hat.

Der gestrige Tag ist für Ulm ein Tag von kulturhistorischer Bedeutung.
Um 6 Uhr Abends verkündeten die Münsterglocken, daß der Schlußstein des Hauptturmes aufgesetzt werde. Um ¼ 7 Uhr erhob sich zwischen dem deutschen, bayrischen, württembergischen und ulmischen
Banner die 10 m hohe Aufrichttanne auf der obersten Plattform des
Gerüstes zum Zeichen, daß der Augenblick der Vollendung des größten
Domes in deutschen Landen gekommen sei. Es wird der Choral »Nun
danket alle Gott« vom Münster geblasen. Die große Menschenmasse,
welche sich auf dem beflaggten Münsterplaze eingefunden hatte, hörte
den Choral tiefbewegt an; und als gutes Zeichen für das Gelingen des
Münsterfestes und die Zukunft des Domes hat es gewiß jeder Zeuge des
feierlichen Aktes genommen, daß die Sonne, nachdem es den Tag über
geregnet hatte, gerade jezt den Wolkenschleier durchbrach und fortan
den herrlichen Bau golden überstrahlte. – Die Mitglieder des Münster-
baukomites, des Stiftungsrates, der städtischen Kollegien und andere
Personen hatten sich auf den Turm begeben, um der feierlichen Handlung der Schlußsteinlegung mit anzuwohnen. Nachdem die Urkunde in
den vorlezten Stein versenkt und der Schlußstein aufgesezt war, sprach
Stadtpfarrer Ernst in gebundener Rede einen weihevollen, frommen Segen über den Bau. Professor Beyer gedachte der Vollendung des Werkes
und brachte das erste Hoch auf dessen Allerhöchsten Förderer und Protektor, S. Maj. den König Karl aus. Stadtpfarrer Pfleiderer brachte auf den
Meister und die Werkleute des Baues das zweite Hoch aus, das mit den
Worten schloß: Ehre und Anerkennung allen Werkleuten und Gehilfen,
dem ganzen Arbeiterpersonal, das an dem Bau gearbeitet! Ruhm, un-
sterblicher Ruhm dem großen Meister!

Der Ehrentag Ulms, in: Schwäbischer Merkur, Abt. 2: Schwäbische Kronik. 1890, Nr. 126, S. 1080 (2. Juni).
[Stadtarchiv Ulm]

Blick vom südlichen Chorturm auf den Hauptturm

Der Akt der Schlußsteinsetzung

Während Posaunisten den Choral »Nun danket alle Gott« spielten, wurde der Schlußstein gesetzt. Und mit dem Dank an Gott, an den württembergischen König, der die Schirmherrschaft über die Restaurierung und den Ausbau des Ulmer Münsters übernommen hatte, und an den Münsterbaumeister Professor Beyer endete der Akt der Schlußsteinsetzung.

Es war ein denkwürdiger Moment, als am Samstagabend 6 Uhr der Schlußstein auf den Hauptturm aufgesetzt wurde. Die Einwohnerschaft hatte sich zahlreich auf dem Münsterplatz versammelt, um, wenn auch aus der Ferne, Zeuge des feierlichen Aktes zu sein, der sich unter dem majestätischen Geläute der Münsterglocken auf der höchsten Höhe des Turmgerüstes vollzog. Etwa 30 Herren hatten sich auf den Turm hinaufbegeben, doch nur 12 mit dem Münsterbaumeister und den Werkleuten auf die oberste Plattform, von der 4 große Flaggen herunterwehten. Als mit dem Schlag 6 Uhr die Glocken zusammenklangen, wurde in die Unterlage des Schlußsteines folgende Urkunde versenkt: »Im Jahre des Heiles 1890, dem 20. des neuen Deutschen Reiches, dem 26. der Regierung Sr. Maj. des Königs Karl von Württemberg, am 31. Mai, abends um 6 Uhr ist der Schlußstein der Kreuzblume zum Hauptturm dieses Münsters aufgesetzt worden. 513 Jahre nach der Grundsteinlegung ward dies größte Gotteshaus in deutschen Landen glücklich vollendet. Ehre sei Gott in der Höhe!« Sodann wurde der Stein auf dem Maschinenwagen herangeschoben und in den Mörtel gesetzt. Während dessen blies Posaunenmusik »Nun danket alle Gott« in die vier Himmelsgegenden.

Als der Choral verklungen war, nahm Herr Stadtpfarrer Ernst das Wort: »Freunde! Aufwärts die Herzen! In diesem erhebenden und ergreifenden Augenblick, da wir hier den letzten Stein auf unseres Turmes Spitze setzen sehen, ziemt sich auf dieser Höhe ein ernstes Wort frommer Andacht:

> Vater im Himmel, Baumeister der Welten!
> Dir soll der erste Preis jetzt gelten;
> Durch Deine Gnade ist auferbauet,
> Was unser freudiges Auge schauet;
> Von Deiner ewigen Gottesmacht
> Zeugt unseres Turmes erhabene Pracht.
> Schirmherr des Baues, Du hast in Gnaden
> Die Arbeiter alle behütet vor Schaden,
> Hast uns den Frieden,

Gnädig beschieden,
Hast Segen gespendet,
Bis der Turm nun vollendet.
Geheiliget werde dein Name!
Nun, was wir erbauet,
Sei Dir anvertrauet;
Wollst unser Münster ferner behüten!
Vor Blitzesstrahl und vor Sturmeswüten
Schütz es mit deiner allmächtigen Hand!
Auf ein glückliches Volk und Land,
Auf gesegnete friedliche Auen
Laß unsern Turm stets niederschauen;
Als Dein mächtiger Finger lenk er die Gedanken
Ueber der Zeitlichkeit enge Schranken
Himmelwärts zu Deinem ewigen Licht,
Wohin auch unser Lob sich jetzt richt:
Dein ist das Reich und die Kraft und die Herrlichkeit in Ewigkeit!
Ehre sei Gott in der Höhe!

                    Amen

Entblößten Hauptes beteten alle mit und stimmten, ergriffen von der
Bedeutung des Momentes, feierlich ein in das »Amen«.

Nunmehr trat Herr Münsterbaumeister Beyer vor und sprach, sichtlich tief ergriffen: »Verehrte Versammlung! Was vor wenigen Jahrzehnten kaum zu hoffen gewagt wurde, wir sehen es heute erreicht. Der
mächtige Hauptturm unseres Münsters ist bis zur höchsten Spitze aufgebaut, unter seinen Genossen alle an Höhe überragend. Wohl fehlt noch
so manches zur Vollendung des Werks der Wiederherstellung und des
Ausbaus, welcher unter Gottes gnädigem Schutze bis hieher glücklich
geführt worden ist; aber das dürfen wir am heutigen Tage doch aussprechen: das Schwerste ist überwunden. Durch die aufopfernde Thätigkeit
patriotisch gesinnter, für die ruhmvolle Geschichte ihrer Vaterstadt begeisterter Männer ins Leben gerufen, von der Bürgerschaft Ulm's opfer-
willig unterstützt, von Regierung und Landständen wohlwollend mit
Jahresbeiträgen bedacht, ist dem großen Werke die mächtigste Förderung zu teil geworden durch die gnädigste Fürsorge Seiner Majestät unseres Königs. Ihm, dem erhabenen Schirmherrn des Münsters, sei vor allem unser ehrfurchtsvoller Dank dargebracht und bekräftigt durch den
aus treuem Herzen kommenden, von dieser stolzen Höhe weit in die
Lande hinaus erschallenden Ruf: Seine Majestät, unser in Ehrfurcht
geliebter König lebe hoch!« Begeistert wurde in das dreimalige Hoch ein-

gestimmt und in deutschem Schaumwein auf das Wohl Sr. Majestät getrunken.

Zum Schluß ergriff Hr. Stadtpfarrer Dr. Pfleiderer das Wort: »Tiefbewegt haben wir als andächtige Zeugen den großen Augenblick erlebt, den unsere Väter und Vorväter ersehnten, einen Augenblick, wie er selten wiederkehren wird in einem Menschenleben, ein Ereignis von unvergänglicher Bedeutung für unsere liebe Stadt Ulm, für die evangel. Kirche, deren größtes und schönstes Gotteshaus heute vollendet ist, wie für die deutsche Kunst! Tiefbewegt müssen aber noch mehr diejenigen sein, welche an diesem gewaltigen Bau, der nun seine Krone empfangen hat, gearbeitet haben, der Erbauer und seine Mitgenossen. Darum Dank aus vollem Herzen ihnen allen, hier auf der majestätischen Höhe ihres kühnen Baues! Ehre und Anerkennung den Gehilfen und Werkleuten; Ruhm, unsterblichen Ruhm dem großen Meister des Werks! Ein jubelndes Hoch dem Münsterbaumeister Hrn. Professor Beyer und all seinen Mitarbeitern!« Begeistert stimmten die Anwesenden ein und mächtig klang es hinaus in die Lüfte. – Es wurde noch von den Werkleuten eine 10 m hohe Tanne als Richtbaum aufgestellt, dann gegen ¾ 7 Uhr stiegen die Teilnehmer an dem ewig denkwürdigen Akt von der Höhe herab. – Das zahlreiche Publikum auf dem Münsterplatz schaute in andächtiger Stimmung noch lange hinauf zu dem von freundlicher Abendsonne beleuchteten Turm.

Ulmer Tagblatt. 1890, Nr. 126 vom 3. Juni. [Stadtarchiv Ulm]

Der vollendete Münsterturm ein Denkmal neuer deutscher Einheit und Einigkeit

Der nach dem Plan von Matthäus Böblinger (um 1450–1505) vollendete Münsterturm wird als »der schönste aller Türme« bezeichnet und in stolzem Nationalbewußtsein zum Denkmal »neuer deutscher Einheit und Einigkeit« erklärt.

Mit dem Fest, das die Stadt Ulm zur Vollendung ihres Münsters in diesen Tagen begeht, knüpft die Gegenwart an eine große aber weit zurückliegende Vergangenheit an; es ist eine über 300 [vielmehr 500]jährige Baugeschichte, deren Abschluß mit der Krönung des Hauptturmes das heutige Geschlecht erleben darf. Die erste Bauzeit des Ulmer Münsters von der Gründung am 30. Juni 1377 bis zum Stillstand des Fortbaues umfaßt

Das Münster von Nordwesten

einen Zeitraum von 130 Jahren. Zehn Baumeister sind es, welche während dieser Zeit an dem Riesenwerke ihre Kraft versuchten. Aus denselben leuchten die Namen von zweien hervor: Ulrich Ensinger und Matth. Böblinger. Von diesen beiden rührt auch der herrliche Turm her, den wir heute in Vollendung sehen.

Von der Mitte des 16. Jahrhunderts ruhte der Bau; die Stadt, von Krieg und Belagerung heimgesucht, hatte die Mittel nicht mehr, das große Werk fortzusetzen; selbst die Unterhaltung des Bestehenden war notdürftig. Zahllose Wetterschläge beschädigten den Bau außen und innen, die gemalten Fenster wurden von den Buben eingeworfen. Keine Chortürme, keine Strebebögen, die herrliche Portalhalle Einsturz drohend, der Kranz des Vierecks zerfallend – so kam das Münster in das 19. Jahrhundert. Erst gegen die Mitte desselben lenkte der wieder erwachte Sinn für das Mittelalter auch in Ulm nach dem Vorgang Kölns die Begeisterung wieder auf das altehrwürdige unvollendete Denkmal. Die Namen Oberstudienrat Konr. Dietr. Haßler, Dr. Adam, Prof. Ed. Mauch und Architekt Ferd. Thrän sind mit der Begründung der Ulmer Münsterrestauration untrennbar verbunden. Am 21. Aug. 1844 konnte mit dem Werk der Wiederherstellung begonnen werden; anfangs ganz bescheiden mit zwei Steinmetzen. Erst als Oberbürgermeister v. Heim im Jahr 1863 das Amt des Stadtvorstands übernahm, floßen die Mittel reichlicher und faßte man das große Ziel: Vollendung des Münsters, ins Auge. Der erste Baumeister Thrän (1845–70) sicherte den Hauptturm vor weiterem Verfall und sprengte von den Belastungspyramiden der Seitenschiffpfeiler die kühnen Strebebögen zu den wankenden Mauern des Hauptschiffs. Großes war auch seinem Nachfolger Ludwig Scheu (1870–1880) beschieden; sein Werk sind der herrliche Chorumgang der zwei Seitentürme; auch mit der Freilegung des Münsterplatzes wurde unter ihm begonnen. Aber vor die größte und schwerste Aufgabe sah sich Aug. Beyer gestellt, als er im Frühling 1881 der Berufung zum Münsterbaumeister seitens der städtischen Kollegien folgte, wozu ihn sein Lehrer, der vieljährige hochverdiente Münsterbeirat Hofbaudirektor v. Egle vorgeschlagen hatte. Zunächst erwiesen sich bedeutende Verstärkungsarbeiten für den Hauptturm nötig, deren Pläne Beyer entwarf und 1882–84 ausführte. Im Jahre 1885 gieng es an den Fortbau mit Legung des ersten Steines zum Achteck. Indessen wurde bereits das Material für die Pyramide vorbereitet, deren Bau im Frühling 1888 begonnen und nach nur zwei Jahren im Mai 1890 beendet wurde. In diesem Ausbau wurde der Böblingersche Plan fast vollständig eingehalten. Die Maße der beiden Teile zu einander wurden dahin festgestellt, daß das Achteck 32 m, die Pyramide 53 m Höhe erhielt. Damit kam der Turm auf die Höhe von

161 m vom Vorhallenboden aus. Der Ulmer Turm ist so das höchste künstlerische Bauwerk der Erde und überragt den Kölner um 5 m. Er ist aber auch ohne Frage der schönste aller Türme, vermöge seines Reichtums, seiner einheitlichen Entwicklung von unten bis zur Spitze, seiner Kühnheit, Mächtigkeit und Zierlichkeit im Verein. Was den Helm betrifft, so wird jedem Beschauer die ganz und gar abweichende Art desselben von allen anderen Turmpyramiden in die Augen springen. Während sonst eine trockene Wiederholung altbekannter Maßwerkfüllungen herrscht, so sind hier die Felder von hohen luftigen Fenstern durchbrochen; während dort die Seitenlinien der Helme, wenn man aufrichtig sein will, eine höchst langweilige ist, ohne andere Unterbrechung als eine gleichmäßige Reihe von Krabben (vergl. die Kölner Türme und die Ulmer Seitentürme), so ist derselbe bei der Böblinger=Beyerschen Pyramide durch einen Kranz von Wimpergen wohltuend unterbrochen, welche sich kühn über die Seitenlinien der Rippen hinausschwingen und das Ganze phantasievoll beleben. Münsterbaumeister Professor Beyer hat sich mit der Vollendung dieses Turmes unverwelklichen Ruhm erworben, und die vielen Tausende, die in diesen Tagen zum Feste kommen, werden ihm bewundernde Anerkennung zollen.

Mit Bewunderung wird der Fremde, wenn er sich dem Münster nähert, die prachtvolle Hauptportalhalle betreten, welche sich über dem Eingang wölbt. Sie ist aufs reichste mit Statuen und bildnerischem Schmuck ausgestaltet. Aber noch großartiger ist der Anblick, wenn wir durch den hohen Bogen der Turmhalle treten und den gewaltigen, harmonischen Bau des Innern vor uns haben. Welch ein neuer gewaltiger Eindruck. Durch den hohen Bogen der 17,5 m tiefen, von Beyer neugestalteten Turmhalle öffnet sich der Blick durch die Hallen des Mittelschiffs von 75,4 m Länge bis hinauf zum hohen Chor im Farbenschimmer seiner alten Glasmalereien. Selbst der Innenansicht des Kölner Domes gegenüber hat dieser großartige Blick durchs Ulmer Münster seine eigenen Schönheiten, nicht zum wenigsten durch die harmonischen Raumverhältnisse der Höhe zur Breite. Und wenn das Innere des Ulmer Münsters im Vergleich mit andern Domen schmucklos erscheint, so weist es ja in seinem Chorgestühl, seinem Hochaltar, dem Sakramentshäuschen, der Kanzel, der Orgel etc. doch auch Kunstwerke ersten Ranges auf und es werden wohl zur weiteren Ausschmückung auch künftig Mittel fließen. Im übrigen schafft die architektonische Schmucklosigkeit des Ulmer Hochschiffs, der vorwiegende Eindruck des Einfach=Großartigen, eine gesammelte, einheitliche Stimmung, wie solche die sonstige Vielseitigkeit zierender Zuthaten kaum aufkommen läßt.

Freuen wir uns, daß das Ulmer Münster nun im Aeußern vollendet dasteht, als ein großartiges Denkmal des neu erwachten Sinnes für die großen Werke deutschen Geistes, ein Denkmal neuer deutscher Einheit und Einigkeit, ein Denkmal dafür im Süden, wie der 1880 vollendete Kölner Dom ein solches im Norden, ein Geschenk von ganz Deutschland an die evangelische Kirche, wie der Kölner Dom für die katholische; beide zusammen ein Sinnbild für alle Deutschen, mahnend an das, was sie können, wenn sie treu geschart bleiben um Kaiser und Reich.

Ulmer Tagblatt. Beilage Festzeitung zur Vollendung des Münsters. 29. Juni 1890, Bl. 3. [Stadtarchiv Ulm]

Die Sicherung des Münsterturmes

In einem 1895 gehaltenen Vortrag schilderte Münsterbaumeister Professor Beyer (1834–1899), welche Baumaßnahmen zur Sicherung des Münsterturmes erforderlich waren, wobei er auch die mittelalterlichen erwähnte.

Schon im Jahre 1494 hat der Turm verstärkt werden müssen. Eine aufgemalte Inschrift in der unteren Turmhalle, rechts vom Eingang, die durch den in den fünfziger Jahren eingesetzten Thrän'schen Orgelunterbau verdeckt war, nach Entfernung deßselben zum Vorschein kam und jetzt durch die infolge des Einbaus der neuen Verstärkungen notwendig gewordenen Veränderungen in der Turmhalle wieder verdeckt ist, lautet: »Das hat man underfahren, da man zalt 1494.« Es sind also schon zu jener Zeit bedenkliche Bewegungen am Turm eingetreten, es sind Risse an Bögen und Gewölben entstanden und es sollen im Jahre 1492 an einem Sonntag während des Gottesdienstes Steine aus dem Turmgewölbe herabgefallen sein. Nach der Überlieferung mußte wegen dieser Vorfälle der damalige Baumeister am Münster, Mathäus Böblinger, flüchten, und sein Nachfolger Burkhard Engelberg von Hornberg in Württemberg, der berühmte Erbauer von St. Ulrich und Afra in Augsburg, der später die prächtigen Seitenschiffgewölbe des Münsters eingebaut hat, hat damals schon den Turm stützen müssen. Es geschah dies durch völliges Ausmauern der Bogenöffnungen an der Süd= und Nordseite des Turmes, sowie der an den Turm anstoßenden Arkadenöffnungen des Mittelschiffs, ferner durch Einziehen einer Mauer quer durch das südliche und nördliche Seitenschiff in der Richtung der östlichen Turmwand. Durch diese Engelberg'schen Unterfahrungen scheinen die Bewegungen am Turm zur Ruhe gekommen zu sein. Vierhundert Jahre später, als es sich wieder um Verstärkungen am Turm gehandelt hat, ist man in der Hauptsache nach demselben Prinzip verfahren, nur in anderer Form.

Als nach Vollendung der Chortürme der Ausbau des Hauptturmes ernstlich ins Auge gefaßt wurde, traten die immer gehegten Bedenken, ob die Fundamente der durch den Ausbau entstehenden nicht geringen Mehrbelastung gewachsen seien, in verstärktem Maße wieder auf und so mußten zunächst Untersuchungen darüber angestellt werden. Das Ergebnis dieser Untersuchungen ist in einem im Jahre 1882 erstatteten Bericht, der im gleichen Jahre in der Deutschen Bauzeitung und im Zentralblatt der Bauverwaltung und im Jahre 1883 in den Münsterblättern Heft III. und IV. zum Abdruck kam, niedergelegt und es soll unter Hinweis darauf nur das wesentlichste davon hier mitgeteilt werden. Es hat sich bei diesen Untersuchungen herausgestellt, daß der Turm in der Richtung von Süden nach Norden aus der senkrechten Stellung gewichen ist, daß ferner die Belastung des Baugrundes eine sehr ungleiche ist infolge des Umstandes, daß die Fundamentfläche der westlichen Turmpfeiler bedeutend größer ist, als die der beiden östlichen Pfeiler. Bei der ersteren wurde die Belastung des Baugrundes ermittelt zu 6,96 kg für 1 Quadratcentimeter, bei den letzteren zu 9,47 kg. Durch den Ausbau (etwa ⅕ des Gewichts vom alten Turm) würde die Grundbelastung bei den westlichen Pfeilern erhöht auf 8,06 und bei den östlichen auf 11,4 kg. Wenn der Baugrund des Münsterturms diese das übliche Maß weit überschreitende Belastung seit 400 Jahren zu tragen im stande war, ohne daß seit jener Zeit merkliche Bewegungen wahrgenommen werden konnten, so war die Annahme gestattet, daß dieser Baugrund ein guter sei und da die Belastung der westlichen Pfeiler nach erfolgtem Ausbau noch nicht diejenige der östlichen Pfeiler vor dem Ausbau erreichte, so ist eine Verstärkung der westlichen Turmfundamente nicht für nötig erachtet worden. Dagegen erschien es doch zu gewagt, die ganz ungewöhnlich große Belastung des Baugrundes der östlichen Pfeiler durch einen Ausbau des Turms noch namhaft zu steigern, ohne irgend welche Vorsorge gegen etwaige weitere Setzungen zu treffen. Als hiezu besonders geeignetes Mittel konnte nur eine Vergrößerung der Fundamentsole in Betracht kommen und es lag nun die Aufgabe vor, diese Vergrößerung in einer Weise zu bewerkstelligen, daß sie ihre Bestimmung in Wirklichkeit erfülle.

Es bedarf wohl keines besonderen Nachweises, daß das unter der großen Öffnung der Ostseite durchlaufende vorhandene Fundamentgemäuer nicht geeignet ist, den Druck der über ihm befindlichen Last auf seine ganze Flächenausdehnung gleichmäßig zu übertragen. Nur von einem kleinen Teil desselben, soweit der Steinverband reicht, wird dies angenommen werden können. Um nun den größeren Teil dieser Fläche hiezu ebenfalls beizuziehen, wurde der Einbau in die große Öffnung der

Ostseite geplant und ausgeführt, nachdem zuvor eine zur Prüfung dieses Vorschlags nach Ulm berufene, im April 1882 unter dem Vorsitze des hochverdienten Münsterbeirats, des Herrn Hofbaudirektors v. Egle, beratende Kommission hervorragender Architekten und Ingenieure* sich im wesentlichen mit demselben einverstanden erklärt hatte.

Dieser Einbau ist als die am Turm vorgenommene Hauptverstärkung anzusehen. Er besteht aus einem unter dem Fußboden befindlichen, auf dem alten Fundamentgemäuer, das dementsprechend ausgespitzt werden mußte, aufliegenden umgekehrten Bogen, den darüber aufgeführten, die neue verengerte Öffnung bildenden Pfeilern und einem an den alten Bogen angepaßten neuen starken Bogen über diesen Pfeilern. Zwischen beiden Bögen, im unteren Drittel der Öffnung, ist ein durch den neuen Orgelunterbau bedingter Bogen, der an dieser Stelle als Verspannungsbogen wirkt, eingesetzt. Die Pfeiler und die oberen Bögen des Einbaues sind aus festem, grobkörnigem Sandstein hergestellt, der Contrebogen aber, der wegen der geringen Tiefe des alten Fundaments nur einen verhältnismäßig kleinen Querschnitt erhalten konnte, aus einem Material von größerer Druckfestigkeit, aus Granit. Mittelst dieses Einbaues, der nach unten zu eine thunlichst große Verbreiterung erhalten hat, ist es möglich geworden, die Fundamentsole um ⅓ zu vergrößern und zugleich die Last möglichst gleichmäßig auf diese vergrößerte Fläche in wirksamer Weise zu übertragen. Gleichzeitig dient derselbe auch zu einer notwendigen Verstärkung des die große Öffnung überdeckenden alten Bogens, der infolge der früher vorgekommenen Bewegungen einen bedenklichen Bruch zeigte.

Außer der eben besprochenen Hauptverstärkung sind Verstärkungen vorgenommen worden durch Einbauten ähnlicher Art in den oberen Fensteröffnungen des Turmvierecks. Die Umfassungsmauern desselben bestehen zum größten Teil aus Backsteinen, nur die Außenseiten sind ganz mit Hausteinen bekleidet, die Innenseiten nur insoweit, als die hier spärlicher auftretende architektonische Gliederung es erfordert. An einzelnen besonders belasteten Stellen, z. B. an dem Pfeiler zwischen den Fenstern des Glockenhauses, über dem großen Fenster der Westseite (dem Martinsfenster) hätte die Belastung des Backsteinmauerwerks, aus dem der Pfeiler in der Hauptsache besteht, nach erfolgtem Ausbau bis zu 30 kg pro qcm sich gesteigert und so erschien auch hier eine Verstärkung durch einen Einbau von Sandsteinen geboten. Eine Verstärkung anderer Art, die zur Ausführung kam, ist die Entlastung des beschädigten alten Bogens vom Martinsfenster. Endlich mußten vor dem Ausbau noch die alten, in schlechtem Zustand befindlichen Übergänge vom Viereck zum Achteck herausgenommen und neu hergestellt werden, wobei zur Siche-

84

rung des oberen Teils des Vierecks gegen seitliche Bewegungen eine neue kräftige Verschlauderung unter den erwähnten neu eingesetzten Übergängen eingelegt wurde.

Nachdem der Ausbau des Hauptturmes seit mehreren Jahren vollendet ist, liegt die Frage nahe: haben irgend welche Bewegungen am Turm seitdem stattgefunden? Sie kann dahin beantwortet werden, daß mit Ausnahme einiger Stellen an den großen Öffnungen des neuen Achtecks, wo einzelne von den zwischen die hohen Fensterpfosten eingespannten Maßwerken abgedrückt worden sind, am ganzen Bau nirgends eine Bewegung bemerkt werden kann.

Was nun den Ausbau selbst betrifft, so erforderte derselbe die vollständig neue Herstellung des Achtecks, von welchem der vorhandene etwa 6 m hohe alte Teil abgetragen werden mußte, sowie die Herstellung des Steinhelms. Der Aufriß des ausgebauten Turms entspricht im allgemeinen und in allem wesentlichen dem alten Pergamentrisse des Mathäus Böblinger vom Jahre 1494. Die hauptsächlichste Abweichung von demselben liegt in der wesentlich anders gestalteten Spitze. An Stelle des Marienbildes mit den Jesuskind auf dem Böblinger'schen Riß findet sich jetzt der Abschluß mit der Kreuzblume. Der neue Aufbau hat eine Höhe von 91 m, davon kommen auf das Achteck 32 und auf den Helm 59 m. Mit Hinzurechnung des 70 m hohen Vierecks ergiebt sich eine Gesamthöhe von 161 m, welche die Höhe aller übrigen Kirchtürme übertrifft. Die im Helm befindliche steinerne Wendeltreppe ermöglicht die Besteigung des Turms bis zur Höhe von 144 m.

Beim Bau des neuen Teils vom Hauptturm sind verwendet worden zu größeren Mauer= und Pfeilermassen mit einfacher Bearbeitung die grobkörnigen Keupersandsteine des oberen Neckarthals, nach außen und an den dem Wetter besonders ausgesetzten Stellen nur die besten derselben; die Steine aus dem sogenannten Höllsteinbruch bei Schlaitdorf, eine Stunde von Neckarhailfingen entfernt. Bei Arbeiten mit reicherer architektonischer Gliederung fanden Verwendung die weißen Sandsteine aus dem Murgthal bei Gaggenau und solche aus Burgpreppach bei Haßfurt a.M., vor allem aber die Sandsteine von Obernkirchen bei Bückeburg.

Zum Versetzen ist ein gewöhnlicher Weißkalkmörtel mit etwas Portlandzementzusatz verwendet worden. Dieser Mörtel hat schon nach wenigen Tagen eine bedeutende Härte erreicht. Der Zement wurde erst unmittelbar vor dem Versetzen beigemischt, so daß für jeden Stein der Versetzmörtel frisch bereitet werden mußte. Bei feineren Architekturteilen, wie Galerien, Fenstermaßwerken, Fialen, freistehenden Wimpergen, Kreuzblumen u.s.w. sind die Fugen mit Blei ausgegossen. Zur Verbindung der einzelnen Steine untereinander dienen Klammern und Dübel; diese bestehen, wenn sie größere Abmessungen haben, aus verzinktem Eisen und sind mit Zement eingegossen. Kleinere Klammern und Dübel zur Verbindung von Steinstücken mit geringem Querschnitt, wie dies bei Fialen, Maßwerken etc. der Fall ist, sind aus Kupfer gefertigt und stets mit Blei eingegossen worden. In Blei sind endlich versetzt worden sämtliche Gewölbrippen und die großen Tragbögen der Helmtreppe. Die Dicke der Lagerfugen wurde zu 4 mm angenommen, die der Stoßfugen mit Mörtelausfüllung ebenfalls zu 4 mm, mit Blei ausgegossen zu 3 mm. Im Achteck, in der Höhe des Bogenanfangs der großen Fensteröffnungen ist eine ringförmige Verschlauderung aus 9 cm starkem Rundeisen eingelegt; die Verbindung der einzelnen Stücke untereinander erfolgte mittelst Doppelmuttern.

Monatsschrift des Württembergischen Vereins für Baukunde. 3. 1895/96, S. 36–38.
* Diese Kommission bestand außer dem oben genannten Vorsitzenden aus den Herren Geh. Baurat Professor Adler, Berlin; Prof. Bauschinger, München; Oberbaurat Frhr. v. Ferstl, Wien; Geh. Oberbaurat Funk, Köln; Prof. Laißle, Stuttgart und Dombaumeister Schmidt, Wien.

Getreu nach altem Plan vollendet

Die einzige Abweichung vom alten Plan sei die Verkürzung des Achtecks um zwei Meter und die Streckung des Helmes um 12 Meter, heißt es in diesem Artikel. Ferner habe es sich als ein Glücksfall erwiesen, daß nach Böblingers Weggang nicht weitergebaut worden ist, weil man den gotischen Stil mit Sicherheit nicht beibehalten hätte. Der Artikel endet mit nationalem Pathos, indem der Münsterturm als Zeichen einer »höheren, gesegneteren harmonischeren« deutschen Zukunft zu deuten versucht wird.

Unser Riesenthurm ist also, trotz einiger mangelhafter Uebergänge und trotz der späten Stunde seiner Geburt, einer der einheitlichsten, organischesten und zielbewußtesten Bau=Gedanken, die je Fleisch angenommen. Und das ist er, weil er nicht mühsam zusammengestoppelt, sondern als Ganzes, wie aus Juppiters Haupt Minerva, aus dem Geist seines Urhebers entsprungen und, fügen wir gleich bei, gerade so, wie er entsprungen, auch ausgeführt worden ist. Um eine Görres'sche Vergleichung anzuwenden: »Mit bewunderungswürdiger Selbstverleugnung haben die Lenker des Werks nicht wie Baukünstler sich gehalten, sondern nur wie Gärtner die Saat des ersten Meisters sorgsam gehütet. Sie haben, in allem Wesentlichen* entsagend eigener Meisterschaft nur sein

Gewächs gepflegt, die Triebe ihm beschnitten, die Aeste eingebogen und jeden an seiner Stelle angeheftet.« «Sollte Meister Ulrich, oder wer sonst der Schöpfer dieses wundersamen Werkes gewesen, dies wohlgelungene Konterfei erblicken, es würde ihn in innerster Seele freuen und er würde (in dem Werke vieler Hände) seines Geistes Kind mit froher Ueberraschung, wie es in ihm gelebt, ein Ebenbild gewahren und den Urheber desselben mit dem üblichen Handwerksgruße als seinen Geistesverwandten und Freund begrüßen. Das ist das höchste und größte Lob, mit dem wir unsern Landsmann ehren; der beste Dank, dem wir ihm für das, was er gethan und gesorgt, erkannt und gebildet hat, zuzuerkennen vermögen.« Wie aber das, was jetzt steht, getreu den alten Plan wiedergibt, so ist auch die Ausführung bis ins Kleinste der des alten Meisters ebenbürtig. Die Steinmetzarbeit reiht sich dem Besten an, was die alte Bauhütte geschaffen; das Material, Sandstein von Oberkirchen in Hannover, ist weitaus besser als jedes andere, das die Alten hätten beschaffen können; die Zusammenfügung der einzelnen mit haarscharfer Genauigkeit gearbeiteten Stücke, namentlich an der Pyramide, ist so ausgezeichnet, wie sie eben nur dem überlegenen Kunstgeschick der Neuzeit im Bunde mit den zu Köln gemachten Erfahrungen möglich war.

Darum freuen wir uns von Herzen, daß dies Riesenwerk, welches schon zu den Kräften der Städter, seiner Erbauer, nicht im Verhältnis stand, welches im Jahre 1492 unter der Gewaltigkeit seiner eigenen Idee einzustürzen drohte und wenige Jahre darauf in den dreihundertjährigen todesähnlichen Schlaf verfiel, doch noch in unseren Tagen siegreich ans Licht hervorgetreten ist! Freuen wir uns in dankbarem Ausblick nach oben um so mehr, als gerade die ungünstigen Verhältnisse, welche nach menschlichem Ermessen das sichere Mißlingen in Aussicht stellten, sich schließlich, Dank der höhern Führung, als der sicherste, vielleicht sogar einzige Weg erwiesen haben zum herrlichen Gelingen! Glücklicherweise (so sagen wir jetzt) konnte nach Böblingers Weggang nicht fortgebaut werden. Glücklicherweise hat auch der rege Baugeist, welcher anfangs des vorigen Jahrhunderts die großartigen oberschwäbischen Kloster=Kirchen schuf, das Münster unberührt gelassen. Glücklicherweise hat sich sein Wiederaufleben so lange verzögert, daß es noch reichlich von den Kölner Errungenschaften und sogar von den Kräften der dortigen Bauhütte zehren konnte. Ja das alles enthüllt sich uns jetzt als ein Glück, was bei seinem Eintreten nicht anders, denn als ein Mißgeschick angesehen werden konnte! – Hätte der Bau nicht gestockt, wäre er jetzt verzopft! Wäre er einst nicht abgestorben, stünde er jetzt nicht vor uns in ewiger Jugend! So sei uns denn das Ulmer Münster und der so langsam und doch am schnellsten unter allen seinen Genossen aufgewachsene Münsterthurm mit seinen merkwürdigen Wechselfällen ein prophetisches Zeichen, daß Gott, der keinen Deutschen verläßt, das deutsche Volk durch die Wellenlinie leidenschaftlicher Kämpfe und wilder Erregungen und durch allen Wirrwar und alle Stürme der Gegenwart hindurch gleichwohl mit allmächtiger Vaterhand einer höheren, gesegneteren, harmonischeren Lebensstufe zuführe!

Keppler, Eugen: Zum Ausbau des Ulmer Münsters. In: Archiv für christliche Kunst. 1890, S. 71–72.
* »Die hauptsächlichste Abweichung (heißt es in der besonderen Beilage des »Staatsanzeigers« Nr. 8 d.J.) ist eine Verkürzung des Achtecks um etwa 2 Meter und eine Streckung des Helms von etwa 47 auf 59 Meter. Daß diese Streckung eine maßvolle war, zeigt, solange der Thurm noch durch das Gerüste verdeckt ist, ein Blick auf das genau nach dem abgeänderten Plan gefertigte Modell. Die Gesammthöhe des Thurms beträgt jetzt 161 Meter, d.h. etwa 10 Meter mehr als nach dem alten Riß geplant war, wiewohl die nach alter Weise halb geometrisch, halb perspektivisch gegebene Zeichnung des Plans die genaue Bestimmung der durch sie verlangten Höhe erschwert.« Früher hatte es übrigens geheißen, das Achteck werde um 2 Meter niedriger, die Pyramide dagegen um 5 Meter höher angesetzt, als der Plan vorzeichne.

Ein Loblied auf die Ulmer und ihren Münsterturm

Der Münsterpfarrer und Kunsthistoriker Rudolf Pfleiderer (1841 bis 1917), Autor mehrerer Werke über das Ulmer Münster, meint, daß ohne die große Zuneigung der Ulmer zu diesem durch die Zeiten bewahrten Bauwerk, seine Erhaltung, Restaurierung und schließlich sein Ausbau nicht möglich gewesen wären. Die Vollendung des Turmes, der in einer »bewundernswerten Auflösung der Massen« emporsteigt, betrachtet er als eine der größten Leistungen in der Geschichte der Architektur.

»Die Baupfleger sollen den Thurm mit wenig Kosten vor Schaden bewahren,« lautet ein Protokolleintrag vom Jahre 1529. Damit war das Bekenntnis abgelegt, daß nicht weitergebaut werden konnte und wollte. Das halbvollendete Münster, noch ohne Strebebögen und Fialen, wie ein zusammengekauerter Riese, sank in Schlaf, jahrhundertelang. Sein gewaltiger und trotziger Turmtorso erhielt eine Notbedachung in Gestalt eines zugespitzten, mit vier Erkertürmchen versehenen Aufsatzes, das lange das Wahrzeichen von Ulm gewesen ist. Ein letzter (zehnter) Kirchenmeister, Bernhard Winkler, wird noch genannt, der vielleicht diese und andere Arbeiten ausführte in den ersten Jahrzehnten des sechzehnten Jahrhunderts, welches nun mit seinen Stürmen, aber auch seinem weltgeschichtlichen Umschwung hereinbrach.

Am 3. November 1530 trat Ulm zur Sache der Reformation über. Die Bürgerschaft hat ihr Münster, den einzigen der großen mittelalterlichen

Dome, welcher im Eigentum der Evangelischen geblieben ist, mit Stolz und Treue gehütet auch in seiner Ruinenhaftigkeit durch all die bewegten Zeitläufte der nächsten Jahrhunderte. Kaum irgendwo wird eine so schöne und begeisterte Pietät für ein doch so trostlos dreinschauendes Denkmal alter Größe sich erhalten haben wie diejenige der Ulmer für ihr Münster. Aus ihr ist die Restauration erwachsen, durch sie durchgeführt worden über alle Hindernisse hinweg. Sie beschäftigten sich immer mit der Erhaltung ihres Kleinods und verliehen ihm nach Kräften Schmuck, wo und wie sie konnten. Eine großartige Orgel wurde schon seit 1578 hineingebaut; aus den Jahren 1618–1620 stammen die geschnitzten herrlichen Renaissancethüren, die heute noch die sechs Portale zieren; die mehrfachen, schönen schmiedeeisernen Gitter im Innern aus dem achtzehnten Jahrhundert. In demselben Jahrhundert erschien die erste sorgfältige und begeisterte Beschreibung (von Elias Frick 1718), mehrfach aufgelegt und im Anfang unseres Jahrhunderts von anderen gefolgt (Dietrich, Hafner). Der Gedanke, daß dies »ehrwürdige Denkmal deutscher Größe« einmal doch wenigstens zu einem würdigen Aeußern gelangen müsse, lag in allen Ulmern. Es mußten nur die Männer kommen, welche denselben näher erwogen und aussprachen, und die Zeiten, da sie ihn aussprechen konnten.

Und sie kamen. Die Liebe zur altdeutschen Kunst erwachte wieder mächtig. Wie eine verzaubert gewesene Prinzessin stieg sie in strahlender Schönheit auf vor dem aufgeschlossenen Auge unserer Väter. Auch Ulm hatte solche Männer, jetzt längst heimgegangen, doch fortlebend in dankbarer Erinnerung, Oberstudienrat Dr. Haßler, Dr. Adam, Professor Mauch, Ferd. Thrän waren es vor allem, welche sich zu Trägern des Restaurationsgedankens machten. Und der unter ihrer Mitwirkung gegründete »Verein für Kunst und Altertum in Ulm und Oberschwaben« nahm die Sache in die Hand unter dem Protektorat des damaligen Kronprinzen, jetzigen Königs Karl von Württemberg. Ferd. Thrän war der erste Baumeister, der am 21. August 1844 mit zwei Steinmetzen das Restaurationswerk begann. So ward das greise Münster aus dreihundertjährigem todesähnlichem Schlafe zu neuem Leben der Verjüngung und Vollendung erweckt.

Die erste Periode der Restauration, die mit dem ersten Jubelfest 1877 abschloß, war der Ausbesserung schadhafter Stellen, der Ergänzung angedeuteter, nicht ausgeführter Teile gewidmet. Es erstanden die größten Strebebögen aller Dome, von 18,5 Meter Spannweite, entlang dem Hochschiff ausgeführt von Thrän († 1870); sodann die reizvolle äußere Chorgalerie mit ihren Treppen und Laubgängen, die [...] der Rückansicht des Münsters so hohen Schmuck verleiht, sowie die beiden Seitentürme, 86

Meter hoch, Werke von Ludwig Scheu († 1880). Die zweite Periode der Restauration ist dem Ausbau des Hauptturms gewidmet und durch die bewährte Energie und Umsicht unseres schon seit seinem Amtsantritt 1863 um das Münster nach allen Seiten hochverdienten Oberbürgermeisters von Heim und durch das Auftreten eines den großen Alten ebenbürtigen Baumeisters, Professor August Beyer, zur Glanzperiode der Münstervollendung gestempelt. Nächst unserem König, dem steten, huldvollen Protektor des Werkes, hat von Heim ohne Frage das größte Verdienst um das Zustandekommen des großartigen Turmausbaues, an dessen Möglichkeit die Vorfahren nicht zu denken gewagt. Wie er von Anfang seines Amtes an die Stadt Ulm in jeder Richtung zu heben mit Erfolg beflissen war und dieselbe ihm das verdankt, was sie heute ist, so faßte Heim auch den völligen Ausbau des Münsters von Anfang an mit klarstem Bewußtsein als letztes Ziel ins Auge, wofür er mit unvergleichlichem Genie alle Kräfte zu sammeln, ungeahnte Hilfsquellen zu erschließen verstand. Aus ganz Deutschland flossen nun die Beiträge, Württembergs Königshaus voran mit zusammen 35 600 Mark. Der Ulmer Bürgersinn blieb nicht zurück mit im ganzen bis jetzt rund 170 000 Mark Privatstiftungen, 575 934 Mark Beiträgen der evangelischen Kirchenstiftung, 18 312 Mark öffentliche Sammlungen in der Stadt, zusammen 764 246 Mark aus Ulm.

Beyer begann mit den notwendigen Verstärkungsbauten der Turmfundamente (Contrebogen in die Tiefe), des großen Ostbogens, der Turmmauern (Fenstereinbauten). Dann wurde am 30. Juni 1885 feierlich der erste Stein des Achtecks und damit des Neubaus gelegt, und schon am 15. Mai 1890 sah man den Helm mit den beiden Kreuzblumen gekrönt, deren Kolossalität und Eleganz Tausende vorher bei einer Probeaufstellung im Münster bewundern durften. Die große Kreuzblume, aus vier verankerten Stücken, hat ein Gewicht von 700 Zentner und 3 Meter Durchmesser. Der Schlußstein des Ganzen, der Turmknopf, auf welchen die Blitzableiterstange zu stehen kommt, wurde feierlich am 31. Mai 1890 abends sechs Uhr unter dem Läuten der Münsterglocken versetzt, in Anwesenheit von Mitgliedern der Geistlichkeit und des Stiftungsrats. Das war der Ehrentag Ulms und der größte Ruhmestag seines Münsterbaumeisters und Turmvollenders, Professor Beyer, dessen Bild wir unseren Lesern bringen.

August Beyer ist geboren in Künzelsau 1834, besuchte die Baugewerkschule in Stuttgart 1851–1855. Von 1854 ab trat er bei dem Vorstand der königlichen Baugewerkschule, dem jetzigen Oberbaurat von Egle, als Zeichner ins Bureau, von wo aus er auch zu Aufnahmen im Ulmer Münster verwendet wurde, welche in dem Atlas zur »Kunst des Mittelalters in Schwaben« erschienen sind. 1858 wurde er Lehrer an der Anstalt; in die Jahre 1861 und 1864 fallen größere Studienreisen durch Deutschland, Belgien, Frankreich und Italien. Von 1865 ab war Beyer als Architekt in Stuttgart thätig, wo er unter anderem das Hotel Marquart, das königliche Olgastift, die Bauten des Pragfriedhofs ausführte. 1881 im Frühjahr erfolgte seine Berufung zum Münsterbaumeister in Ulm. Von hier aus leitet er gegenwärtig den Ausbau des Münsters in Bern, der Kilianskirche in Heilbronn. Vom Jahre 1868 ab ununterbrochen bis heute ist Beyer auch mit der Leitung der baulichen Arbeiten am Kloster Bebenhausen sowie am dortigen königlichen Quartier betraut.

Von dem Böblingerschen Aufriß ist Beyer nur in den Höhenverhältnissen des Helms zum Achteck abgewichen, aus der wohlbegründeten Rücksicht auf die Ansicht von unten. Demnach wurde das Achteck auf 32 Meter gekürzt, die Pyramide auf 59 Meter gestreckt – gewiß nur ästhetisch richtig. So erhielt Beyer die Gesamthöhe von 161 Meter vom Kirchenboden (vom Platz aus noch etwas höher) und die 6 Stockwerke des Helms (statt der 5 bei Böblinger). Es ist immer die Gefahr auch für die schönste Turmpyramide, daß sie, von unten gesehen, sich ins Unschöne, Gedrückte verkürzt. Dies wird beim Ulmer Turm nicht der Fall sein. Auf dem eleganten Achteck frei und leicht aufsetzend, nimmt der Ulmer Helm in sanfter Einziehung der Rippen und langsamer, schöner Verjüngung die Richtung nach oben – ein so energischer, das Auge fortreißender Zug nach oben wie bei keinem anderen. Dies ist auch freilich durch die ganze, unvergleichlich nach oben zusammengehende Anlage des Turmes vorbereitet. Breit und massig, mit weit vorspringenden Eckpfeilern setzt dessen gewaltiger Fuß an. In einer architektonisch bewundernswerten Auflösung der Massen steigt er empor. Da ist nichts Schwerfälliges, nichts Hemmendes, aber auch nichts Nüchternes, Mechanisches, wie die übermäßig herrschende Vertikale an den Kölner Türmen. Dazu die glänzende Dekoration von unten bis oben. Zuerst das den Fenstern vorgelegte freistehende Stabwerk durch Viereck und Achteck; dann die ganz und gar neue Ausstattung des Helms, welcher, statt der gewöhnlichen Ausfüllung mit Vierpaß=Maßwerk, vier luftige, von schlanken, reichdekorirten Spitzbogenfenstern durchbrochene Felder und zwischen dem fünften und der massiven Spitze einen schön ausladenden, besteigbaren Kranz in der Höhe von 145 Meter zeigt. Ja, als ob es nicht genug wäre mit all diesem Schönen und Neuen, so setzt Böblinger noch weit ausladende »Wimpergen«, das ist Ziergiebel, auf, welche wie Kronen in vierfacher Wiederholung übereinander den Helm umkränzen, eine kühne, bezaubernde Phantastik! Es war aber die große Aufgabe Beyers, die leichte Skizze des Originalrisses in die Ausführung zu übersetzen.

Mit welcher Meisterschaft er dies Problem löste, das wird die Geschichte der Architektur ohne Zweifel als eine der größten Leistungen verzeichnen.

Pfleiderer, Rudolf: Bilder vom Ulmer Münster, in: Über Land und Meer. Künstler-Ausgabe. Bd. 4. 1890, Sp. 733–741.

Türme zu Gottes Ehre

Die Kirchtürme, vor allem die der Gotik, gehen weit über das Nützliche hinaus und sind zur Ehre Gottes erbaut worden. Dabei war man bestrebt, möglichst leicht und transparent zu bauen, was zur Herausbildung des durchbrochenen Helmes führte. Der erste Turm mit einem durchbrochenen Helm ist der um 1320 vollendete Westturm des Freiburger Münsters.

Wie der Chor für den innern Gebrauch, ist der Turm für die äußere Erscheinung vielleicht der wichtigste Teil und gerade dieser erhielt im Lauf dieser Epoche seine volle, für den Geist der deutschen Schule charakteristische Entwicklung. An keiner andern Stelle des Gebäudes tritt die ideale Seite der Architektur so in den Vordergrund, die Rücksicht auf Bedürfnis und Notwendigkeit so sehr zurück, wie bei den Türmen. Käme es bloß darauf an, ein Gerüst für weitschallende Glocken zu schaffen, so würde ein Aufsatz auf den Giebel, wie man ihn an Klosterkirchen gewisser Orden und im Orient oft findet, oder wenn dies nicht genügt und man den Zweck der Umschau oder der Verteidigung verbinden wollte, ein einfacher, gerade geschlossener Turm, wie die italienischen, ausgereicht haben. Allein in unsern Landen wurde vorzugsweise seine symbolische Bedeutsamkeit aufgefaßt. Er sollte recht eigentlich über das Nützliche hinausgehen, zeigen, daß Gottes Ehre in dieser Gemeinde mehr gelte als bloßer Nutzen. Schon zu romanischer Zeit finden wir das Gefühl nirgends so lebendig wie in Deutschland, in keinem andern Lande sind die mit zahlreichen, sinnvoll geordneten Turmgruppen ausgestatteten Kirchen so häufig wie bei uns. Eine Steigerung, aber auch eine andere Richtung, erhielt dies Gefühl in der Gotik; denn da hier der symbolische Gedanke das ganze Gebäude durchdrang, alle Höhenmaße steigerte, auf allen Punkten gipfelte, mußte der Turm noch viel mächtiger hinaufstreben.

Daß die Gestaltung des Turmes als die ausgezeichnetste Erscheinung des ganzen Gebäudes jenes Lebensprinzip desselben recht kräftig aussprach, lag so sehr im System der Gotik, daß der Turmgedanke eigentlich

mit demselben heranwuchs und daher in Frankreich, dem Erstehungs-
lande dieses Systems, schon frühe in seinen wesentlichen Erfordernissen
verstanden war. Es ist der Gedanke einer allmählichen Verjüngung, welche anfangs kaum bemerkbar, weiter hinauf mit wachsender Beschleu-
nigung zunimmt und am Fuße des Helmes so weit gesteigert ist, daß sie
zur direkten Zuspitzung werden kann. Eine weitere Folgerung daraus ist,
daß der Gegensatz zwischen dem senkrechten viereckigen Unterbau
und dem pyramidalen achteckigen Helm durch ein zwar senkrechtes
aber schon achteckiges Stockwerk vermittelt und jeder dieser drei Teile
nicht nackt dem andern aufgesetzt ist, sondern aus ihm herauswachse,
so daß der Anfang des Achtecks von den Fialen der vier Ecken des Unter-
baues und der Anfang der Pyramide des Helms von den Giebeln oder
sonstigen Abschlüssen des senkrechten Achtecks begleitet ist. So weit
war man in Frankreich schon im zwölften Jahrhundert und das drei-
zehnte hatte nur die Aufgabe, die Anordnung weiter durchzubilden.
Aber diese Aufgabe fiel als die letzte des Baugeschäftes in die Zeit der
Erschlaffung, und die Turmbauten blieben, (nur wenige ausgenommen,
die im 16. Jahrhundert in der letzten Stunde der absterbenden Gotik ihre
Spitze erhielten), in dem Zustande, wie sie gerade bei Unterbrechung des
Baues waren. In England war der Eifer für Turmbauten erst in dieser Epoche erwacht und erlosch auch mit ihr, nur daß die englische Ord-
nungsliebe aus der Not eine Tugend machte und den Turm, statt ihm die
Spuren des Unvollendeten zu lassen, mit einer Balustrade und Eckfialen
krönte.

Anders die Deutschen. Ihre Begeisterung für den gotischen Stil wurde
erst da recht warm und allgemein, als der Bau in das Stadium des Turm-
baus kam. Freilich waren auch bei uns die Pläne zu kühn angelegt; die
Zahl der angefangenen Türme übersteigt auch hier die der vollendeten.
Aber dennoch ist die Zahl der reichen, ausgezeichneten Türme in
Deutschland größer als in irgend einem andern Lande. Man braucht nur
an die Turmriesen von Straßburg, Wien, Landshut, Freiburg, an Meißen,
Eßlingen, Thann im Elsaß, Straßengel in Steiermark, an die Dome von
Frankfurt a. M., Basel, Magdeburg, an St. Andreas zu Braunschweig, St.
Lambertus zu Münster, die Stiftskirche zu Aschaffenburg bis herab zur
Liebfrauenkapelle in Würzburg und bis zum Türmchen in Bebenhausen
zu erinnern, um ein Bild dieses Reichtums zu geben.

Vergleichen wir die Höhenmaße, so übertrifft Deutschland (mit den
Niederlanden) alle andern Länder. In England erreicht selbst der höchste
mit Helm gekrönte Turm, der von Salisbury, noch nicht 400 Fuß.* In
Frankreich fehlt der Sinn für die Bedeutung des Höhenmaßes gewiß
nicht, aber die Ausführung blieb hinter der Absicht zurück. Die West-

türme der Kathedrale von Chartres sind (mit 300 Fuß) die einzigen von einigermaßen beträchtlicher Höhe.

Ein anderer Vorzug der deutschen Turmbauten ist die feinere und reichere Ausarbeitung der Einzelheiten. Die deutschen Meister kamen auf den kühnen Gedanken, den Helm ganz aus durchbrochenem Maßwerk zu bilden, wo dann die wagrechten Bänder nicht eingebildete Stockwerke andeuten, sondern nur die Aufgabe hatten, die acht großen Stäbe der Ecken und die Maßwerksfüllung zusammen zu halten. Mit der gewölbten Glockenstube hätte der Turm seinen nächsten Nutzzweck erfüllt. Die Aufgabe war aber eine ästhetische. Wie der Körper der Kirche in die Dachschräge, wie jeder Strebepfeiler in seinen Fialen, mußte auch der Turm einen aus seiner Gestalt hervorgehenden Abschluß erhalten. In Deutschland hatte man schon in der Übergangszeit (aus dem Romanischen ins Gotische) gern die Türme luftig und durchsichtig gebaut. Kam im gotischen Stil noch die Vorliebe für die schlanken Massen und schon von unten aufsteigendes Stabwerk hinzu, so war es in der That geboten, die Spitze so leicht wie möglich zu halten. Dann war es aber auch ohne Verletzung der baulichen Würde und Gediegenheit gestattet, der Poesie, welcher der schlanke Helm selbst seinen Ursprung verdankte, auch weiter nachzugehen und diese schlanke Gestalt, wie sie als Denkmal der Frömmigkeit zu Gottes Ehre weit über alle Dächer menschlicher Wohnungen, über alle Schlösser und Warten emporragte, auch reicher zu schmücken. War die ganze Kirche ein verkörperter Lobgesang, so durfte dieser wohl in des Himmels Nähe in jubelnden Tönen schließen. Daß die Stimme des Volkes diese Poesie als berechtigt anerkennt, bedarf keines Beweises; überall, wo ein solcher Turm besteht, ist er der Stolz und die Freude der Bewohner.

Wo die Erfindung des durchbrochenen Helms, wenn man sie so nennen will, gemacht worden, ist nicht überliefert. Zur Ausführung kam sie zuerst am Freiburger Münster, wo der Turm wahrscheinlich nicht lang nach 1300 vollendet wurde. Dieser erste Versuch erfreute so sehr sich des Beifalls der Bauhütten, daß er den meisten andern der Art zum Vorbild diente. So war es selbst bei den riesigsten Turmbauten, die Deutschland schmücken sollten, am Kölner Dom und am Ulmer Münster.«

Schnaase, Karl: Geschichte der bildenden Kunst, in: Christliches Kunstblatt für Kirche, Schule und Haus. Jg. 1890, S. 113–115.
* Der Straßburger ist 452 Fuß, die Kölner sind 475 Fuß oder 148 [vielmehr 157] Meter, der Ulmer mißt 161 Meter.

Das Ulmer Münster ein Repräsentant der Demokratie

Der Kunsthistoriker Carstanjen vertritt die Ansicht, daß das Schaffen Ulrichs von Ensingen nicht mehr den Höhepunkt der Gotik markiere, dafür besitze es aber den Vorzug der Individualität, habe »Charakter« und sei »ein Repräsentant der Demokratie«. Ulrichs von Ensingen bedeutendstes Werk ist der Turm des Ulmer Münsters.

Freilich: Ulrich von Ensingen bezeichnet nicht den Culminationspunkt, sondern den Endpunkt einer Entwicklung – aber dies sicherlich nicht für die Zeitgenossen, sondern nur für uns, die wir zeitlich davon getrennt, auch räumlich darüber stehen und nun von höherem Standpunkte aus die ganze Periode kritisch betrachten. Von Ulrich aus führt der Weg zu Spielerei, technischer Künstelei, zu handwerksmässiger Verflachung und Ideenlosigkeit. Diesen Weg sollten seine eigenen Nachkommen gar bald einschlagen, während mit frischen schöpferischen Ideen die Familie der Böblinger seine Geisteserbschaft antritt und noch einmal – zum letzten Mal in der Gothik – eine Zeit schönster Spätblüthe herbeiführt. Aber nicht Ulrich von Ensingen ist für den Verfall verantwortlich zu machen. Er lag zum grössten Teil in der stark ausgesprochenen Neigung der Deutschen zum Schematisieren und Theoretisieren. Der Künstler ist immer nur in geringem Maasse schuld daran; steht er doch nicht abgetrennt von der Mitwelt über ihr, aus freier Machtvollkommenheit schaffend. Ist doch auch er die »Summe von Eltern und Amme, von Ort und Zeit, von Luft und Wetter, von Licht und Schall« (C. Vogt). Ihn zwingt seine Zeit, die Vielheit seiner Mitmenschen nach ganz bestimmten psychophysischen Gesetzen zur Aenderung der Reizform. Er muss abändern, muss Neues bringen. Schafft er es nicht, so wird er eben als Nachbeter überkommener Formen, nicht als Künstler betrachtet. Schafft er aber Neues, so hängt es lediglich von den Zeitverhältnissen ab, in welche er hineingeboren, ob mit seinem Werk ein Steigen oder Fallen eines Styles verbunden ist.

Und wenn nun die Art und Weise wie Ulrich schuf, für uns nicht mehr den Höhepunkt der Gothik bezeichnet, so hat sie doch den Vorzug der Individualität. Ganz stylgerechte Schönheit steht immer an der Grenze einer gewissen starren Ausdruckslosigkeit. Der Kölner Dom: eine Abstraktion, Repräsentant der Hierarchie – der Ulmer: ein Charakter, Repräsentant der Demokratie – Dahin lässt sich das Verhältnis der beiden zu einander zusammenfassen. Auch ein Gesicht mag sich weit von ei-

95

nem erträumten Schönheitsideale entfernen, wir gewinnen es lieb um seines lebendigen Ausdrucks und des Charakters willen. Und Charakter ist alles an Ulrichs Werk.

Carstanjen, Friedrich: Ulrich von Ensingen. Ein Beitrag zur Geschichte der Gotik in Deutschland. München 1893, S. 115/116.

Ein Münsterjubiläum im Zeichen der Ernüchterung

Die Stimmen zum 550jährigen Münsterjubiläum im Jahr 1927 klingen nicht mehr so enthusiastisch wie vor 50 Jahren und wie zur Vollendung des Turmes im Jahr 1890. Es scheint, als müsse man sich dazu überwinden, für die Vollendung des Münsters, die »Großtat Ulms im 19. Jahrhundert«, die jetzt nicht mehr möglich wäre, dankbar zu sein. Aber trotzdem bleibt das Münster in seinem »schlichten, ernsten Charakter« ein Denkmal der Frömmigkeit und des »stolzen Machtgefühl« des mittelalterlichen Ulmer Bürgertums.

Nicht der Festglanz einer Jahrhundertfeier und heller Jubel, wie einst vor 50 Jahren und bei der Vollendung des Hauptturmes im Jahre 1890, aber doch das Bekenntnis freudigen Dankes, daß uns ein gütiges Geschick das Wunderwerk unserer Ahnen und Wahrzeichen der Stadt durch die Stürme der Jahrhunderte unversehrt bis auf heute erhalten hat, wird diesmal den Grundton unserer Feier bilden. Immer wieder aufs neue empfinden wir beim Anblick des Riesenturmes mit seiner reichen Gliederung die unvergleichliche Kühnheit, mit welcher hier eines der großartigsten Werke mittelalterlicher Technik, wie es das Genie eines Ulrich von Ensingen entworfen hat, in pietätvoller Weise im Geist der alten Meister vollendet wurde. Mögen wir bei andern Domen ein noch vollendeteres Ebenmaß in der Raumgestaltung des Innern bewundern, welche bei unserem Münster infolge der nachträglichen Änderung des Urplanes durch Ulrich von Ensingen in ihrer Harmonie vielleicht etwas beeinträchtigt scheint, so gibt es doch wohl kaum eine zweite gotische Kirche in Deutschland, bei deren Betreten in den geradezu gigantischen, gleichsam in den Himmel sich reckenden Ausmaßen und dem schlichten ernsten Charakter des Gesamteindruckes uns so sehr der über das Zeitliche hinaus gerichtete fromme Sinn der damaligen Zeit entgegenweht. Zugleich verkörpert der gewaltige Bau das stolze Machtgefühl des damaligen Bürgertums einer freien Reichsstadt, die in ihrer Pfarrkirche ein überragendes Denkmal ihrer Kraft und Selbstherrlichkeit errichten wollte. Die Geschichte des Münsters ist ein gutes Teil der Geschichte unserer Stadt; ein volles Jahrhundert ist mit rastlosem Eifer an ihm in einer Zeit gearbeitet worden, als Ulm die kunstgeschichtlich bedeutendste Stadt in Schwaben war; dann kam eine Zeit des Erlahmens und gleichzeitig auch eine Änderung im Kunstgeschmack der Renaissancezeit; im Bildersturm des 16. Jahrhunderts wurde das Münster manch köstlichen Werkes von Ulmer Meistern beraubt. Fast 300 Jahre lang ist in der Folgezeit zur Fortsetzung und Vollendung fast nichts mehr geschehen, bis man in den 40er Jahren des 19. Jahrhunderts gewahr wurde, daß die Verwitterungen und Zerstörungen einen solchen Umfang angenommen hatten, daß der Bau in nicht allzuferner Zukunft mit dem völligen Ruin bedroht erschien. Da war es vor allem der im Jahre 1841 gegründete Verein für Kunst und Altertum, der es – im Zeitalter der Romantik – für seine größte und wichtigste Aufgabe unter Männern wie Mauch, Adam und Eser erklärte, für die Erhaltung eines der schönsten mittelalterlichen Baudenkmale einzutreten. Allen andern voran aber war es dem späteren Vorstand des Vereins, Professor Dr. Konrad Dietrich Haßler und seiner unermüdlichen Werbung und Sammlung bei Hoch und Nieder, seinen Reisen und Vorträgen in ganz Deutschland, namentlich auch seiner persönlichen Gewinnung der deutschen Fürsten und seiner flammenden Begeisterung in Schrift und Wort bei den Verhandlungen der deutschen Geschichts= und Altertumsvereine in Nürnberg (1853), Münster (1854), Ulm (1855), Hildesheim (1856) zu verdanken, daß die Münsterrestauration in großzügiger Weise in Fluß gebracht wurde. So konnte Haßler sich mit Recht als den »ersten Reisenden des größten Hauses in Deutschland« bezeichnen. Aber erst als nach dem Krieg von 1870/71 die so lange ersehnte deutsche Einheit geschaffen war, wurde der Gedanke des Ausbaues so recht lebendig, wenn auch dieses Ziel schon früher ins Auge gefaßt war. Das neu erstandene deutsche Reich mit seinem Ansehen in der Welt hatte auch die Erinnerung an deutsche Größe im Mittelalter wieder wach gerufen und den Wunsch nach Vollendung des Baues als eines Werkes von nationaler Bedeutung in weiten Kreisen erweckt. Der Dank an das deutsche Vaterland und seine Mithilfe beim Ausbau unseres Münsters war überall bei den beiden letzten großen Münsterfesten in dem Jubel der Huldigungen, Festspiele und Reden der große Hintergrund dieser Feiern.

Vor 50 Jahren haben fast einmütig die Architekten, Künstler und Kunstgelehrten Deutschlands anerkannt, mit welch trefflichem und in den Geist der Gotik sich einfühlendem Verständnis mit neuer Kunst und Technik der Weiterbau des kühnen Werkes unternommen wurde. Ein Ausbau in der heutigen Zeit wäre aus verschiedenen Gründen wohl nicht mehr möglich. Man hat es für einen Anachronismus, ja fast zum Teil für eine Vermessenheit erklärt, einen Riesensteinsarg, wie das Münster genannt wurde, nach 300 Jahren im Geist der ersten Baumeister vollenden zu wollen. Aber gerade bei dem Ulmer Münster ist doch die Frage erlaubt, ob nicht der in stetiger folgerichtiger Entwicklung und in großartiger Gesetzmäßigkeit immer zierlicher und luftiger emporsteigende Hauptturm, so wie ihn der alte Meister mit klarem Geist und sicherer Hand ersonnen und uns überliefert hat, zu allen Zeiten die Vollendung durch einen befriedigenden Abschluß erforderte. Der Ausbau steht deshalb nicht im Widerspruch mit den grundsätzlich richtigen Anschauungen moderner Denkmalspflege. Vielleicht werden schon unsere Enkel die nachträglichen Bedenken Einzelner nicht mehr verstehen und nur noch die geschlossene Einheit eines Werkes von Jahrhunderten empfinden. Freuen wir uns, daß unsere Väter den Mut zur Vollendung fanden, es war die Großtat Ulms im 19. Jahrhundert, uns bleibt nur übrig, unsern Nachkommen dieses erhabene Denkmal der geschichtlichen Vergangenheit unserer Stadt, wenn auch mit Opfern zu erhalten und uns dadurch der Vorfahren würdig zu zeigen. Freilich, wenn wir die Zeiten der beiden letzten Münsterfeste mit der Gegenwart vergleichen, so empfinden wir so recht den gewaltigen Wandel in unserem staatlichen, sozialen und kulturellen Dasein. Damals unter dem Schutz des neu geeinigten, mächtigen deutschen Reiches eine jubelnde Begeisterung und Anteilnahme aus allen Kreisen Deutschlands, ohne Unterschied der Stände und des religiösen Bekenntnisses – heute ein zerschlagenes Reich und ein unter dem Druck seiner Feinde eingeengtes, in weiten Schichten verarmtes Volk, innerlich in Gärung und Umschichtung begriffen mit einer vielfach anderen Denkart und Geistesrichtung. Aber noch ist die staatliche Einheit uns in allen Stürmen geblieben und noch ragt unser Münsterturm als Wahrzeichen des ewig jungen ungebrochenen Volksgeistes zum Himmel empor, dem ein unbekannter Besucher des Turmes einst mit dem Gruße huldigte:

»Artis teutonicae vigeas decus ac pietatis,
Te durante salus vivida sit patriae.«

»Von deutscher Kunst und Gottesfurcht
noch in den fernsten Tagen,
Mögst du, o Dom, dem deutschen Volk stets sagen!«

Mitteilungen des Vereins für Kunst und Altertum in Ulm und Oberschwaben, H. 25. 1927, Festgruß. (Festgabe zum 550jährigen Gründungsjubiläum des Ulmer Münsters.)

»Ein reißender Strom trägt die Steinmassen in schwindelnde Höhen empor«

In anschaulichen Bildern schildert der Kunsthistoriker Adolf Herrmann, was die Architektur Ulrichs von Ensingen auszeichnet und worin sich diese von der Parlerschen unterscheidet.

Ulrich vereinigte in sich den virtuosen Konstrukteur mit dem frommen Mystiker: er durchbrach die Körperlichkeit des Turmes wie ein Gerüst, löste sie in verschiedene Tiefenschichten auf und spannte vor die Fenster der einzelnen Geschosse ein kunstvoll steinernes Saitenwerk; er verbarg aber auch den Leib des Turmes hinter dem Gewandschleier dieses vorgelegten Stab- und Maßwerks. Sein auf das Außerordentliche gerichteter Geist verfolgte ein hohes Ziel, nämlich die weltfreudige Parlergotik, welche am Prager Hof Karls IV. ihre blühendste Entfaltung gefunden und in Ulm eine wundervolle Harmonie von Türmen und Langhaus angestrebt hatte, einer neuen religiösen Spannung zu unterwerfen.

Wer von der Heiligkreuzkirche in Gmünd herkommt und vor die Ulmer Münsterfront tritt, wird überwältigt sein von der stürmischen »barocken« Willenskraft, die hier im Gegensatz zu der dortigen Klassik ihren Ausdruck gefunden hat. Ein reißender Strom trägt die Steinmassen in schwindelnde Höhen empor. Man wird dieser mehr auf Erregung als auf Stillung ausgerichteten Kraft einräumen müssen, daß sie aus einer anderen Frömmigkeit lebt. Der jüngere Baumeister fühlt den Triumph des Geistes über die Schwerkraft des Steines leidenschaftlicher als die Generation vor ihm.

Raichle, August: Das Ulmer Münster. Text von Adolf Herrmann. Stuttgart: Kohlhammer 1950, S. 12.

Die Hinwendung zur gotischen Architektur und deren Folgen

Die Turmvollendungen im 19. Jahrhundert führten zum Wiedererlernen einer in Vergessenheit geratenen alten Bauweise, woraus sich der neugotische Stil entwickelte. Von ihm sind wichtige Elemente in die Architektur des Bauhauses eingegangen.

Die Turmvollendungen gotischer Kirchen im 19. Jahrhundert bedingten entscheidende Änderungen in geistes- und architekturgeschichtlicher Hinsicht.

Die literarischen Anstöße und diejenigen aus der Malerei waren die wichtigsten für die Wiederentdeckung der eigenen gotischen Baukunst, und als Folgeerscheinung entstand der Wunsch nach ihrer Erhaltung und stilgerechten Vollendung. Gefördert wurden diese konservatorisch gedachten und baulich sich verselbständigen[den] Vorhaben durch die auf den gleichen Grundlagen aufbauende, sich allmählich entwickelnde Disziplin einer mittelalterlichen Kunstgeschichtswissenschaft und eine dieser Kunst verpflichteten institutionalisierten Denkmalpflege.

Für die Architektur bedeutete die Erhaltung und Vollendung gotischer Kirchtürme das Wiedererlernen einer alten, in Vergessenheit geratenen Bauweise, die sowohl konstruktiv wie künstlerisch einen Gipfelpunkt in der Höhenbewältigung der abendländischen Baukunst darstellte. Erst aus der Erfahrung und der Wirkung dieser Ausbauten konnte die sakrale Neugotik in Deutschland ihre allgemeine Verbreitung finden. – Wie kein anderer der historistischen Stile wirkte die Neugotik am Ende ihrer Entwicklung durch die auf Konstruktion und Material bezogene Bauweise der Bauhütten weitervermittelnd auf die funktional ausgerichtete Architektur des Bauhauses.

Für das Stadtbild vieler deutscher Städte ist der vollendete Kirchturm des 19. Jahrhunderts bis heute das prägende Zeichen geblieben.

Knorre, Alexander von: Turmvollendungen deutscher gotischer Kirchen im 19. Jahrhundert. Köln, Dissertation 1974, S. 269/270.

Die Erfüllung eines historischen Vermächtnisses

Der Ausbau des Münsters im 19. Jahrhundert ist von vielen Seiten gefördert worden: entscheidend aber war, daß er von einer breiten Mehrheit der Ulmer getragen wurde, die aufgeschlossen und spendefreudig war. Diese war auch überzeugt, daß der Ausbau des Münsters ihre vordringlichste Aufgabe ist.

Der Ausbau des Ulmer Münsters im 19. Jahrhundert war eine gewaltige, größte Hochachtung erheischende, ja begeisternde Leistung. Diese wäre niemals zu vollbringen gewesen, hätte sie nur den ausgefallenen Wunsch einiger weniger, leicht spleeniger »Experten« dargestellt. Auch allein der Wille eines Monarchen hätte ein solches Werk zu dieser Zeit kaum mehr realisieren können. Wohl wurde diese Leistung initiiert von einem kleinen Kreis Begeisterter, wurde sie entscheidend gefördert durch den Monarchen, aber letztlich getragen wurde sie von einer breiten Mehrheit, die ansprechbar, interessiert und nicht zuletzt spendefreudig war. Selbst wenn man starke Triebkräfte wie das Wettbewerbsdenken gegenüber Köln, Regensburg usw., das Nationale (im Sinne des Deutschnationalen und des Württembergischen) und das Konfessionelle in Abzug bringt, so bleibt immer noch ein gewaltiges Potential, das wesentlich von der Begeisterung der Zeit, von der Freude am mittelalterlichen Baudenkmal, vom Stolz des nunmehr endlich Vollendenkönnens, von der Erfüllung eines historischen Vermächtnisses, von der unmittelbaren Bezugnahme auf die große Vergangenheit, von der fast mystischen Identifikation mit den mittelalterlichen Steinmetzen und nicht zuletzt von der Überzeugung, daß die Erfüllung dieser Bauaufgabe hier und jetzt das Vordringlichste sei, getragen wurde.

Auf eine solche Leistung, auf eine solche Begeisterungsfähigkeit der Zeit für ein derartiges Ziel können wir heute nur mit Bewunderung und leichtem Neid blicken.

Wörner, Hans Jakob: Der Ausbau des Münsters im 19. Jahrhundert im Spiegel zeitgenössischer Berichte, in: 600 Jahre Ulmer Münster. Festschrift. Ulm: Stadtarchiv 1977, S. 505. (Forschungen zur Geschichte der Stadt Ulm. Bd. 19.)

Der Bau des Münsters und die Ulmer Kunst

Die herausragende Stellung, die die Ulmer Kunst am Ende des Mittelalters einnahm, und das große Ansehen, das sie genoß, verdankte sie zu einem großen Teil dem Bau des Münsters.

Ulm war am Ende des Mittelalters einer der zentralen Punkte des künstlerischen Geschehens in Deutschland. Künstler aller deutschen Stämme sind damals in Ulm ein und aus gegangen und lernend hier tätig gewesen und nahmen von dem, was eine große Schule ausgebildet hatte.

Diese großartige und für Ulm einmalige Leistung, die ihre äußeren Antriebe vom Münsterbau empfing, gründet sich auf einem besonderen städtischen Geist, der aus dem Gemeinschaftserlebnis der Bürger aufstieg und der danach strebte, seinen Anspruch auf Geltung in großen Gemeinschaftsleistungen darzustellen. Die Bürger leiteten die Geschicke der Reichsstadt und die Verantwortung lag damit in der Hand derer, denen die Zukunft gehörte. Ein solches, dem Kommenden aus Instinkt zugewandtes Regiment dürfte eine der Voraussetzungen sein, um weithin Wirkendes und Unvergängliches hervorzubringen. Zu unserem Schaden scheint es heute keinen Stand zu geben, der einen solchen Zukunftsinstinkt für sich in Anspruch nehmen könnte. Der junge, geradlinig aufstrebende Bürgergeist der Münstererbauungszeit, jene eigenartige

Mischung von tätigem Bürgerstolz und echtem Glaubenseifer, hat die Stadt Ulm in jenen Zeiten zu einer der mächtigsten und angesehensten Städte des Deutschen Reiches emporgeführt. Umfangen und bestärkt von dieser zukunftsfreudigen Bewegung hat die Kunst in Ulm die herrlichsten Zeugnisse hinterlassen: Bauwerke, deren bedeutendste mit dem Münster und dem Rathaus erhalten sind, Werke der Bildhauerkunst, deren Reste auch in ihrer Vereinzelung noch von großartiger Beredtsamkeit sind, gemalte Altäre endlich und Bilder die fast alle verlorengegangen oder aus Ulm entführt worden sind.

Pée, Herbert: Von Ulmer Kunst, in: 1100 Jahre Ulm. Ulm, Süddeutsche Verlagsges. 1954, S. 26.

Das Ulmer Münster einmal ohne Gerüst?

Wie noch nie zuvor sind heute die Baudenkmäler, besonders die der Gotik mit ihrem empfindlichen Zierat, dem Verfall preisgegeben. Zu ihrer Erhaltung sind neben gründlichem Wissen enorme Anstrengungen und Aufwendungen erforderlich. Die Ulmer Münsterbauhütte hat hier umfangreiche Aufgaben zu erfüllen. Es kann aber auch jeder einzelne durch entsprechendes Umweltverhalten zum Erreichen dieses Zieles beitragen.

Ulmer Bürger und auswärtige Besucher wünschten sich schon zu allen Zeiten, einmal das Münster ohne Gerüst zu sehen. Die oft gestellte Frage ist verständlich, aber sind diese Gerüste nicht auch Zeichen der Vergänglichkeit aller Dinge, sogar der Steine? Die sakralen Großbauten aus dem Mittelalter haben im gesamten europäischen Raum meist an irgendeiner Stelle solche Arbeitsgerüste. Die komplizierte filigrane Architektur der Gotik mit ihrem zahlreichen Zierat, wie Fialen, Krabben und Kreuzblumen, ist besonders anfällig für den stetig nagenden Zahn der Zeit. Wind, Regen und Frost sind eifrige Gehilfen. Organische Teilhaber wie Flechten, Moose und Exkremente der Tauben tragen das Ihre dazu bei.

Seit dem Beginn des Industriezeitalters um 1880/85 werden der Luft ständig Verbrennungsrückstände zugesetzt, die meist als Oxide aus den Schornsteinen der Industrie, der Heizkraftwerke, den Haushalten sowie den Auspuffgasen der Benzin- und Dieselfahrzeuge entstammen; dazu kommen noch die aufgewirbelten Staub- und Rußteilchen. Dicke Schmutzkrusten zeugen davon an vielen Stellen der Natursteinfassaden. Das Schwefeldioxid aus der Verbrennung fossiler Brennstoffe, wie Kohle

Das Münster ohne Gerüst

16.3.86.

und Öl, bilden zusammen mit Nebel oder Regen eine moderne, zusätzliche Kraft der Zerstörung, zusätzlich zur natürlichen Verwitterung der Natursteine. Das Schwefeldioxid (SO_2) in Verbindung mit Wasser (H_2O) oxidiert zu Schwefelsäure (H_2SO_4) und verbindet sich im Sandstein mit dessen Bindemittel Kalk (Kalziumkarbonat = $CaCo_3$) zum Endprodukt Gips ($CaSO_4$). Dieser wird entweder durch das Regenwasser ausgewaschen, so daß der Naturstein seine natürliche Bindung verliert, oder es bilden sich Gipskristalle, die ihr Volumen bei der Entwicklung vergrößern und damit eine Sprengwirkung erzielen, wodurch die Steinoberflächen schalenartig abgesprengt werden.

So wurde mit ständigem Bedauern, aber ohne große Konsequenzen begonnen, die natürliche Umwelt ebenso zu zerstören wie die großen baulichen Leistungen unserer Vorfahren. Alle Bemühungen, mit Hilfe dieser offensichtlichen Tatsachen das bewußte Verhalten des Menschen in eine positivere Richtung zu lenken, hatten bisher wenig Erfolg. Dabei ist zu bedenken, daß selbst dann, wenn die Luft ab morgen schadstoffarm wäre, zumindest die nächste, vermutlich aber auch die übernächste Generation mit einem großen finanziellen Aufwand von vielen Millionen Mark die Auswirkungen der Schadensverursachungen unseres Jahrhunderts zu tragen hätte. Das Münster einmal ohne Gerüst?

Die Gerüste an den Münstern, Domen und Kathedralen sind aber auch Zeichen der Hoffnung, daß der Mensch mit festem Willen das Erbe der Väter zu erhalten sucht. Die Münster- und Dombauhütten, wie z.B. in Köln, Regensburg, Freiburg, Straßburg, Wien und Ulm, sind Einrichtungen, die ursprünglich für die Bauausführung als zunftfreie Vereinigungen unter ihrem »magister operis« (Werkmeister) gegründet und später für die ständigen Erhaltungsarbeiten fortgeführt worden sind. Heute sind sie wie einst mit gutem handwerklichen Können bemüht, die großen Zeugen der Vergangenheit für die Zukunft zu erhalten. Die Steinmetzen der Bauhütten führen Knüpfel und Eisen im lebendigen Bewußtsein, das Glied einer langen Kette zu sein, die bis ins Mittelalter zurückreicht. Diese Verbindung verpflichtet wiederum auch zum ständigen Bemühen um einen möglichst anspruchsvollen, handwerklichen Standart. Wer die Gelegenheit hat, besonders in der Winterzeit einen Blick in die Steinmetzwerkstätte der Ulmer Münsterbauhütte zu tun, spürt etwas von diesem Geist. Viele Tausende gezielter Hammerschläge sind wochen- und monatelang mit großer Konzentration erforderlich, um dem Steinblock aus »Krensheimer Muschelkalk« die gewünschte Form abzuringen. Am Ulmer Münster werden keine Sandsteine mehr verwendet wie

Steinmetzwerkstatt in der Münsterbauhütte

3. Februar 1976

zum ursprünglichen Münsterbau, da diese unter den geschilderten Umständen zu rasch dem Verfall unterworfen sind. Das dichtere und härtere Material des »Krensheimer Muschelkalkes« aus der Gegend von Würzburg ist hier besser geeignet.

Mit dem Knüpfel oder Klüpfel, dem runden Schlagholz, arbeitet der Steinmetz auch heute noch. Die Eisen sind vielfältig in ihrer Art. Sie haben spitze, breite und gezahnte Enden mit denen der Steinmetz dem Werkstück die gewünschte Form gibt und in die Oberfläche verschiedene Strukturen einarbeiten kann. Den ganzen Winter über wird so Stein für Stein bearbeitet und das fertige Produkt bis zum Frühjahr im Hof gelagert. Sobald es im März oder April Witterung und Temperatur zulassen, werden diese Steine mit Hilfe einer schweren Seilwinde auf die verschiedensten Etagen des Gerüstes am großen Westturm gebracht und anschließend in Kalkmörtel oder Gußblei versetzt. Die Bauhütte besitzt zwei Kalkgruben, aus denen sie wechselweise gut abgelagerten Sumpfkalk für ihre Arbeit zur Verfügung hat. Oft hört man im Sommer den Schlag der Steinmetzen von der Turmwand oder das Rattern der Kompressor-Eisen im Stein bis auf den Münsterplatz hinunter. Verwitterte Steine ohne Zukunft müssen entfernt, also »ausbossiert« werden und wandern nach unten in den Hof der Bauhütte. Größere, ausgediente Architekturteile werden zugunsten der Turmrestaurierung verkauft und sind ebenso begehrt wie die kleinen, faustgroßen Bruch- und Sägestücke, die, mit einem Zertifikat versehen, an der Eingangspforte zum Münster als sinnvolle Souvenirs laufend ihre Liebhaber finden. Der Steinmetzpolier (Meister) zeichnet die zu erneuernden Teile und fertigt daraus Schablonen im Maßstab 1:1 in Pappe oder dünnem Zinkblech als Vorbereitung für die Steinmetzarbeiten im kommenden Winter.

Die wichtigste Aufgabe der Bauhütte ist jedoch eine Arbeit, von der meist niemand Kenntnis nimmt, weil sie ohne Lärm im Stillen stattfindet: die Erhaltung der originalen Substanz. Sie benötigt viel Geduld, Feingefühl und Können. Je besser sie gemacht ist, um so weniger fällt sie nach der Fertigstellung auf. Da fehlen z. B. an einer Fiale drei Krabben, an jenem Wasserspeier hat der Zweite Weltkrieg den Kopf abgerissen und vernichtet, und an dieser Kreuzblume hat der Zahn der Zeit den Knopf mitsamt der Spitze abgenagt. Steinersatzmittel die als Grundstoff denselben Stein wie das Original enthalten, jedoch in gemahlener Form, dienen hier als Arbeitsmittel. Sie machen es möglich, kleinere Ergänzungen herzustellen ohne gleich das ganze historische Stück ersetzen zu müssen. Die heutigen Erkenntnisse der Wissenschaft und der Industrieer-

Witterungs- und umweltgeschädigter Wimperg am südlichen Chorturm

106

zeugung bieten Möglichkeiten, den Naturstein für einen begrenzten Zeitraum von 10–20 Jahren zu verfestigen und gegebenenfalls wasserabweisend zu imprägnieren. Nach dem abgelaufenen Zeitraum können die »Kuren« wiederholt werden. Sie können Therapien sein, um mehr Originales über das »Schadstoffzeitalter« hinüberzuretten. Hier ist allerdings ein genaues Fachwissen und ein zuverlässiges präzises Arbeiten im Anwendungsbereich ebenso erforderlich wie langwierige Vorversuche an Probestücken aus demselben Material. Aus der Not geboren, hat sich die Ulmer Münsterbauhütte bereits Mitte der 70iger Jahre mit diesen Möglichkeiten der Erhaltung originaler Natursteinsubstanz beschäftigt. Mit großer Skepsis und zahlreichen Vorbehalten wurden beinahe zwei Jahre lang Vorversuche durchgeführt, mit deren Erkenntnissen ab 1975 z.B. die Brüstungen des Mittelschiffes behandelt wurden. Diese mit durchbrochenen Maßwerken reich ausgestatteten Bauteile hatten stark verwitterte Oberflächen und waren in einem bedenklichen Zustand. Er konnte mit diesen Methoden wesentlich verbessert werden und ist bis heute sehr zufriedenstellend. So ist das Salben, Tränken, Ergänzen und Pflegen die ureigenste Aufgabe der Münsterbauhütte. Ohne die ständige Pflege eines eingearbeiteten Teams, das mit Engagement, langjähriger Erfahrung und fundiertem handwerklichem Sachverstand willig sich den gestellten Aufgaben immer wieder aufs Neue ohne Verzagen zur Verfügung stellt, ohne diese Mannschaft der Münsterbauhütte wäre das Münster wie alle anderen Dome und Kathedralen dem Ruin preisgegeben.

Etwa um die Mitte der 90iger Jahre werden die Arbeiten am großen Westturm fertiggestellt sein. Dann ist zum erstenmal seit 1956 der Hauptturm für längere Zeit ohne Gerüst. Doch die Aufgaben der Bauhütte gehen weiter. Der Chor und die Chortürme bedürfen dann einer Pflege, deren Anforderungen die Steinmetzen und Maurer der nächsten Generation bis weit in das nächste Jahrhundert beschäftigen wird. Sie sind dann das neue Glied dieser weit in die Vergangenheit reichenden Kette.

Wer also seufzend vor dem Münster steht und die Frage stellt, wie lange noch die Gerüste stehen, sollte sich zunächst selbst fragen, wie er dazu beitragen kann, daß die Umwelt weniger geschädigt wird und damit auch Gerüste weniger gebraucht werden. Wer dann aus seinen eigenen Erkenntnissen auch noch praktische Konsequenzen zieht, auch wenn sie manchmal etwas unbequem sind, der hat bereits ein Stückchen vorbeugender Denkmalspflege betrieben.

Dieser Beitrag ist von Münsterbaumeister Gerhard Lorenz eigens für dieses Buch geschrieben worden.

Orgeln

Orgel und Choralgesang

Für beide ein Lob aus Schubarts Mund aus den Jahren seines Ulmer Aufenthaltes von 1775–1777.

Der Choralgesang in den Hallen des Münsters hat eine Feierlichkeit, eine Würde, die das kälteste Herz erschüttert. Die Orgel im Münster ist eine der besten in Deutschland, von ungemein dickem und wie Glockenhall durchschlagendem Ton.

Schubart, Christian Friedrich Daniel: Leben und Gesinnungen. Bearb. von Ulrich Bertram Staudenmayer. Heidenheim: Heidenheimer Verlagsanst. 1969, S. 133.

Kleine Orgelgeschichte

So wechselvoll wie die Baugeschichte des Münsters ist auch die seiner Orgeln. Von der Mitte des 15. Jahrhunderts bis zur Gegenwart sind etwa 10 Orgeln für das Münster gebaut worden. Sie sind eindrucksvolle Zeugen der Orgelbaukunst, zugleich macht ihr Schicksal auch das nicht immer spannungsfreie Verhältnis zwischen Gottesdienst und Kirchenmusik deutlich.

»Nachdem ferner ansehnliche Kirchen mit schönen Orgeln pflegen versehen zu werden / so sollte es dem Münster hier auch nicht mangeln / dahero man zwey Orgeln darein gesetzt / deren die eine und größere zwischen dem vierdten und fünfften Pfeiler auf der Seiten wo die Cantzel stehet / in der Höhe stund / dieselbe hat Frater Conrad Rottenburger / Orgelmeister / Baarfüsser-Ordens (so hat er sich selbst beschrieben) Anno 1439 gemacht; die andere aber und kleinere stund in dem Chor.« So steht es in der vermutlich ältesten Beschreibung des Ulmer Münsters von Elias Frick (Ulmisches Münster, 1718) über die ältesten Orgelwerke in der Geschichte dieser Kirche. Knapp hundert Jahre später war das Schicksal dieser Orgeln besiegelt. Sie fielen der Zerstörungswut des Bildersturms zum Opfer.

Die schwäbische Reichsstadt Ulm pflegte gegen Ende des 16. Jahrhunderts zwar enge Beziehungen auf musikalischem Gebiet zu Stuttgart, konnte aber in musikalischer Hinsicht mit der führenden Stellung anderer Orte wie Augsburg, Nürnberg, München und Straßburg nie ernsthaft konkurrieren. Das Interesse der Bürgerschaft galt damals eher politischen und religiösen Fragen als denen musikalischer Natur. Der Rat allerdings ließ sich die Förderung der Tonkunst stets angelegen sein.

111

Völlige Stagnation der Kirchenmusik

Als 1531 die Reform der zwinglischen Richtung eingeführt wurde und die Reformatoren Ökolampadius, Ambrosius Blarer und Martin Butzer das Kirchenwesen neu ordneten, kam es in Ulm zu einer völligen Stagnation der Kirchenmusik. Die in der ersten Hälfte des 15. Jahrhunderts von dem Breslauer Meister Ludwig aufgestellte Orgel fiel den reformierten Predigern zum Opfer. Elias Frick: »Weßhalben man in besagtem Jahr alle Altäre aus der Kirchen miteinander wegthat: die beyde Orglen wurden abgehoben und hinaus geschafft / als es aber schwer hergehen wollte / die große Orgel mit allem herunter zu bringen / bunde man Sailer und Ketten darum / spannete sodann Pferdte an diese / und risse vermittelst derselben mit gröster Gewalt alles herunter ...« Über 40 Jahre war das Orgelspiel aus dem Münster verbannt; ein Interimswerk – vermutlich ein sogenanntes Blockwerk, das nur für ein kurzes Eingangs- und Ausgangsspiel zu gebrauchen war – konnte auf die Dauer nicht befriedigen.

Obwohl bereits mit dem Tode des schweizerischen Reformators Ulrich Zwingli sein Einfluß in Ulm abnahm und sich die Stadt immer mehr dem Luthertum zuwandte, dauerte es Jahrzehnte, bis der Ulmer Superintendent Dr. Ludwig Rabus 1570 den Plan einer neuen Orgel wieder aufgreifen konnte. Im Jahr 1576 schließt die Stadt Ulm mit dem Orgelbauer Kaspar Sturm einen Vertrag über den Bau einer neuen Münsterorgel mit drei Manualen und Pedal (1700 Pfeifen, 20 Register, 16 Blasebälge). Kaspar Sturm, der 1575 auch die Orgel von Kloster Scheyern schuf, war Organist an der Neupfarrkirche in Regensburg und ging dann in das Musikzentrum München, wo Orlando di Lasso (1532–1594) die berühmte Hofkapelle leitete. Kaspar Sturm war am Hof Herzog Albrechts V. Orgelbauer.

Das erste Werk eines klassischen Orgelbaustils

Sturms Orgel im Ulmer Münster wurde am 18. Oktober 1578 fertig. Für damalige Verhältnisse war diese Plenumorgel, die bald zu einer heftigen Auseinandersetzung zwischen Kaspar Sturm und der Stadt Ulm führte, ein überzeugender Beweis für den enormen Aufschwung der Orgelbaukunst dieser Zeit. Neben Kloster Scheyern konnte im süddeutschen Raum diese Münsterorgel in Ulm als das erste Werk eines klassischen Orgelbaustiles gelten, der zu dieser Zeit bereits eine Parallele in Frankreich hatte, jedoch erst durch Marin Mersenne (1588–1648) endgültig festgelegt wurde.

Die neue Münsterorgel stand an der Westseite des Mittelschiffs; die

Mittelschiff nach Westen

Empore war im Renaissance-Stil gehalten. Sie ruhte links und rechts auf je vier dorischen Säulen und war in der Längsrichtung von einem kassettierten Tonnengewölbe durchzogen und schloß so das Mittelschiff etwa in der Art eines römischen Triumphbogens ab. In den Jahren 1595–1599 wurde die Orgel nach den Intentionen des blinden Orgelbauers Konrad Schott aus Stuttgart, der von dem Ulmer Münsterorganisten Adam Steigleder eingeschaltet worden war, von dem Orgelbauer Andreas Schneider umgebaut und wesentlich erweitert. Das Werk hatte jetzt über 3000 Pfeifen und mehr Register.

Ulmische Orgel-Predigt

Ulm beginnt damit eine beachtliche Rolle in der protestantischen Kirchenmusik seiner Zeit zu spielen. Ein Zeugnis davon legt unter anderem auch die »Ulmische Orgel-Predigt« des Superintendenten Konrad Dieterich aus dem Jahr 1624 ab, »darin von der Instrumental-Music insgemein, sonderlich aber von der Orgel Erfindung und Gebrauch ... diskurriret, zugleich die schöne herrliche Ulmer Orgel beschrieben wird«. Auch bei Elias Frick wird die Orgel mit höchst anerkennenden Worten bedacht. Es heißt unter anderem: »Aus bißherigem Bericht wird der Leser schon einen Begriff sich machen können / wie ansehnlich diß Werck seye / und wie man mit etlichen Choren auf dieser Orgel eine treffliche Music könne aufführen.«

Am 12. Juni 1599 erklärte sich die Stadt Ulm bereit, »Sturm für alle seine Forderungen gegen Quittung 1000 Gulden« zu geben. Kaspar Sturm dagegen, dem unter anderem vorgeworfen worden war, er habe beim Orgelbau schlechte Arbeit geleistet, sagte den Rat der Stadt für alle seine Ansprüche »frei, quit, ledig und lose« und erklärte, daß weder er noch seine Erben »in ewig Zeit« Ansprüche machen. Damit fand der Streit, der mehr durch unglückliche Umstände und irrtümliche Verwicklungen als durch bösartige Absicht beider Teile entstanden war (so Raimund Walter Sterl in »Ulm und Oberschwaben«, Band 38, 1967), seinen endgültigen Abschluß. Am 15. Juni 1599 wird das Werk von Konrad Schott, einem zufällig in Ulm anwesenden Organisten aus Waldsee, und von dem Stuttgarter Orgelbauer Michael Schmid abgenommen. Aus dem Jahr 1660, so Elias Frick, wird berichtet, daß »am 30. May ein schwer Gewitter in den Münster-Thurm schlug / auch die Orgel mit betraff / und in selbiger wol 500 Pfeiffen ruinirt ...«

»... von ungemein dickem Tone«

Im 18. Jahrhundert – nach vielen Beschädigungen und Instandsetzungen – wurde Kaspar Sturms Orgel von dem Ulmer Orgelbaumeister Georg

Friedrich Schmahl erneut repariert, im Grunde aber völlig neu gebaut. In den Jahren 1730–1735 entstand ein Orgelwerk mit drei Manualen, Pedal und 45 Registern. Der Dichter Christian Friedrich Daniel Schubart, der vom Herzog von Württemberg 1777 bis 1787 wegen seiner liberalen, vor allem gegen die Jesuiten gerichteten Artikel auf der Festung Hohenasperg gefangengehalten wurde, schrieb über die berühmte Orgel in Ulm: »Die Orgel im Münster ist eine der besten in Deutschland, von ungemein dickem und wie Glockenhall durchschlagendem Tone.« Der hier ein sachverständiges Urteil abgab, war von 1769 bis 1773 Organist und Kapellmeister am württembergischen Hof in Ludwigsburg und nach seiner Begnadigung Theater- und Musikdirektor am Stuttgarter Hof.

Doch die Glanzzeit dieser Orgel ging jetzt ihrem Ende entgegen. Im Jahr 1817 wird das Werk zwar noch überholt, doch mehren sich die Stimmen, die für eine Beseitigung der Orgel plädieren. Dies wird begründet mit dem hohen Alter des Werkes, mit hoher Anfälligkeit und vor allem – dem Zeitgeschmack entsprechend – mit dem »rohen und geschmacklosen Stil« der Renaissance-Orgel.

Eine der besten Orgeln der Welt

Im Jahr 1843 genehmigt die königliche Regierung den Neubau der Orgel; 1848 wird mit der Orgelbaufirma Walcker in Ludwigsburg ein Vertrag geschlossen. Im Jahr 1852 war die jetzt neugotische Empore für die Orgel fertiggestellt, und am 12. Oktober 1852 wurde das neue Werk feierlich eingeweiht.

Ihr Standort – akustisch ungünstig – befand sich hinter den das Mittelschiff abschließenden Wandpfeilern. Wiederholt als eine der besten und größten Orgeln der Welt bezeichnet, besaß die Orgel vier Manuale, zwei (!) Pedale, 100 Register und 6564 Pfeifen. Im Gegensatz zu den früheren Münsterorgeln entschied man sich für eine romantische Disposition. Wegen Umbauarbeiten im Münster mußte die Orgel 1882 abgebrochen werden. Sie wurde 1889 auf einer neuen Empore außerhalb der Turmhalle wie zur Zeit Kaspar Sturms wieder aufgestellt. Jetzt hatte sie nur noch drei Manuale und ein Pedal. Die Traktur, die Verbindung zwischen Tasten und Pfeifenventilen, bis ins 19. Jahrhundert rein mechanisch angelegt, bekam schon 1856 eine Pneumatik. Diese Orgel, die Albert Schweitzer zu dem begeisterten Satz »Ach, diese Flöten! Mein Traum in Afrika wird sein, wieder auf dieser Orgel zu spielen!« veranlaßte, diente der Ulmer Kirchenmusik bis in die Gegenwart, ehe auch sie aus Altersgründen ersetzt werden mußte.

Bornefelds »Schwalbennest«

Doch ehe 1969 die neue Walcker-Orgel auf der Westempore ihren Platz findet, vermutlich die zehnte Orgel, die für den gotischen Raum im Lauf seiner bewegten Geschichte gebaut worden ist, wird 1964 die 20 Register zählende Chororgel von Rieger/Schwarzach nach den Plänen von Helmut Bornefeld/Heidenheim errichtet. Sie machte sich die vierhundert Jahre alte Form des »Schwalbennests« zunutze: eine Anlage, die nicht nur ein apartes Bild abgibt, sondern auch klanglich überzeugt. Interessant ist in diesem Zusammenhang, daß Bornefeld bereits 1937 diesen Vorschlag für eine Chororgel machte, ohne freilich ein positives Echo zu finden. Unabhängig von ihm wurden seine Pläne 1959 durch ein Modell der Firma Rieger als richtig bestätigt.

Süddeutschlands größte mechanische Orgel

Am 19. Oktober 1969 wurde im Münster die größte mechanische (Schleifladen-)Orgel Süddeutschlands eingeweiht. Das mächtige Orgelwerk, das mit 8000 Pfeifen und 95 Registern auf fünf Manualen und Pedal wahrhaft gigantisch wirkt, ist ein »geistiges Kind« des Organologen Dr. Walter Supper, Esslingen, der für die Disposition (Klang und Gehäuse) verantwortlich zeichnete.

Basierend auf dem klassischen Prinzip der mechanischen Traktur, besitzt das Werk eine elektrische Registertraktur und elektrische Koppeln. Dem eigentlichen Orgelkomplex auf der westlichen Empore vorgelagert ist ein Rückpositiv mit 14 Registern, zu spielen von einem eigenen Manual aus. Dann folgen Hauptwerk (14 Register), das Brustwerk (16 Register), Schwellwerk (17 Register) und das Mittel- oder Kronwerk (15 Register). Das Pedalwerk mit 19 Registern, darunter zwei 32′- und fünf 16′-Stimmen rundet die Disposition ab. Das V. Manual besitzt quasi zur »klanglichen Eskalation« drei Horizontal-Zungen spanischer Bauart, die in Ulm einmalig sind.

Die neue Orgel, gebaut von der Ludwigsburger Firma E. F. Walcker & Cie., kostete rund eine halbe Million Mark. Die größte Orgelpfeife hat eine Höhe von elf Metern und einen Durchmesser von 68 Zentimetern; die kleinste Pfeife ist einen halben Zentimeter groß.

Gööck, Olaf: Orgeln im Ulmer Münster, in: Südwest Presse. Jg. 33. 1977, Sonderbeil. vom 8. Juni.

Eintragungen im Orgelgästebuch

Von Wolfgang Amadeus Mozart bis zu Albert Schweitzer reicht die Reihe berühmter Namen, die sich mit den Orgeln im Münster verbinden. Im Gästebuch im »Orgelstüble« haben sich viele bekannte Künstler verewigt.

Die wohl bekannteste Nachricht vom Besuch eines berühmten Gastes an der Münsterorgel stammt aus dem Jahr 1761 und verbindet sich mit dem Namen Wolfgang Amadeus Mozart. Als der junge Mozart mit seinem Vater Leopold Ulm besuchte und im Gasthof »Zum goldenen Rad« in der Sattlergasse Quartier nahm, traf er auch mit dem Münsterorganisten Johann Christoph Walther zusammen, einem nahen Verwandten Johann Sebastian Bachs. Walther war ein Sohn des Lexikographen Johann Gottfried Walther in Weimar, dessen berühmtes Musiklexikon von 1732 noch heute zum musikwissenschaftlichen Handwerkszeug gehört. Sein Sohn Johann Christoph war von 1751 bis 1770 Münsterorganist in Ulm. Er machte um diese Zeit als Klavierkomponist von sich reden und soll ein sehr guter Orgelspieler gewesen sein. 1761 führte er den Salzburger Gästen die Schmahl-Orgel im Münster vor, die wohl größte Orgel, die der junge Mozart in seinen Jugendjahren hörte und sah. Ob er diese Orgel auch spielte, ist nicht belegt. Mit Sicherheit aber spielte er auf der Orgel in der Kirche des reichsunmittelbaren Stiftes »Zu den Wengen«, einer katholischen Enklave inmitten der protestantischen Reichsstadt.

Günther Ramin – Wilhelm Kempff

Im Jahr 1856 schenkte Dr. O. Walcker, Sohn des Schöpfers der Münsterorgel von 1856, Eberhard Friedrich Walcker, dem Münster ein Gästebuch mit der Widmung: »Diese Orgel wird, auch wenn der Orgelbau in kommenden Zeiten neue Wege findet, immer ein Denkmal der Orgelkunst des 19. Jahrhunderts bleiben.« In diesem Gästebuch, das bis zum heutigen Tag geführt wird, stehen viele berühmte Namen. Günther Ramin, Leipziger Thomaskantor und Orgelspieler, schrieb: »Res severa verum gaudium« und rühmte so den göttlichen Odem in diesem hoheitsvollen Raum. Der Pianist Wilhelm Kempff, gefeierter Beethoven-Interpret, schrieb das Thema einer Bachfuge in das Gästebuch und fügte hinzu: »Bach ist ein Meer, seine Tonwellen brechen sich an keiner Stätte des protestantischen Deutschlands so gewaltig wie hier im Ulmer Münster.«

Den »Himmel Deutschlands« nannte Georg Kempff, einer der größten Orgelspieler seiner Zeit, die Ulmer Münsterorgel. Als der neue Orgelspieltisch im Jahr 1927 eingeweiht wurde, sang die Altistin und Kammersängerin Martha Fuchs, die in Stuttgart geboren wurde und von 1930 bis 1945 Mitglied der Staatsoper Dresden war, gleichzeitig an der Staatsoper Berlin und bei den Bayreuther Festspielen.

Albert Schweitzer: »In tiefer Ergriffenheit . . .«

Einer der prominentesten Gäste war Albert Schweitzer, Theologe, Organist, Musikwissenschaftler und als Arzt Schöpfer des Urwaldspitals von Lambarene. Er schrieb: »In tiefer Ergriffenheit spiele ich heute Bach, Mendelssohn und César Franck auf dieser herrlichen Orgel des herrlichen Ulmer Münsters. Ach, diese Flöten! Mein Traum in Afrika wird sein, wieder auf dieser Orgel zu spielen.« Als Schweitzer wieder einmal nach Ulm kam, probierten er und sein Freund, der damalige Münsterorganist Fritz Hayn, abends alle Möglichkeiten an Klang und Fülle aus und merkten in ihrer Musikbegeisterung nicht, daß Mitternacht schon lange vorbei war. Inzwischen hatte die in ihrer Nachtruhe gestörte Nachbarschaft eine Polizeistreife alarmiert, die Ruhe gebot. Die Anzeige wegen nächtlicher Ruhestörung wurde allerdings zurückgezogen, als man die näheren Umstände erfuhr.

Walter Gieseking

Als der Pianist Walter Gieseking auf die Münsterorgel kam, um dort dem Spiel zuzuhören, setzte er sich schließlich selbst auf die Orgelbank und begann zu spielen. Ins Gästebuch schrieb er: »Zur Erinnerung an einen sehr bescheidenen Mendelssohnsatz, gespielt von Walter Gieseking, ganz nebenbei Organist.« Unter den vielen prominenten Besuchern der Münsterorgel seien folgende Namen zitiert: Alfred Sittard, Hermann Keller, Dr. Michael Schneider, Walter Supper, Arnold Metzger, Hermann Poppen, Kurt Thomas, Rudolf Mauersberger, Gertrud Hepp, Lore Fischer und Karl Erb.

Göök, Olaf: Berühmte Gäste an den Münsterorgeln, in: Südwest Presse. Jg. 33. 1977, Sonderbeil. vom 8. Juni.

GLOCKEN

Die Glocken des Münsters im 17. Jahrhundert

Zu Beginn des 17. Jahrhunderts hingen im Münsterturm acht Glocken, die Konrad Dieterich mit Herstellungsjahr, Namen, Inschrift und Bestimmung aufzählt.

Ebenmåssig hat man auch deren [Glocken] viel / vnterschiedlicher Grôsse / sonderlich in den vornehmen grossen Kirchen / als in denen Dommen / Mǔnstern / Stifften / ansehnlichen Clôstern / in deren Kirchen Thurnen zusammen hangen / vnd selbige also formen vnd giessen lassen / daß sie ein feine liebliche Consonantz vnd anmutige Zusammenstimmung im leuten geben. Wie wir dann hier in vnserm Mǔnster ein herrlich Geleut / von acht Glocken haben: Deren sonderlich zwo / einer ansehnlichen Grôsse / der andern aber je eine etwas geringer als die andere / damit sie desto besser vnter einander resoniren vnd zusammen stimmen / auch wann sie zusammen geleutet / ein herrlichen / anmutigen Hall / Thon vnd Klang von sich geben.

Der Glocken / zu Vlm in diß Mǔnsters Glockenhauß / sind an der zahl / grosse vnd kleine acht / vnd hangen in drey Reyen. Gegen Septentrion hangen 3. 1. die Wein= oder Zehenglock genannt / weil sie nachts zu zehen Vhren (zu welcher zeit sich niemand weiters in den Wirtshåusern vorzeiten hat dôrffen betreten lassen) geleutet wird: Daher sie von Alters her die Narrenglock genennet / weil die Witzigen selber / ohne dieser Glocken Vermahnung / wissen heim zu gehen. An dieser Glocken stehen die Namen der 4. Evangelisten: Matthæus † Marcus † Lucas † Iohannes †. Vnd dann darunter: Ave Maria. 2. Ein kleinere / die Frǔglock / weil sie alle Morgens frǔe geleutet wird: Daran ein Marienbild mit ihrem Kindlein / vnd diese Schrifft : Zu Ehr vnd Lob † Gottes vnd Maria / goß mich Jôrg Castner zu Vlm / 1420. Noch ein kleine / daran steht: In Gottes Namen bin ich geflossen / Stefan Fǔrst von Vlm hat mich gegossen / Anno 1545. In der Mitt hangt 1. die Betglock / weil sie vmb 11. Vhr / auff welche vor diesem ein besonder Gebet wider den Tǔrcken zu sprechen / mit dieser Glocken Erinnerung geschehen / (daher sie auch die Tǔrkkenglock geheissen wird) auch heutigs tags nach allen Predigten zu dem Gebet geleutet wird. Daran diese Schrifft: Durch vnser Frawen Ehr leut man mich / Hans Eger von Rǔtling goß mich. Lucas † Marcus † Matthæus † Iohannes. Anno 1453. gegen allen vier plagis, Ave Maria. Wigt 80. Centner. 2. Ein klein Glôcklein. 3. Die Sturmglock / welche allein zu Feinds / Fewers vnd AnlauffsZeiten / Deßgleichen jährlich in dem Augusto, wann sich ein Ehrsamer Rath vnd Gemein mit Eyd gegen einander verpflichten / geleutet wird / an welcher diese Schrifft: Flos ego campana nunquam denuntio vana, Bellum vel festum, flammam vel funus honestum. Item: Lucas, Marcus, Matthæus, Iohannes. Ihr bezirck helt 17. Schuh / 6. Zoll. Der Diameter 5. Schuh / 7. Zoll / wigt 70. Centner. Gegen Mittag. 1. Alte Bet= oder Fůrstenglock / weil sie ein Kantengiesser / der Fůrst genandt / gegossen / wie auß der Schrifft zu sehen. Anno 1552. hand mich die Ehrsame Herren / Hans Lieber / Jacob Krafft / vnd Thomas Lebzelter / zu dieser Zeit vnserer lieben Frawen Bawpfleger zu Vlm / Steffan Fůrst zu giessen verdingt. 2. Noch ein Prediglock zimlicher Grösse / daran steht Matthæus † Marcus † Iohannes, Anno Domini milesimo 1454. Vber dieses hat es zu oberst des Thurns eine grosse Schlagglocken / neben dreyen kleinen Glöcklein / nemlich 1. das Radt= oder Wetterglöcklein / damit man / so ein Rath gehalten / oder ein schweres Donnerwetter ist / ein Zeichen gibt. Es wird auch sonsten das gantze Jahr alle Nacht zu 9. vnd 10. Vhren / wie auch Winterszeiten abends zu 7. Vhren angezogen. 2. Das Werckglöcklein / darmit man den Stadtwerckern zu vnd von der Arbeit leutet. Und dann 3. das Steurglöcklein / so jährlich von Catharina biß auff Thomastag / zum Steuren geleutet wird.

Dieterich, Konrad: Kirchweyh- und Glockenpredigt, in: Dieterich: Sonderbarer Predigten. Th. 1. Leipzig 1632, S. 182.

Vielfalt und Klangschönheit des Münstergeläutes

1942 mußten fünf Münsterglocken zur Herstellung von Kriegsmaterial abgeliefert werden. Nachdem dafür 1956 fünf neue Glocken angeschafft worden waren, wurde 1958 für das nun wieder aus 10 Glocken bestehende Münstergeläute eine Läuteordnung erlassen, die hier von Gertrud Beck vorgestellt wird.

In Ulm wird vor allem von den vielen Fremden und den hier Aufgewachsenen und später Weggezogenen das Münstergeläut wegen seiner Vielgestalt und Klangschönheit gerühmt, unverwechselbar mit anderen Domen in der Silvesternacht, wenn im Vollgeläute von neun Glocken erst die hellen, dann die mittleren Töne einsetzen und am Schluß noch das feierliche as° der größten und tiefsten Glocke, der GLORIOSA (Inschrift: ein feste Burg ist unser Gott), über die Dächer rollt. Das rührt an, selbst wenn dies aus dem Rundfunkgerät kommt. Die GLORIOSA ertönt wochentags nie, doch ihr satter Grundton liegt fast in jedem Feiertags- und Sonntagsgeläute. Sie läutet sonntags um 7.30 Uhr, sie singt ihr großes Solo wehklagend am 17. Dezember alle Jahre zur Stunde des Luftangriffs von 1944, beginnt damit um 19.15 Uhr und nimmt das ihr benachbarte Geläute der fünf Glocken von St. Michael zu den Wengen schwesterlich an ihre Seite. Das harmoniert zusammen, denn seit vier Jahrhunderten wurde die jeweilige Tonskala beider Dekanatskirchen beibehalten, erweitert und ergänzt, wenn Glocken gesprungen, in Kriegen abgeliefert oder zerstört wurden. Das neue Geläute der Wengenkirche, das am 19. April 1964 nach dem Wiederaufbau eingeweiht wurde, ist mit seinem festlich strahlenden großen Salve-Regina-Motiv Ais-Cis-Dis-Fis-Gis wiederum auf das Münstergeläute abgestimmt.

Zur Zeit des großen Luftangriffs war, wie bereits im Ersten Weltkrieg geschehen, der Glockenbestand in der ganzen Stadt stark reduziert worden. 42 588 friedliche Kirchenglocken des damaligen Reiches – das sind 77 Prozent des Gesamtbestandes – dienten dem Krieg zur Deckung der Metallreserve und wurden zum größten Teil eingeschmolzen. Nur die historisch und künstlerisch wertvollsten Glocken durften bleiben, und so wurden auch fünf Münsterglocken aus dem 19. und 20. Jahrhundert abgenommen und am 22. März 1942 mit einem Gottesdienst verabschiedet. Sie kamen nie wieder. Die sechste aus diesem Zeitabschnitt, die DOMINICA, in Erinnerung an die Reformationsfeier 1531 im Jahr 1931 gegossen (Inschrift: Erhalt uns Herr bei Deinem Wort), mußte wegen ihrer besonders guten Klangeigenschaften nicht abgegeben werden. Sie wurde abgenommen, stand zur Sicherung zusammen mit der Schwörglocke in der Turmhalle und ist nun eine der wenigen Glocken, die von der Kunst der Glockengießer dieser Zeit Zeugnis abgeben.

Im Herbst 1956 hielten die fünf neuen Glocken, die bei Kurtz in Stuttgart mit derselben Intonierung wie ihre Vorgängerinnen gegossen wurden, ihren Einzug in Ulm, und als die riesigen blumenbekränzten Glockenwagen in den Straßen erschienen, strömten die Menschen zusammen. Es war ergreifend mitzuerleben, wie dabei die meisten die Hände falteten. »Friede sei ihr erst Geläute.« Seitdem ist das Geläute wieder vollständig. Zehn Glocken hängen im Glockenhaus, und ihre Position ist vom Aufgang zum Hauptturm gut einzusehen durch eine Gittertür, die dicht umlagert ist von Besuchern des Turmes, da jeder die Glocken in Tätigkeit erleben möchte. Von diesen sind neun im Geläut; die zehnte ist an dem Glockenseil zu erkennen. Das ist die Schwörglocke mit Ton C^1. Sie ist die ehrwürdigste und älteste der Münsterglocken, stammt aus dem 14. Jahrhundert und war dazu ausersehen, alljährlich für die Bürger der Stadt das Zeichen zum Erscheinen vor dem Schwörhaus zu geben, sie »wird niemals geläutet als an bemeldten Schwörtag, an hohen außerordentlichen Freudenfesten und an kayserlichen Trauerbegängnissen«, wie Elias Frick 1766 schreibt. Die Chronik sagt auch, daß ihr Mantel geflickt sei. Sie wird deswegen während des Schwurs auf die Verfassung, den der Oberbürgermeister alljährlich im Anschluß an seine Schwörrede vom Balkon des Schwörhauses ableistet, von Hand geläutet und bleibt das Jahr über unter Verschluß. Ihr Ton paßt nicht ins Geläute. Er bewegt durch seine Schlichtheit und ist als Einzelton gefühlsmäßig eindringlicher, weil »Vergangenheit und Gegenwart in eins« (Goethe) sich ins Bewußtsein eingräbt und die Kontinuität dieser Stadt durch die Jahrhunderte anklingt. Auch durch die Inschrift unterscheidet sie sich von den übrigen Glocken des 14. bis 17. Jahrhunderts:

FLOS EGO CAMPANA NUNQUAM DENUNCIO VANA BELLUM VEL FESTUM
FLAMMAM VEL FUNUS HONESTUM LUCAS MARCUS MATHEUS JOHANNES
Deutsch:
Glocke, Blume bin ich, Nie künd' ich unwichtige Dinge, Kriege aber oder Feste, Feuerbrand oder vornehm Begräbnis.

Die nächstälteste Glocke, die Stundenschlagglocke mit der Inschrift:

ICH ORGLOCK SEIN DER STADT ULM EIGEN UND HAT MICH GEGOSSEN
DER SEITZ GLOCKENGIESSER ZU NÜREMBERG NACH CHRISTI GEPURT
1414

ist ganz dem bürgerlichen Leben zugeordnet, und ihr hartes Peng, wenn sie die vollen Stunden ausruft, kommt daher, daß sie nicht schwingt, sondern mit dem Hammer angeschlagen wird. Mechanisch heute, doch durch Jahrhunderte, als sie in dem kleinen Glockenhaus über dem Notdach hing, durch den Turmwächter selbst angeschlagen werden mußte. Auch heute hängt sie außerhalb der Glockenstube über dem Viereckumgang im Turm, ist Wind und Wetter ausgesetzt wie ihre Nachbarinnen, die 1644 gegossene Torglocke, auch Frühglocke genannt, weil sie den anbrechenden Tag ausrief, sowie das Arbeitsglöcklein von 1606, beide von den Ulmer Glockengießern Allgeyer gegossen.

Wer um das Münster herum wohnt oder dort öfters unterwegs ist, dem ist das andauernde Gezerfe um den Vortritt beim Viertelstundenschlag zwischen Münster und Rathaus sehr bekannt, denn mit Geschäftigkeit und Eigensinn betonen beide hellen Glocken ihre Zugehörigkeit zu mehr weltlichen Dingen. Diesen Disput beenden dann die vollen Stundenschläge des Münsters, die zweimal hintereinander erfolgen, denn der helleren Stundenschlagglocke schließt sich der dunkle Wohllaut der DOMINICA, der Reformationsglocke Ton B° an, die auch zu Mittag und zum Abendgottesdienst läutet.

»So oft ich hör den Glockenschlag, hilf Gott, daß ich bedenken mag, daß abermals mein Lebensfrist ein' Stund kürzer worden ist.«
(Spruch an einer schwäbischen Turmuhr)

Das liturgische Läuten am Münster hat seine Grundlagen in der alten Läuteordnung, die 1958, als das Vollgeläute wieder zur Verfügung stand, überarbeitet und vom Kirchengemeinderat verabschiedet wurde. Ihr liegt der schöne Gedanke zugrunde, daß bei Vorhandensein eines so reichhaltigen Glockenbestandes nicht immer und bei allen Anlässen mit diesen neun Glocken zusammen zu läuten ist, sondern daß Unterschiede zu machen sind durch wechselnde Zusammenstellung der Töne und durch die besondere Art des Läutens den Glocken deutlich erkennbare Botschaften in den ehernen Mund zu legen. Das war in früheren Jahrhunderten zur Übermittlung von Nachrichten wie Geburt, Tod, Brand, wichtig. Die Massenmedien übernahmen dann diesen Dienst. Daß hier in Ulm die Tradition des Gebetläutens morgens, mittags und abends gewahrt wird, wird von vielen kaum noch wahrgenommen. Kirchliche Tradition hat sich in den Geräuschpegel eingemischt und gehört zu den Lauten, an die man sich gewöhnt hat. Doch wenn während des Vaterunsers im Gottesdienst die große Betglocke singt, die zum erstenmal nach 77jähriger Bautätigkeit am 21. Oktober 1454 vom Münsterturm erschallte, und so durch ihr Rufen auch die Daheimgebliebenen, die Alten und Kranken zur betenden Gemeinde vereint, dann sollte das nicht im Gebrause des Straßenverkehrs untergehen. Auch der Unmusikalische dürfte, wenn ihm die Grundzüge der Läuteordnung bekannt sind, aus dem Stimmungsgehalt des Anlasses Freude oder Ernst des Glockenliedes heraushören können.

Der Werktag beginnt um 6.30 Uhr mit dem Frühläuten der kleinen Betglocke vom Münster, »Nun bitten wir den heiligen Geist um den rechten Glauben allermeist«, 1956 gegossen. Eine Stunde später folgt die Wengenkirche mit dem Angelusläuten. Damit an Sonn- und Feiertagen die Bürger eine Stunde länger schlafen können, wird in allen Ulmer Kirchen erst um 7.30 Uhr geläutet, und es lohnt, das Fenster zu öffnen und nach Klang und Entfernung die verschiedenen Kirchen auszumachen, die zwischen 8 und 11 Uhr ihre Gottesdienste ankündigen.

Mittags zwölf klingen die DOMINICA, von Wengen die Marienglocke, also b° und Dis zusammen. Mit der kleinen Betglocke beschließt um 19 Uhr das Münster den Tag, während 5 Minuten vor 20 Uhr die Wengenkirche ihrem Angelusläuten noch das memento mortuorum ihrer hellen Sterbeglocke für alle an diesem Tag Verstorbenen anschließt.

»Von dem Dome schwer und bang tönt der Glocke Grabgesang«. Damit bezeichnet Friedrich Schiller in seinem Lied von der Glocke den Charakter der Sterbeglocke, deren einsames Läuten ungleich wirkungsmächtiger ist als mehrere Glocken, und damit den Toten ganz persönlich anspricht.

Wer zur Münstergemeinde gehört, den begleitet die Leichenglocke von 1678, Ton des[1] des Münsters auf dem Gang zum Friedhof, meist zwischen 13 und 14 Uhr. Bei den Verstorbenen der übrigen Pfarreien begleiten deren Sterbeglocken den letzten Gang. Die Schiedglocke des Münsters läutet auch untertags zu unterschiedlichen Zeiten, wenn das Ableben eines Münster-Gemeindemitglieds von den Angehörigen bekanntgemacht wird. So legt sich immer wieder fünf Minuten lang ein klanggewordener Todesschatten über das pulsierende Leben in der Stadt. Durch drei Jahrhunderte ist die Schiedglocke des Münsters Trösterin, wenn sie einsam klingt, ist Mahnerin und Todesbotin im Geläute. Vom Bußtag an ist sie bis zum vierten Advent immer vertreten, sie fehlt zwar nicht als klangliche Ergänzung im Vollgeläute, doch stets im liturgischen Geläute der freudevollen Feiertage.

Eine der jeweils kleinsten Glocken ist die Taufglocke, denn

»mit der Freude Feierklange begrüßt sie das geliebte Kind auf seines Lebens ersten Gange, den es in Schlafes Arm beginnt«.

Sie erhebt ihre Stimme während der Taufhandlung, um damit der Gemeinde das neue Mitglied zu verkünden [...]

Mit seinen neun zusammenläutbaren klanglich abgestimmten Glocken besitzt das Münster ein Registriergeläute, das einer ganz bestimmten Ausdrucksfärbung dienen will, und sich daher von den übrigen Kirchen, die weniger Glocken besitzen, unterscheidet.

An gewöhnlichen Sonntagen läuten sechs Glocken: GLORIOSA, Reformationsglocke, Leichen- und kleine Betglocke, Kreuz- und Taufglocke, also $as°$-$b°$-des^1-es^1-F^1-b^1.

Das Jahr beginnt mit dem Vollgeläute in der Silvesternacht. An Dreikönig ertönt aus sieben Glocken der Choral nach der Melodie »Wie schön leuchtet uns der Morgenstern«. Bei der Konfirmation kommt eine achte Glocke, die Reformationsglocke, zu diesem Geläut. In der Passionszeit schweigen alle hellen Glocken. Die Farbe wandelt sich in ernstes Dunkel am Karfreitag mit den tiefen Glocken, zu denen sich erstmals im Jahr die Leichenglocke gesellt, während die Glocken der katholischen Kirchen schweigen.

Umso strahlender zieht der Ostermorgen über die Stadt herauf. »Christ ist erstanden«, singen die vier hellen, und die drei dunkleren antworten »des solln wir alle froh sein«.

An Leuchtkraft wird dieses Geläute noch übertroffen beim Einsatz aller neun Glocken an Pfingsten, sowie dem aufstrebenden Himmelfahrtsmotiv der sechs Töne $as°$-C^1-es^1-F^1-as^1-C^2.

Glockenstuhl im Hauptturm

126

Erntedank und Kirchweihfest werden mit sieben Glocken gefeiert, darunter zwei sehr helle, und das Reformationsfest mit acht. Von hier ab reduziert sich die Anzahl der Glocken: Bußtag mit sechs, darunter wieder die Leichenglocke, die von hier ab bis zum Heiligabend immer dabei ist. Sie klingt auch aus den fünf ersten Klängen des Totensonntags.

Am ersten Advent ertönt aus sechs Glocken as^0-des^1-es^1-F^1-as^1-b^1 der Wächterruf aus der Bachkantate Nr. 140 »Wachet auf, ruft uns die Stimme«, und ab dem zweiten Advent sind es noch sechs Glocken, aber im Ton die tiefen in der ansteigenden Tonskala nacheinander, und deswegen wird das Einläuten des Heiligabends um 16.30 und 22.30 Uhr zur Christmette mit acht Glocken, ohne die Leichenglocke, umso festlicher empfunden.

Beim Jahresschlußgottesdienst werden noch einmal fünf Glocken, die Freud und Leid das Jahr über verkündigten, zusammengefaßt und zur Schlußfeier um 23.30 Uhr geläutet, dabei befinden sich sowohl die Tauf- als auch die Leichenglocke, die sich in die Grundtöne mischen.

Damit sind wir am Ende unseres Ganges durch das Kirchen- und das weltliche Jahr angelangt. Auch am Ende von Schillers Lied von der Glocke, das den Glockenguß mit dem Lebensweg des Christen verbindet: Anfang und Ende, Arbeit und Feierstunde einordnend durch das Lied der Glocke:

> »Und wie der Klang im Ohr vergehet,
> der mächtig tönend ihr entschallt,
> so lehre sie, daß nichts bestehet,
> daß alles Irdische verhallt.«

Beck, Gertrud: So oft ich hör' den Glockenklang, in: 600 Jahre Ulmer Münster. – Ein Fest der Bürger – ein Fest der Kirche. Ulm: Süddeutsche Verlagsanst. 1977, S. 35–43. Von der Autorin für diese Ausgabe durchgesehen und ergänzt.

GOTTESDIENST UND THEOLOGISCHE DEUTUNG DES BAUWERKS UND SEINER AUSSTATTUNG

Die große Zuneigung und Liebe der Ulmer zu ihrer Pfarrkirche

Fabri schildert um 1488 in zehn Punkten die Vorzüge des Münsters, von denen sich die Punkte drei bis sieben und neun auf den Gottesdienst beziehen. Dieser war von einer großen Liebe der Ulmer zu ihrer Pfarrkirche geprägt, was in zahlreichen Stiftungen und Opfergaben, in häufigem Empfang der Sakramente und in einem außergewöhnlich eifrigen Gottesdienstbesuch zum Ausdruck kam.

Die vielen Meß- und Predigtstiftungen sind aber auch aus dem Bewußtsein heraus gemacht worden, daß zur Erlangung des Heils die Quantität eine wesentliche Rolle spielt. Zusammen sind am Ende des 15. Jahrhunderts in den Ulmer Kirchen und Kapellen wöchentlich 400 Messen gelesen worden, was den Ulmern ein Gefühl der Sicherheit gab. Der Rat achtete auch darauf, daß die Geistlichen ihrer Gottesdienstpflicht nachkamen.

Drittens ist sie reicher an Altären als alle Pfarrkirchen: denn sie hat 51 Altäre, die alle ihre Gebühren und Einkünfte haben und nicht von Fürsten oder edlen Herren oder Fremden, sondern von den Einwohnern von Ulm selbst begabt sind, und wie sie die Patrone der Kirche sind, so sind sie auch die Kollatoren (Besetzer) aller Altäre. Viele Altäre aber gibt es, die 5, einige, die 4, einige, die 3 Präbenden haben.

Und daraus folgt viertens, daß keine Kirche, die eben nur eine einfache Pfarrkirche ist, so viele Geistliche an der Zahl habe, als die Ulmer Kirche.

Fünftens ist diese Kirche reicher an freiwilligen Gaben als alle andern. Wer aber wissen will, wie groß ihre Gaben sind, die täglich durch das Ulmer Volk am Opferstock oder Opferbecken für ihren Bau, und an den Altären in Silber und Wachs zum Gebrauch des Herrn Pfarrers dargebracht werden, der erwäge die Kosten der Bauleute, die täglich arbeiten und von entfernten Orten die Steine herbeiführen, deren Ankauf und Herbeiführung eine unglaubliche Summe erfordert, weil die Steine dieser Kirche nicht von ulmischem Boden, sondern von entfernten Orten herbeigeführt werden; der erwäge überdies die prächtige Stellung des Herrn Pfarrers: denn er hat nicht die Stellung eines Stadtpfarrers oder Kanonikers (Stiftsherrn), sondern nimmt die Stellung eines reichen Bischofs ein, der an seinem Hofe fünf Gehilfen und eine zahlreiche Dienerschaft hat; und doch hat er keine anderen Gebühren und Einkünfte als die freiwilligen Gaben seiner Untergebenen. Deshalb hat auch diese

Pfarrei gewöhnlich einen ausgezeichneten, adeligen und gelehrten Mann, der einer solchen Pfründe würdig ist.

Sechstens ist diese Kirche, ich sage es kühnlich, bevölkerter als alle andern in der ganzen Christenheit; denn obwohl sie so groß ist, so herrscht doch an Festtagen ein dichtes Gedränge bis an die Ecken des Altares, und wenn es keine Klöster gäbe, so könnte sie das Volk nicht fassen. Für gewöhnlich genießen zur Osterzeit mehr als 15 000 Menschen in ihr das Abendmahl.

Das Siebente, das aus dem Vorigen folgt, ist, daß die Kirche selbst im Gebrauch der Sakramente freigebiger ist als alle. Denn es findet sich keine Pfarrei, in der täglich so viele Kinder getauft werden; denn durchschnittlich werden jeden Tag 5 Kinder in dem Taufraum dieser Kirche getauft, der mit königlichem Schmuck geziert ist, und alle Getauften werden notiert und eingeschrieben. Ähnlich ist es mit der Beicht und mit dem Abendmahl; denn selten vergeht ein Sonntag, ohne daß außer den Messen der Priester entweder schwangere Frauen oder kränkliche oder andächtige Personen das Abendmahl empfangen.

Das neunte Besondere dieser Pfarrkirche ist die große Zuneigung und Liebe der in ihr Eingepfarrten. Denn sehr hängt sowohl der Rat als die Gemeinde an dieser Kirche wie an ihrer Mutter, und Lebende sowohl als Sterbende ehren und zieren sie mit Pfründen, indem sie ewige Lampen und Seelmessen stiften. Denn alle Lampen der alten Kirche, deren es sehr viele gewesen sein sollen, waren bei der Übersiedlung abgeschafft worden und der Erlös aus ihnen kam dem Bau der neuen Kirche zu gut, wie auch die alten Seelmessen, die außerhalb gestiftet worden waren, zu Gunsten der neuen Kirche aufgehoben wurden.

Fabri, Felix: Abhandlung von der Stadt Ulm (Tractatus de civitate Ulmensi, deutsch), in: Mitteilungen des Vereins für Kunst und Altertum in Ulm und Oberschwaben. H. 13–15. 1908/09, S. 27–29.

Predigt, Orgelspiel und Gesang

Nach Fabri muß der Gottesdienst im Münster am Ende des 15. Jahrhunderts recht vielfältig gewesen sein.

[...] wenn ein Mensch sich am Gottesdienst, an Religion und am Anhören des Wortes Gottes ergötzt, an Orgelspiel und Zierat, am süßen Gesang der Scholaren oder der lieblichen Melodie, an langem oder kurzem Gottesdienst, so wird er alles täglich in Ulm in der Nähe finden.

Fabri, Felix: Abhandlung von der Stadt Ulm (Tractatus de civitate Ulmensi, deutsch), in: Mitteilungen des Vereins für Kunst und Altertum in Ulm und Oberschwaben. H. 13–15, 1908/1909, S. 99.

Entehrung und Entheiligung des Gottesdienstraumes

Fabri berichtet auch von schwerwiegenden Mißständen, durch die der Gottesdienstraum entehrt und entheiligt wurde.

[...] wenn der Kirchhof oder die Kirche entweiht ist, kann ihr insgeheim der Pfarrer durch ein gewisses Wasser wieder die Weihe geben. Dies ist gewiß notwendig, weil die Menge des Volkes durch Verschiedenes gestört ist und die Kirche den ganzen Tag offen steht und durch sie jedermann den Durchgang nimmt. Es ist auch in ihr ein mannigfacher Lärm, besonders jedoch von den müßigen Geistlichen, welche daselbst eine Zusammenkunft und Gespräch halten, wie es ihnen in den Mund kommt, wodurch der Ruhm dieser Kirche vielfach entehrt und dem Volk viel Ärgernis gegeben wird. Aber auch der Kirchhof wird bei Nacht nicht geschlossen, und es ist zu befürchten, ja es ist eine unzweifelhafte Erfahrung, daß sehr oft vieles Ungeheuerliche begangen wird, wodurch der heilige Ort entheiligt und entweiht wird.

Fabri, Felix: Abhandlung von der Stadt Ulm (Tractatus de civitate Ulmensi, deutsch), in: Mitteilungen des Vereins für Kunst und Altertum in Ulm und Oberschwaben. H. 13–15, 1908/09, S. 27–29.

Einführung der Reformation

Nachdem sich die Ulmer Bürgerschaft am 3. November 1530 in einer Abstimmung mit großer Mehrheit für die neue Lehre entschieden hatte, berief der Ulmer Rat die bedeutendsten Theologen des oberdeutschen Protestantismus, die gemäßigten Zwinglianer Blarer, Bucer und Oekolampad, zur Einführung der Reformation nach Ulm, die Ende Mai hier ankamen und mit einer Predigtkampagne den Anfang machten. Am 16. Juni wurde die Messe abgeschafft und drei Tage später, am 19. Juni, begann der Bildersturm. Der Rat ließ dann, um sein Vorgehen vor den Fürsten und Städten des Reiches zu rechtfertigen, am 31. Juli das »Gemain außschreiben« drucken. Danach wurde eine neue Kirchenordnung erarbeitet, mit deren Erscheinen am 6. August 1531 die kirchliche Umgestaltung ihren Abschluß fand. Von ihrem Tun und den Ereignissen in Ulm berichten die Reformatoren in einem Brief an den Schweizer Humanisten und Reformatoren Joachim Vadian vom 23. Juni 1531.

Ulm, das uns hat kommen lassen, gibt genügend Beweise, daß sein Anschluß an Christus weder geheuchelt noch gewöhnlich ist; hat es doch, wie schon allgemein bekannt ist, unter Nichtachtung des kaiserlichen Befehls die Greuel der Messe und der Götzen aus den Kirchen hinausgeworfen und geht damit um, auch die Unbildung der Geistlichkeit zu verbessern, Lektionen in der h. Schrift und in den Sprachen einzurichten und die reineren Zeremonien und Zuchtordnungen unserer Schweizer Kirchen nachzuahmen. Wir hoffen, daß durch dieses Beispiel auch andere schwäbische Städte endlich ermuntert werden, Christus seinen Ruhm, den die gottlosen Sophisten verdunkeln, zu erhalten. Man schreibt jetzt die Apologie mit den Konstitutionen; wenn die fertig und vom Rat genehmigt sind, werden wir bitten, uns nach Haus zu entlassen.

Endriß, Julius: Das Ulmer Reformationsjahr 1531 in seinen entscheidenden Vorgängen. Ulm 1931, S. 112.

Das Interim

Am 15. Mai 1548 hat Kaiser Karl V. das Interim veröffentlichen lassen, das durch den Augsburger Reichstagsabschied vom 30. Juni 1548 Reichsgesetz wurde und auch Ulm zur Durchführung verpflichtete. Das Interim, das bis zum Zusammentreten eines allgemeinen Konzils gelten sollte, ist eine in 16 Kapiteln eingeteilte Religionsordnung, die dem Inhalt nach katholisch ist, aber auch Zugeständnisse an die Protestanten, wie Laienkelch und Priesterehe, enthält. Es verlangte von den Protestanten u. a. die Wiedereinführung vieler katholischer Zeremonien in ihren Gottesdienst.

Wie es nun lang still ist gwesen hat es hindanach mitt gwalt auffbrochen, vnd hatt der kayser ain Intertum (am Rande:) × Interim × gestelt und Jn offnem truck lassen außgon das ist biß Jn die neinthalben bogen, vnd ist Jn Suma das gantz babstum wie vor aller her, ettwas ain wenig Milter, nit fil, vnder anderem land sy nach vnd kynden sy auch nichts dar wider, den glauben an vnsern heren Jhesum krystum, das er vm aller mentschen sinden willen, gestorben sey am kreytz, vnd sein blutt vergossen, hiemitt er lesset vnd bezalt, alle sind der mentschen , von dem ersten mentschen an, biß vff den letsten, also den zorn vnsers himlischen vatters versenet mitt seinem teüren blutt, das ist der grund, ist ain gutter artikkel. (Nachher beigeschrieben mit gleicher Tinte:) Auch seye er der ainig firsprech vnd mitler gegen got vnd dem menschen *

Weytter habens nachgeben, das man das sacrament mige geben Jn bayderlay gstalt, welchers beger, weytter habens nachgeben, das die pfaffen migen eweyber haben, aber doch mit dem geding, welche weyber gnumen haben denen selle man es lassen, biß zu außtrag des kuntzilions dise

134

drey artickel stannd etwas anders weder man Jm babstum gehalten hat, aber sunst ist alle ding gestelt, wies dan allweg Jm babstum gwesen ist, (als das die meß ain opfer sey) bilder haben, fasten, beychten, fegfeür, feyren, auch alle zeromonien, orglen, fanen, kertzen, altar liecht, In suma alle ding wie vor alter her *

Solches Intertum, vnd glauben anzunemen, haben, die stett welche das euangelyom angnumen haben, nitt wellen an nemen, vnd sich sollichs hefftig gewideret, aber es hat nitt migen helffen, der kayser hat es wellen yber ain haben, das sy die Mess annemen, vnd Jn Jren stetten lassen meß halten, aber doch welle er In das bredigampt lasen, das sy migen prediger haben, aber sollcher gestalt, das Jnen, Jn Jren ayd geben werd, das sy wider des kaysers Intertum nit predigen wellen, vnd welcher darwider bredige, der sell sein straff darum empfahen, sollichs selle gehalten werden biß er ain contzilyom halt *

Fischer, Sebastian: Chronik, besonders von Ulmischen Sachen, in: Mitteilungen des Vereins für Kunst und Altertum in Ulm und Oberschwaben. H. 5–8. 1896, S. 136/137.

Ende des Interims

Von 1548–1552 wurde der Gottesdienst im Münster auf interimistische und katholische Weise gefeiert. Dann ging man nach Abschluß des Passauer Vertrages dazu über, den interimistischen Gottesdienst durch den evangelischen zu ersetzen. 1554 wurden die Katholiken aus dem Münster in die Barfüßerkirche verwiesen, womit das Simultaneum im Münster zu Ende ging. Der 1556 als Superintendent nach Ulm berufene Dr. Ludwig Rabus drängte den Rat zur vollständigen Abschaffung des katholischen Gottesdienstes, konnte aber nur erreichen, daß die Katholiken 1569 nun auch das Barfüßerkloster verlassen und sich ins Wengenkloster zurückziehen mußten. Für Rabus war die Feier der Messe eine Lästerung des Leidens und Sterbens Jesu.

[…] so bald der Marggråvische Krieg / welcher sich im Jahr 1552. angesponnen vnnd geendet / vorüber / hat man in den Christfeyertagen / das Abendmal wiederrumb nach Evangelischen Ceremonien gehalten vnnd außgespendet / Auch vmb Liechtmeß 1553. Jahrs / die Kinderlehr mit dem Lutherischen Catechismo angestellet / Die Kinder den fünfften Tag Martii wieder Teutsch zu teuffen / vnnd die Ehen Teutsch einzusegnen angefangen / Den drey vnnd zwantzigsten Tag Julii aber newe Evangelische Prediger / deren oberste M. Johann Reissenzahn / angenommen. Folgends 1554. Jahrs sind die Påbstischen auß dem Münster ganz gewi-

chen / vnd haben es denen Lutherischen allein beneben dem offenen
Ministerio vberlassen / dagegen jhnen die Barfůsser Kirch den 12. Tag
Junii eingeraumbt / darinn etliche Altår erbawet / vnd drey Glocken ge-
henckel / vnd haben sie den 15. Tag September die erste Meß darinn
gesungen. Als der nachgehends jhre Priester ein årgerlich Leben fůhreten /
die Kirch sonderlich mit schåndlichen Lastern verunreinigten / vnd
derentwegen ein E[hrsamer] Raht jhnen jhr jåhrliche Besoldung vnnd
Vnterhaltung vom gemeinen Gut verwågert / vnd sie auff ihre Confes-
sion verwandten verwiesen / darůber aber jhr Einkommen abspinnen
wolten / haben sie das Kloster von sich selbsten verlassen / vnnd ist
selbiges den 29. Januarii 1569. Jahrs beschlossen worden.

Dieterich, Konrad: Sonderbarer Predigten ... Th. l. Leipzig 1632, S. 19.

Die Vorzüge des evangelischen Gottesdienstes

*Die Gläubigen werden aufgefordert, für den evangelischen Gottes-
dienst im Münster dankbar zu sein. Wo die Vorfahren mit »papistischer
Finsternis« umgeben gewesen seien, herrsche nun die »gnadenreiche
Sonne« des Evangeliums unter dem Schutz einer christlichen Obrigkeit.*

Und [...] so soll diß vnser Mŭnster vns Erstlich erinnern vnd auffmuntern zur Danckbarkeit / daß wann wir dasselbige ansehen oder darinn
gehen / wir dardurch bewogen werden / von grund vnserer Hertzen dem
Allmåchtigen Barmhertzigen Gott zu dancken / der vns nicht allein zu
seiner Christlichen Kirchen vnnd Gemeinschafft seiner Heyligen / auß
lauter Gnaden vnnd Barmhertzigkeit beruffen / Sondern auch ein solch
grosses / schönes herrliches Gotteshauß vor andern gegŏnnet / darinn
wir sein heilig Wort hŏren / die hochwŭrdigen Sakramenten außspenden
vnd gebrauchen / vnd vnser Gebet vnd Gottesdienst verrichten mŏgen.
Sonderlich aber / daß er vns in dem letzten Abend dieser Welt / mit der
gnadenreichen Sonnen seines Seligmachenden Evangelii vmbscheinen
vnd Våterlich begnadigen lassen / daß da vnsere liebe Vorfahren eben hie
in dieser Kirchen mit der Papistischen Finsternůß vnnd Grewel vmbgeben / wir nun von denselbigen durch Gottes Gnad erlediget. Ach was diß
vor ein grosse Gutthat sey / das kŏnnen vnd wollen wir nicht erkennen!
Es gehet vns eben wie den Jmmen / welche / weil se mitten im Honig

Pfingstmontag 1987

P. König Stunentag
8.6.87.

sitzen / wissen sie nicht wie den schmachterichten Fliegen oder Mucken /
so auch gern ein wenig vom Honigseim geniessen wolten / so vbel zu
muth seye. Laßt vns aber der Sachen in wahrer Gottesforcht ein wenig
nachsinnen. Da man zuvor eben hie auff dieser Cantzel hat E. Liebe Vorfahren mit Påpstischen Lůgenden / Fabeln vnd Aberglåubischen verdam-
lichen Jrrthumb die Ohre betåubet / darauß sie weder Safft noch Krafft in
ihrem Hertzen empfinden kŏnnen / Siehe da wird Euch jetzo das Wort
Gottes pur lauter vnd klar aus dem lebendigen Brunnen Israel vorgetra-
gen / daß jhr daraus lebendigen Safft vnd Krafft vor ewer breßhafftige Seel
empfinden / vnnd dardurch zum ewigen Leben erquicket werden mŏget.
Da man zuvor ewre liebe Vorfahren in dieser Kirchen von einem Altar
zum andern / von einem stummen vnd dummen geschmierten vnd geŏl-
ten Gŏtzen zum andern / von einem gestorbenen Heyligen zum andern /
von einer Meß / Vigilien / Opfer / Liecht / Kerzen vnd dergleichen zur
andern gewiesen / Siehe da werdet jhr jetzo aus Gottes Wort / zu dem
rechten einigen Versŏhn=Sůnden= vnnd Meßopffer / zu vnsern einigen
Advocat vnnd Vorsprech Jesu Christo gewiesen / welcher allein ist die
versŏhnung vor vnsere Sůnde / und sich am hohen Altar des Creuzes vor
vns auffgeopffert vnd ewige Erlösung erfunden / Wo der vns nicht vertrit /
so kŏnnen weder wir noch alle Heyligen bey Gott in jchtwas Gnade
haben. Da mann zuvor Ewren lieben Vorfahren das H. Abendmal ge-
stůmmelt / vnd die Påpstliche Clerisey sie der Einsatzung Christi zuwider / des Kelchs darinn beraubet / Die H. Tauff mit mancherley abergleubischen Ceremonien beschmeisset / Siehe da wird euch das Abendmal
ganz vnnd vnverstohlen außgetheilet / die Tauff ewern jungen Kinder-
lein nach apostolischer simplicitet gereichet. Darzu vor Ewre liebe Vorfahren / ein hauffen faule / feiste Patersbåuche vnd Chorsånger in dieser
Kirchen gehalten / so da jhre horas daher gebrůllet / Ihre Meß gemurmelt /
die Tauff vnd Abendmal in vnbekandter Lateinischer Sprach daher ge-
schnattert / daß die guten elende Leut da [...] wie dumme stumme
Klötze vnnd Oelgŏtzen stehen můssen / vnd nicht gewust wo sie an gewesen / obs gehawen oder gestochen: Da werden Euch jetzo feine trost-
reiche / Geistliche Psalmen und Lieder vorgesungen / da kŏndt vnd solt
ihr vor Euch / vnd ewre Kinder mit Euch / in diesem Hauß des HErren
singen / ihn mit loben vnd preisen helffen / Da hŏret ihr alles in ewer
Muttersprach / kŏnnet alles verstehen vnd zu Ewern Vnterricht / Lehr /
Trost / Vermahnung / Warnung vnd Besserung ziehen, Vnd das alles in
guter Ruhe vnd Frieden / vnter dem Schutz ewer lieben Christlichen
Obrigkeit / welche Euch an diesem Gottesdienst nicht hindert / sondern
viel mehr trewster Sorgfåltigkeit so viel můglich in alleweg darzu befŏr-
dert. Ist aber deß nit ein grosser Gnadenschaz? Wie kŏndte doch vber

denselbigen gewůnschet vnd begehret werden? Was meynet E. L. wůrden die Christen in der ersten Kirchen Gott gedancket haben / wann sie nur ein Blick desselbigen haben mögen / da sie sich vor dem Grimm der Tyrannen in Hölen/ Crypten vnd Löchern wie die Måuse vnd Beeren verkriechen / vnd bey Nacht vnd Nebel zusammen kommen můssen / damit Sie jhren Gottesdienst verrichten möchten? Was meyner E. Lieb / wůrden noch auff diese Stundt mit allen Herzens Kråfften vnsere Glaubensgenossen / so vnter der Tůrckischen Tyranney sitzen / vnd mit Påpstischen oder Calvinischen Joch getruckt werden / Gott dem Allmåchtigen dancken / wann jhnen diese vnsere Seligkeit begegnen möchte? Warlich warlich / sie wůrdē sich die Seligste Leut preisen / O laßt vns das wol bedencken / Gott vor disen theuren Schatz / so offt wir diß vnser Můnster ansehen / dancken / vnd jhn flehlichen bitten / daß er denselbigen ja Våterlich vnter vns / bey diesen gefåhrlichen låufften vnnd letzten Grundsuppen der eyßkalten vnnd greyßalten Welt / erhalten / vnnd auff vnsere Nachkömlinge vnverhinderlich fortpflantzen wölle / herzlich betende:

Ach bleib bey vns Herr Jesu Christ/
Dieweil es Abend worden ist.
Deins Wort vnd Sacramenten Licht /
Von vns wollest ja nemmen nicht.

Dieterich, Konrad: Sonderbarer Predigten ... Th. 1. Leipzig 1632, S. 91–93.

Gesang im Münster

Superintendent Konrad Dieterich lobt und verteidigt den mehrstimmigen Gesang beim Gottesdienst. Außerdem rügt er das häufige zu späte Erscheinen zum Gottesdienst und dessen Störung durch Geplapper und Teilnahmslosigkeit.

Vnter vns findet man der Gesang= vnd Musicfeinde auch nicht wenig. Dann etliche mögen den Figuralgesang / wann man auff Stimen singet / nicht anhören / wollen man sol denselbigen in den Kirchen nicht singen / Sondern an statt dessen ein Choral=Psalm / daß die gantze Kirch mit singen könnte. Aber es ist diß ein grober Vnverstand. Deñ ob man wol des Figuralgesangs in der Kirchen entrahten kan / vnd er nicht eben absolute nothwendig / wo man jedoch denselbigen haben kan / sol man jn nicht vnterlassen / vielweniger abschaffen / vnd das 1. vmb der offenē Zier willen der Kirchen / damit alles desto ehrlicher vnd ordentlicher darinn zugehe. Denn ist etwas / das ein Kirche zieret / so ists ein feine

FiguralMusic. Wann man die nicht hette / was wer vor ein Vnterscheid zwischen einer grossen Stadt vnd einem Dorff / oder einer gemeinen Landkirchen? 2. Vmb der Liebligkeit willen. Dann was ist lieblichers anzuhören / als ein feine wolangestelte FiguralMusic in einer Kirchen? die macht freylich allen Gesang lieblich vnd angenehm [...] das allerlieblichste ist dem Menschen die Music / sagt der alte Musæus. 3. Verstehts schon der gemeine Mann nicht / ists darumb nicht vntüchtig. Denn der gemein Mann ist ja kein Stock oder Stein / muß jhm dennoch die Music das Hertz auch rühren. Er verstehet auch die Orgel nicht / noch hört er sie gern schlagen / vnd begehrt nicht / daß man sie abschaffe. Warumb solte man dann die FiguralMusic vmb seines Vnverstands willen abschaffen? 4. Singt man ja mehr in der Choral= als Figural=Music. Wann dann nun einer lust hat mit zu singen in dem Choralgesang / der füge sich nur in Zeiten zu der Kirchen / gehe des Wercktags fleissig hinein / da hat er Choral gnug mitzusingen / daß er sich nicht wird Singens halben zu beklagen haben.

Neben dem so kompt der wenigste Theil zu rechter Zeit bald in die Kirchen / sonderlich was eigen Stuel vnd Schranden hat / bleibt aussen / biß daß man das letzte Zeichen gibt / vnd der Prediger auff die Cantzel steigen sol / oder schon hinauff getreten / vnd die gemein im Beten ist / da dann vnser geschickte Weiber erst mit jhrem Geschlappel auffgezogen kommen / mit den Schlüsseln vnd Messern ein Gereuschel machen / ich weiß nicht wie / vnd dadurch andere in jrer Andacht vnd Gebet verhindern. Heist das: Lehret vnd vermanet euch selbst mit Psalmen.

Viel / wann sie schon zum Gesang kommen / doch nicht mit singen / sondern besondere Andacht vorgeben / ein Buch in die Hand nehmen vnd lesen / da sie sonsten wol daheim in acht Tagen nicht einmal ein Buch vffthun / eben als were das nicht so Christlich / vnd nicht Gott so angenehm / wann man mit vnd neben andern Christen Gott lobe / mit Lob= vnd Danckgesången. Heist das: Lehret und ermahnet euch selbsten mit Palmen. etc.

Viel / wann sie schon nicht lesen / so stehen sie doch vnterm Gesang wie die Kirchenseulen vnd Oelgötzen / mögen das Maul nicht vffthun / oder schämen sich / daß sie ein geistlich Lied mit singen sollen / weil daß jhrer Gravität vnd Ehren schimpflich vnd zu gering / sie auch zu reich / zu hoch und geehrt darzu. Eben als wann die arme vnd schlechte Leute allein drumb da / daß sie singen / mit jrem Gesang Gott loben vnd preisen / die Reichen aber solches nicht nachthun solten / noch von nöhten hetten / da doch grosse Könige vnd Keyser / ja Christus selbsten der Lob-

Mönche aus Sagorsk 1988

Mönche aus Sagorsk singen
im Ulmer Münster

16.10.88

gesånge sich nicht geschåmet. Heist das: Lehret vnd ermahnet euch selbsten mit Psalmen. etc.

Viel / wann man singet / plaudern vnd schwatzen mit einander von
jhrem Wasch= und Plauderwerck. Eben als wann sie solch zu treiben kein
Zeit sonst hetten / als nur vnter dem Singen in der Kirchen. Mein / was
were es får ein Wolstand / wann du vnterm Beten mit eim schwatzen
woltest? Solt es dann nicht ein grosse Schand seyn / wann einer vnterm
Singen mit eim andern schwatzet / do dasselb eben so wol Gottes Lob
vnd Ehr / als das Beten / angehet? Heist das: Lehret vnd ermahnet euch
selbsten mit Psalmen. etc.

Dieterich, Konrad: Sonderbarer Predigten . . . Th. 1. Leipzig 1632, S. 226–227.

Predigt- und Gottesdienstbesuch

*In anschaulichen Bildern und Vergleichen schildert Konrad Dieterich
das oft geringe Interesse an Predigt und Gottesdienst. Den mangelnden
Eifer bezeichnet er auch als Undankbarkeit gegen das Münster, dieses
»herrlich große Kleinod«.*

Zwar [. . .] haben wir hie ein groß Volck in dieser vnser Gemein / daß ich
Sorg truge / ob sie alle mit Weib vnnd Kind in diesem vnserm Månster /
das die gröste Kirch in Teutschland seyn soll / stehen köndten / aber der
Zulauff zur Cantzel vnd Predigt ist manch mal gering genug / daß wir
sonderlich die Wercktag vber Raum genug vmb vnser Cantzel haben /
vnd wann die / so auff den gemeinen Schranden sitzen/ theten / die vbri-
gen Zuhörer leicht zu zehlen hetten. Wie viel seynd der Epicurer / Mann
vnnd WeibsPersonen / die Jahr vnd Tag wie das thumme Vieh hingehen /
vnd nicht einmal zur Kirchen kommen /vnnd da sie solten zur Kirchen /
zur Cantzel vnd Predigstuel kommen / so fåhret sie / weiß nicht wer / zu
jhren Huren= Wucher= Spiel= vnd Sauffstuel. Jst das nicht ein Schand?
Was sollen das får CantzelChristen seyn? Wie viel sind der gottlosen
Haußvåter vnd Haußmåtter / welche weder jhre Kinder noch Gesind zur
Kirchen schicken / sondern das Gesind im Hauß neben jhnen jhr Sudel-
arbeit abwarten / vnd die Kinder spatzieren / oder auff der Gassen herumb schweiffen lassen. Jst das nicht ein Schand? Was sollen das får
CantzelChristen seyn? Wie viel deren / die in die Kirchen nur gucken/
wie ein Hund in ein Kåche / die Cantzel ansehen / wie ein Kalb ein new
Thor anzuschawen pflegt / zu einer Thår ein / zur andern wieder auß-

Ostersamstag 1975

142

lauffen / vnd wann sie ein Stündlein stehen / vnd nicht sitzen sollen / da wollen jhn schon die Schenckel schwellen / da sie sonsten ein gantzen Tag auff dem Marck oder Platz stehen / vber die Füsse nicht klagen. Jst das nicht ein Schand? Was solten das für CantzelChristen sein? Wie viel sind deren / welche da sie zur Kirchen kommen / nåchst vmb der Cantzel herumb sitzen / kein Predig versaumen / sich stellen / als wann sie die Cantzel nicht nur halten / sondern gantz fressen wolten / aber doch im Hertzen Heuchler / vnd Gottlose vngerechte Leut sein / nichts hören / nichts behalten / nichts lernen / nicht folgen / nichts darnach thun. Jst das nicht ein grosse Schand? Was solten das für CantzelChristen sein? Wie viel deren / welche / wann sie schon in der Kirchen sind / vnnd im Beten jhre Hånde empor heben / mit dem Mund wispeln / den Kopff in Hut stecken / jhre Knie biegen / jhr Angesicht niderschlagen / doch kein Gebet verrichten / kein Vater vnser von Hertzen beten / noch ein gleubig Amen sprechen / Wil deren geschweigen / die gar nichts / auch nicht einmahl ein Vatter Vnser beten / noch Hånde empor heben / noch jhre Knie biegen / noch mit dem Antlitz sich zu der Erden richten / noch jhr Amen / Amen [...] von Hertzen sprechen. Jst das nicht ein' grosse Schand? Was wollen dann diß für Cristen sein? O jhr vndanckbahre Leut / was habt jhr für ein herrlich grosses Kleynod an diesem ewrem Münster / an dieser ewer Cantzel? Ach / wie erkenet jhr dasselbig so gar nicht / wie seid jhr so vndanckbahr dargegen / O / wie viel tausent Evangelische Hertzen anderer Orthen / wurden sich selig vnd vber selig preysen / wann sie dergleichen Kirch vnd Cantzel haben könten?

Dieterich, Konrad: Sonderbarer Predigten ... Th. l. Leipzig 1632, S. 294/295.

Organisten und Musikanten sollen in Ehren gehalten werden

Superintendent Konrad Dieterich hat mehrere Predigten über das Münster und seine Ausstattung gehalten, in denen er immer wieder auf die Bedeutung, die Gestalt, aber auch auf die Mißstände des Gottesdienstes zu sprechen kommt. In seiner »Orgelpredigt« ermahnt er die Ulmer, dafür dankbar zu sein, daß nicht nur für eine unverfälschte Verkündigung des Evangeliums und die Spendung der Sakramente, sondern auch für eine gute Orgel- und Instrumentalmusik Sorge getragen wird.

Christliche Zuhörer aber sollen Gott / für solche seine sonderbare Gnad für allem dancken / daß er jhnen nicht allein sein liebes Wort vnd Brauch seiner H. Sacramenten rein vnd vnverfelscht / in jhrem Ministerio vnd Predigampt: Sondern auch noch darzu / die feine edle Kirchen Zier / gute wolbestelte Orgeln vnd InstrumentalMusic bescheret. Sollen deren zu jhrem besten gebrauchen / vnd demnach / wann es an dem / daß man zur Kirchen leutet / sich von Herzen frewen / daß sie in des HErren Hauß gehen / vnd daselbst Jnn / den Herrn in seinem Heiligthumb / mit Posaunen vnd Paucken / mit Harpffen vnd Psaltern / mit Seiten vnd Pfeiffen / mit hellen vnd wolklingenden Cymbaln / loben und preisen sollen. Auch durch deren Gebrauch / jhr Hertz / Gemůth / Sinn vnd Gedancken / zur devotion, Andacht / Gebet / Lob vnd Dancksagung / Christlich erwecken vnd auffmuntern. Darbeneben auch Organisten vnd Musicanten / vmb jhrer Kunst willen / in Ehren haben / jhnen alles liebs vnd guts erzeigen vnd erweisen. [...]

Was thun wir? Wir haben ein solch herrlich Kirchen=gebåw / dergleichen nicht bald zu finden; ein solch herrlich Geleut in vnser Kirchen / dergleichen nicht bald zufinden; ein solch Orgelwerck / dergleichen nicht bald zufinden: Aber wer ist vnter vnserm Volck der dessen achte? Der dafůr Gott dancke? Der deren sich zu Auffmunterung seines Gemůths / zum Gottesdienst gebrauchete? Wir leuten / wir singen / wir orgeln / wir musiciren auff das beste wir kŏnnen / aber wir můssen lang leuten / singen / orgeln / musiciren / biß wir sie alle herbey orgeln mŏchten. Vnd wann schon etliche in die Kirchen kommen / dem Orgeln vnd Musiciren zuhŏren / sitzen sie doch da wie Stŏcke vnd Blŏcke / oder wie das tumme Vieh / dencken nicht einmal / daß diß ein Gnadengab Gottes sey / vnd daß sie jhme deßwegen Lob vnd Danck sagen / wil geschweigen daß sie die Orgel vnd Music / vnd die jenige Personen / so deren bedienet / in gebůhrenden Ehren halten solten / verachten dieselbigen vielmehr / vnd thun ihn allen despect an / wo vnd wie sie kŏnnen. Daß wann ich der Sachen etwas weitleufftiger nachsiñe / es mit vnsern Vlmern gehet / eben wie es jenem Citharschlåger / in der Jnsel Jasso gieng: Dann als daselbst inn / einsmals auff dem Marckt ein kunstreicher Citharschlåger sein Kunst im schlagen hŏren ließ / vnd månniglich jhm zu zu hŏren zulieffe / begab sichs / daß mitten vnter dem besten Schlagen man das Fischglŏcklein leutete / vnd darmit ein Zeichen gab / daß Fisch zu verkauffen ankommen / mit welchen sie jhre beste Nahrung treiben pflegten; Da laufft menniglich dem Fisch Marckt zu / vnd låst den guten Citharisten mit seinem Schlagen allein da sitzen / ausserhalb eines einzigen / welcher weil er blŏd im Gehŏr / das Fischglŏcklein vberhŏret / deßwegen der Citharist / da månniglich von jm gelauffen / zu jhm gangen / vnd sich bedanckt / daß er jhm so viel Ehr gethan / vnd seiner Kunst zu lieb zugehŏret / da die andern / als man das Glŏcklein geleutet / von jme gangen. Als aber er den Citharisten gefragt / ob man das Fischglöcklein geleutet hette / vnd er solches bejahet / hat er alsbald zu jhm gesagt: Vale egregie Magister, behůt dich Gott lieber Meister / ist gleich den andern von jhm gangen / vnd hat dem FischMarckt zugeeylet. Also wann man hie vnser Fischglöcklein leutet / das leidige Nutz= und Gewinsglöcklein leutet / da gehet ein jeder seiner Nahrung vnd Gewins nach. Wann man das Freß= Sauff= vnd Schwelgglöcklein leutet / da gehet ein jeder seinem Fressen / Sauffen vnd Schwelgen nach. Wann man das Spazier= vnd Spielglöcklein leutet / da gehet ein jeder dem Spazieren vnd Spielen nach. Wann man Geitz= vnd Wucherglöcklein leutet / da gehet ein jeder der Schinderey nach. Kirch / lest man Kirch seyn / Orgel / Orgel seyn / Music / Music seyn / wann schon der allerberedteste Prediger / der berühmteste Organist / der beste Musicant sich hören lassen solte. Jst aber das nicht ein grosse Blindheit / ein grosse Thorheit / ein grosse Vndanckbarkeit?

Dieterich, Konrad: Sonderbarer Predigten ... Th. l. Leipzig 1632, S. 258–260.

Die Form des sonntäglichen Predigtgottesdienstes

Der Form des Gottesdienstes lagen Kirchenordnungen zugrunde, die in reichsstädtischer Zeit vom Bürgermeister und Rat der Stadt, die auch die Herrschaft über das Kirchenwesen ausübten, erlassen wurden. Deshalb ist auch nicht weiter verwunderlich, daß die Ulmer Ordnung stark von der württembergischen abwich.

Erst die umfangreiche »Kirchenordnung« von 1747, die letzte aus der reichsstädtischen Zeit, schildert eingehend die Form des Predigtgottesdiensts. Darnach besteht im Münster folgende Form des Sonntagmorgengottesdiensts: Nachdem um 7¼ Uhr das zweite Zeichen geläutet ist, beginnt der Gottesdienst mit dem Gesang des Lieds »Gott der Vater wohn uns bei«. Es folgt – um das Wichtigste zu nennen – ein von der Kanzel aus durch den »Supernumerarius« gehaltener liturgischer Teil, nämlich die Verlesung der sonntäglichen Epistel, die »offene Schuld« (Ich armer, sündiger Mensch bekenne mich Gott), ein Trostspruch, Aufforderung zum Gebet unter Anführung der einzelnen Gebetsgegenstände (das sogenannte gemeine Gebet), Zusammenfassung dieser Gebetswünsche in einem durch den Liturgen gesprochenen Vaterunser, Verkündigungen. Darauf Abgang des Liturgen von der Kanzel, Gesang, Orgelspiel, nun erst – um 8 Uhr – Zusammenläuten, während desselben

der Gesang »Komm heiliger Geist, Herre Gott«, Predigt, meist des Se-
niors, über das Evangelium, weitere Verkündigungen, Gebet, stilles
Vaterunser der Gemeinde, während der Prediger von der Kanzel geht,
darauf allsonntäglich Abendmahlsfeier. – Das ist eine Form des Gottes-
diensts, die von der württembergischen stark abweicht. Im Wesentlichen ganz dieselbe Form wie in der Kirchenordnung von 1747 ist beschrieben in einem handschriftlich erhaltenen Agendenentwurf von
1616, den der Münsterprediger Ludwig Bischoff verfaßt hat, und der offenbar im ganzen nichts Neues schaffen, sondern nur den bestehenden
Brauch fixieren will.

Fritz, F[riedrich]: Zur Geschichte des Gottesdienstes in der Ulmischen Kirche, in: Blätter für württembergische
Kirchengeschichte. N. F. Jg. 35. 1931, S. 109.

Gottesdienst und Geistliche

*Großer Wert wurde auf die Predigt gelegt. Am Ende des 18. Jahrhunderts
gab es am Münster sieben Prediger, die zusammen wöchentlich 10 Predigten hielten.*

Was den Gottesdienst in dieser Kirche betrifft; so wird wöchentlich
10mal darinnen: gepredigt, des Sonntags 3, Donnerstags 2, und die anderen Tage einmal. Dienstags wird aber auch noch Bettstunde gehalten.
Kommunion ist alle Sonntage, Tauffe jeden Tag um 12 Uhr, Copulatio-
nen sind des Montags und Diensttags nach dem Gottesdienste. Sonsten
wurden auch Leichenpredigten darinnen gehalten, seit vielen Jahren
aber nicht mehr. Zum Beichten braucht man den Chor und die Sakristei.
Senior Johannes Frick sas in seinem schwächlichen Alter in der Besseri-
schen Kapelle zu Beicht, welche zu dem Ende gebrettert, und mit einem
Ofen versehen wurde.

Zur Besorgung des vielen Gottesdienstes sind 7 Prediger an dieser Kirche, unter welchen der ältere im Amte Senior heißt. Als solcher hat er
die Aufsicht über alle Geistlichen in Stadt und Land, ist bey allen Kir-
chenvisitationen zugegen, und hat bei Besetzung der Predigerstellen
eine Wahlstimme. Dabei ist er Scholarche* des Gymnasiums, und Bey-
sitzer des Ehegerichts. Gemeiniglich ist er auch Professor der Candida-
ten des Ministeriums.

In vorigen Zeiten ist es öfters geschehen, daß der oberste Prediger den
Titel eines Superintendenten hatte.

Haid, Johann Herkules: Ulm mit seinem Gebiete. Ulm 1786, S. 59/60.
* Scholarch = Mitglied der aus 3 Personen bestehenden Aufsichtsbehörde über das Gymasium.

Das Ulmer Kirchenwesen in aufklärerischer Sicht

Der Berliner Aufklärer und Schriftsteller Friedrich Nicolai (1733–1811) schildert eingehend Form und Verlauf des Hauptgottesdienstes im Münster am Ende des 18. Jahrhundert. Vom Inhalt der Predigten abgesehen, hat er nichts an ihm auszusetzen. An den Predigten, von denen ihm die Hälfte genügen würde, bemängelt er die geringe Aufgeklärtheit der Ulmer Pfarrer. Sehr positiv äußert er sich über die im Münster während des Gottesdienstes herrschende Ordnung. Zu dieser Zeit lag dem Gottesdienst die 1768 erlassene neue Gottesdienstordnung zugrunde.

Das lutherische Kirchenwesen in Ulm ist seiner Grundverfassung nach besser, als man es in manchen andern Reichsstädten findet. In Absicht auf die Form des öffentlichen Gottesdienstes siehet man ihm die Spuren der schweizerischen Reformation noch sehr deutlich an. Sie ist einfach und zweckmäßig. Ich halte es schon für einen Vorzug, daß man in den Kirchen keine übergebauten Logen antrifft, alle Stühle sind offen, Vornehme und Geringe, Alles, auch Männer und Weiber, sitzt untereinander. Zwar hat Jedes, um der Verwirrung vorzubeugen, seinen angewiesenen, oder erkauften, oder gemietheten Platz, welches um so nothwendiger ist, da bey den wenigen Kirchen die Anzahl der Zuhörer, sonderlich an Sonn= und Festtagen, sehr groß ist. Der Einrichtung, daß alle Stühle offen sind, daß Alle von Allen gesehen und bemerkt werden können, ist unstreitig die Ordnung, Wohlanständigkeit im Betragen, und ehrerbietige Stille zuzuschreiben, die man da antrifft. Die große, weitläuftige Münsterkirche erhält davon auch den Vortheil, daß man den Prediger überall sehen und verstehen kann, daß Niemand in seiner Aufmerksamkeit gestört wird, daß ein Jeder, der einmal da ist, ruhig sitzen bleiben, aber sich gefallen lassen muß, dem misbilligenden Urtheile der ganzen Stadt ausgesetzt zu seyn.

Der Hauptgottesdienst wird nicht mit Absingen eines Gebets und einer biblischen Perikope angefangen; da ist überall kein Absingen und Ablesen vor dem Altare gebräuchlich, außer beym Abendmahl, wo aber auch nicht abgesungen wird: sondern ein Prediger liest von der Kanzel einige Ermahnungen, die sogenannte allgemeine Beichte, die Epistel, Gebete und die Aufgebote. Hierauf singt die Gemeine. Um 8 Uhr wird eingeläutet, die Predigt gehalten, der Prediger liest auf der Kanzel das allgemeine Kirchengebet. Nach ihm tritt ein anderer auf, der eine Ermahnung an die Kommunikanten abliest, und die Gemeine entläßt. Während dem, daß die Andern gehen, wird gesungen, vor dem Altare

konsekrirt und dann das Abendmahl gehalten, wobey gar kein Rang beobachtet wird. Ein Jeder tritt zum Altare wie er kommt; und es ist, in
Vergleichung mit manchen andern Reichsstädten, beyfallswürdig, zu sehen, daß unter einer Anzahl von vielen hundert Menschen auch nicht
der geringste äußerliche Unterschied des Standes oder Alters beobachtet
wird, daß Vornehme und Geringe, Herren und Diener, zu gleicher Zeit
zum Altare treten.

Und auf diese Weise wird, nur das Vorlesen der Epistel und die Abend-
mahlshandlung abgerechnet, aller Gottesdienst gehalten. Die längste
Dauer desselben ist von 1½ Stunde. Der Prediger bleibt, während dem,
daß die Gemeine ein paar Verse zum Beschlusse singt, auf der Kanzel
stehen, spricht dann den Segen, eine kurze Ermahnung zur Wohlthätig-
keit und Fürbitte, und jedesmal entläßt er die Gemeine bloß mit der
Formel: Gehet hin im Frieden des Herrn! Und nicht leicht verläßt Jemand seinen Platz eher, als bis diese letzten Worte gesprochen sind. In
der Hauptkirche wird des Sonntags dreymal, um 8, 11 und 3 Uhr, und in
der Woche täglich Gottesdienst gehalten. Sie ist aber auch die einzige
Pfarrkirche, und es stehen sieben Prediger an derselben.

Von Frühmetten, Passions= Oster= und Weihnachtskomödien, wodurch so viele Unordnungen und Unanständigkeiten veranlaßt werden,
findet man in Ulm keine Spur; auch bey der simpeln Taufhandlung kein
Exorzisiren, Kreuzmachen, u. s. w.

So Gott will, wird sich der Geist der Aufklärung auch noch über den
Inhalt der Predigtvorträge, der Kirchengebete und Gesänge verbreiten;
dann würde die Handlung des öffentlichen Gottesdienstes in aller Absicht erbaulich und zweckmäßig seyn. Etwas spät freylich, das denn aber
doch besser ist, als gar nie, hat der Magistrat die ärgerlichen Anzüglich-
keiten in Gesängen und Gebeten wider den Papst und sogenannten Anti-
christ abgeschafft. Man kann also hoffen, daß diesem guten Anfange
noch mehrere nothwendige Abstellungen und heilsame Anordnungen
nachfolgen werden. So schwer würde es nicht halten, als an manchen
andern Orten, weil das Volk von je her daran gewöhnt ist, seiner Obrigkeit alle Anordnungen in Kirchensachen lediglich zu überlassen, und
sich gar keine Stimme dabey anmaßt. Die meisten Hindernisse dürften
allenfalls von einigen Predigern zu erwarten seyn. Der vernünftige Theil,
der leider gewöhnlich der kleinere zu seyn pflegt, wird von der andern
Partey überstimmt; und an Orten, wie auch hier, wo noch der sogenannte Beichtstuhl und das damit verwandte Utile üblich ist, kommen
auch wohl noch andere Bedenklichkeiten hinzu.

Die Kleidung der Prediger ist noch meist so, wie sie einst ein interimi-
stischer Prediger, Leonhard Hacker, aufgebracht hat. Sie tragen weite

und lange Chorröcke mit weiten Aermeln, aber von leichtem Zeuge, die wie ein Ueberrock über die gewöhnliche Kleidung angezogen, aber nicht zugeknöpft werden. Wulstkragen sind nicht üblich, sondern ordinäre Ueberschläge. Beym Predigen, Abendmahlhalten, Taufen, Trauen, welche beide Handlungen nur in der Kirche, seltene Fälle ausgenommen, verrichtet werden, tragen sie auch Chorhemden. Außerdem ist gar nichts, dem Meßgewande ähnliches, mehr übrig.

Etwas sehr auffallendes in der Kleidung der Ulmischen Prediger ist der Huth. Er ist nicht aufgekrämpt, wohl einen Fuß hoch, kegelförmig, oben aber abgeschnitten. Es würde sehr wenig Aufsehen machen, wenn diese veraltete Gewohnheit abgeschafft würde; aber sie ist ein ausgezeichneter Vorzug der Stadtprediger.

Es kömmt jedes Jahr auf 2 Oktavblättern eine Anzeige der Gebornen, Gestorbenen, Hochzeiten, Predigten und Kommunikanten in Ulm heraus, wovon ich verschiedene Jahre vor mir habe. Aus diesen Zetteln sind die Tabellen seit 1700 gezogen [...] Außerdem ist auf diesen Zetteln auch verzeichnet, wie viel Predigten im Münster gehalten worden; immer ungefähr jährlich 550*. In einer einzigen Kirche: Das ist mehr als die Hälfte zu viel.

Nicolai, Friedrich: Beschreibung einer Reise durch Deutschland und die Schweiz im Jahre 1781. Bd. 9. Berlin 1795, S. 38/39 und Beil. 6, S. 40–43.
* Es wird im Münster an allen Wochentagen eine Predigt und am Donnerstage werden sogar zwey gehalten. Welcher Zeitverderb für die Geistlichen (deren einige noch dabey Professoren sind, und ihre Zeit zu zweckmäßigerem Unterrichte der Jugend viel nützlicher für ihre Vaterstad anwenden könnten), den leeren Wänden oder einem Dutzend alter müßiger Weiber zu predigen; – oder, wenn sie nicht leeren Wänden predigen, – welcher Zeitverderb für die Bürger und Bürgerinnen, welche die Zeit mit Arbeiten zubringen sollten, um ihre Familie zu ernähren, damit sie nicht ins Hospital komme! Diese täglichen Wochenpredigten sind ein Ueberbleibsel des Papstthums. Ein eifriger katholischer Christ will täglich eine Messe hören, und ein jeder Priester soll täglich eine Messe lesen. Da nun mit der Reformation die Messe wegfiel, und das nützlichere Predigen an die Stelle kam, glaubte man täglich predigen zu müssen, wie man sonst täglich Messe las.

Der Ulmer Tag, 22. April 1934

Die Einheit der evangelischen Kirche war bedroht, als die Deutschen Christen, die eine von Judentum und Altem Testament befreite deutsche Nationalkirche wollten, 1933 versuchten die Macht in der Kirche an sich zu reißen. Da die Situation von vielen Christen nicht richtig eingeschätzt wurde, herrschte weithin Unsicherheit. Die Fronten klärten sich aber, als die Kundgebung der Deutschen Christen im Berliner Sportpalast am 13. November 1933 zeigte, daß diese nicht mehr auf dem Boden von Bibel und Bekenntnis standen. Darauf kam es zur Bildung einer Bekenntnisfront. Zur Stärkung ihrer Einheit und zur Abwehr der von den Deutschen Christen unternommenen Angriffe, fand am

22. April 1934 der »Ulmer Tag« statt, an dem Teilnehmer aus ganz Deutschland im Münster ein eindrucksvolles Glaubensbekenntnis ablegten. Mit der an diesem Tag verlesenen »Ulmer Erklärung« war die Phase der Unsicherheit und Sprachlosigkeit zu Ende und es begann der Widerstand der evangelischen Kirche gegen den Nationalsozialismus.

Am 22. April jährt es sich zum 50. Mal, daß der bayerische Landesbischof Hans Meiser im Ulmer Münster die »Kundgebung der bekennenden Deutschen Evangelischen Kirche« verlas:
»Im Namen des Vaters, des Sohnes und des Heiligen Geistes!
Wir versammelten Vertreter der württembergischen und bayerischen Landeskirchen, der freien Synoden im Rheinland, in Westfalen und Brandenburg, sowie vieler bekennender Gemeinden und Christen erklären als rechtmäßige evangelische Kirche Deutschlands vor dieser Gemeinde und der gesamten Christenheit:
Um der dauernden Gefährdung des Bekenntnisses willen stellen wir uns der Christenheit und allen, die es hören wollen, dar als eine Einheit, die durch die Kraft Gottes treu zum Bekenntnis zu stehen gedenkt, obschon wir damit rechnen müssen, daß uns dadurch viel Not erwachsen wird. Wir sind aber in Gottes Wort getrost und freudig, alles auf uns zu nehmen, was Gott uns auferlegt, komme, was da wolle, – damit das Kreuz Christi wirklich das Leben der Kirche beherrsche. Daran werden wir uns auch nicht hindern lassen, wenn weiterhin die ganze deutsche Öffentlichkeit so irregeleitet werden sollte, wie neuerdings über die kirchlichen Zustände in Württemberg...
Wir gedenken mit Gottes Hilfe der Anwendung von Gewalt und übler Nachrede das Wort Gottes und das Bekenntnis unserer Kirche in Wort und Tat entgegenzusetzen, in der gewissen Zuversicht, daß Gott seine Sache nicht verlassen wird... Das walte Gott!«
Was die Erklärung meinte, wurde unmittelbar verstanden. Die Gemeinde – zwischen fünf- und zehntausend Menschen füllten das Münster bis auf den letzten Platz – hörte die Erklärung stehend an.
Nach dem Gottesdienst sang die Menge auf dem Münsterplatz spontan den Choral »Erhalt uns, Herr, bei deinem Wort«. Eine große Menge begleitete die Bischöfe zum Bahnhof. Die Polizei, hoch zu Roß angeführt vom Ulmer Polizeipräsidenten, versuchte einzugreifen, aber sie war machtlos...

Der »Ulmer Tag« – eine spontane Aktion
Der »Ulmer Tag« vom 22. April 1934 hatte also einen ausgesprochen spontanen Charakter. Wie im ganzen Reich vom Mittwochabend auf

Samstag eingeladen wurde, ist nicht mehr auszumachen. Auch über die Einladung der Gemeinden findet sich keine Spur. Trotz dieses spontanen Charakters war die Gemeinde jedoch im Münster auf überwältigende Weise zugegen. Der »Russische Hof« in Ulm glich nach den Erinnerungen Wurms einem Heerlager – er war ganz für die Gäste der Bekenntnisgemeinschaft belegt worden. Bei den Deutschen Christen regte sich ebenfalls trotz des spontanen Charakters Unruhe über das, was sich eventuell am Sonntag ereignen könnte. Dekan Kappus beruhigte sie jedoch mit dem Hinweis, daß am Sonntag nur ein Gottesdienst sei, den der Landesbischof halte. Daß trotz des spontanen Charakters auch die Kirchengemeinde mit einem Gottesdienst rechnete in dem nicht nur Positionen artikuliert, sondern auch Auseinandersetzungen ausgelöst werden könnten, zeigt dies, daß der Kirchendienst der evangelischen Jugend angewiesen worden war, im Falle drohender Unruhe sofort den Organisten zu benachrichtigen, damit dieser einen Choral anstimme.

Reinschrift während des Gottesdienstes

Auch die Erklärung selber scheint spontan zustandegekommen zu sein. [...] Ob ein Vorentwurf vorhanden war und wer einen solchen gemacht haben könnte, ist nicht bekannt. Lediglich dies wird vermerkt, daß die Anregung, sich als »rechtmäßige evangelische Kirche Deutschlands« zu bezeichnen, von Hans Asmussen kam, und daß gerade um diese Bezeichnung lange gerungen worden sei. Jedenfalls wurde die Erklärung im »Russischen Hof« beraten und einmütig angenommen. Offen war zunächst noch, »ob sie in einem engeren Kreise oder in einer größeren Versammlung oder im Gottesdienst verlesen werden sollte« (Kirchengemeinderatsprotokoll). Die Entscheidung, die Erklärung im Gottesdienst zu verlesen, fiel, weil man – sicher zu Recht – befürchtete, daß eine andere Versammlung verboten werden würde. Wurm kam erst am Sonntagvormittag nach Ulm. Deshalb wurde die Erklärung vor dem Gottesdienst noch einmal durchgesprochen. Obwohl Wurm – nach Berichten – über die Selbstbezeichnung »rechtmäßige evangelische Kirche Deutschlands« erschrocken sei und deshalb die Verlesung nicht selbst übernommen habe, wurde an der Erklärung selber nichts mehr korrigiert, sondern lediglich außer dem Namen Wurms noch andere Namen eingefügt und manche Ortsbezeichnungen korrekt wiedergegeben. Die Reinschrift wurde unmittelbar vor und während des Gottesdienstes vollends fertiggestellt und Meiser im Gottesdienst überbracht.

Schlußfeier des 38. Chorfestes des Schwäbischen Sängerbundes 1989

38. Chorfest des
Schwäbischen
Sängerbundes –
Schwäbisch Gmünd – 18.6.89
H.S.

Bei all dieser Spontaneität brachte die Ulmer Erklärung jedoch etwas entscheidend Neues, und zwar prinzipiell. In all dem, was hinter den evangelischen Kirchen und Gemeinden lag, hatten sie nach anfänglicher Verwirrung und Sprachlosigkeit zur Abwehr gefunden und den Kampf um ihr Existenzrecht aufgenommen. Prinzipiell neu aber war, daß die Vertreter der Kirchen, freien Synoden und bekennenden Gemeinden nun »als rechtmäßige evangelische Kirche Deutschlands« redeten und das unter der Überschrift: »Im Namen des Vaters, des Sohnes und des Heiligen Geistes!« Man verstand sich also nicht mehr nur als eine Gruppe, die in der Kirche um ihr Existenzrecht kämpfte, sondern nahm, indem man sich selbst das Prädikat »rechtmäßige Kirche« beilegte, das Höchste für sich in Anspruch, was eine Gruppe von Christen überhaupt in Anspruch nehmen kann. Gleichzeitig wurde auch theologisch scharf umrissen, was die Wirklichkeit einer Kirche ist, die sich »rechtmäßig« nennt:

Sie ist eine Einheit, die durch die Kraft Gottes treu zum Bekenntnis steht. Ihr Ziel ist, daß das Kreuz Christi wirklich das Leben der Kirche beherrsche, und sie ist gewillt, dafür alles auf sich zu nehmen. Sie setzt der Gewalt und dem Unrecht das Wort Gottes und das Bekenntnis der Kirche in Wort und Tat entgegen.

Bekenntnissynode war die logische Konsequenz

Wenn nun aber die, die sich hinter die Ulmer Erklärung stellten, wirklich in diesem Sinne »rechtmäßige evangelische Kirche« sein wollten, durften sie es nicht dabei belassen, dies lediglich zu erklären. Es war vielmehr zwingend notwendig, daß diese »rechtmäßige evangelische Kirche« ein Organ bekam, das einerseits ausdrückte, was ihr Bekenntnis bekennt – die Ulmer Erklärung betont ja lediglich den Begriff des Bekenntnisses und deutet Inhalte allenfalls an –, und andererseits die hinter der Ulmer Erklärung Stehenden auch als »rechtmäßige evangelische Kirche« bevollmächtigte. Die Einberufung einer Bekenntnissynode war die logische Konsequenz. Ulm hat also den Weg nach Barmen nicht nur freigemacht, sondern auch schon grundsätzlich die Richtung gewiesen.

Mayer, Eberhard: Ulm hat den Weg nach Barmen freigemacht, in: Für Arbeit und Besinnung. 1984, Nr. 8 vom 15. April, S. 332–337.

Der Münsterturm ein Mahnmal

Als man 1940, im ersten Kriegsjahr und in der Zeit großer Bedrängnis durch den Nationalsozialismus, in einem Gottesdienst der Vollendung des Münsterturmes vor 50 Jahren gedachte, nannte Prälat Buder diesen ein Mahnmal. Wie dieser ohne festen Grund nicht bestehen könne, so könne es auch die Gemeinde nicht, deren fester Grund Jesus Christus sei; durch das bereitwillige Hören auf sein unverfälschtes Wort werde sie eine lebendige Gemeinde. Nach dem Schlußwort sang der Chor »Auf, bleibet treu und haltet fest!« von Ernst Moritz Arndt, nach einem Satz von Michael Prätorius.

Schlußwort
von Prälat Buder, Ulm

Heute vor 50 Jahren, am 30. Juni 1890, war hier im Münster eine festliche Gemeinde zum Gottesdienst versammelt, um den Abschluß des Turmbaus zu feiern, nachdem am 31. Mai der letzte Stein, die Kreuzblume, oben auf dem Turm gesetzt worden war. Bei diesem Festgottesdienst vor 50 Jahren hielt Dekan Bilfinger die Predigt. Prediger und Predigt werden manchem alten evangelischen Ulmer noch in dankbarem Gedächtnis sein. Und so mögen uns heute zum Schluß noch einmal die beiden Schriftworte grüßen, die damals der Predigt zugrunde lagen:

1. Kor. 3, 11: Einen anderen Grund kann niemand legen, außer dem, der gelegt ist, welcher ist Jesus Christ.

Und 1. Petr. 2, 5: Und auch ihr, als die lebendigen Steine, bauet euch zum geistlichen Hause und zum heiligen Priestertum.

Wir sind dankbar den Vätern, die dieses Gotteshaus gegründet haben, dankbar den Geschlechtern, die durch 500 Jahre auf seine Pflege und Vollendung bedacht waren, dankbar den Meistern dieses Baus, von den Parlern und Ensingern an bis zu August Beyer, der seine ganze Kraft an die Vollendung des Turms gesetzt hat, dankbar aber vor allem unserem Gott, der diese Stätte der Anbetung und Verkündigung bewahrt hat durch all die wechselnden Schicksale dieser Jahrhunderte. Und wir danken Gott zuhöchst dafür, daß er in diesem Haus uns die lautere Verkündigung seines Worts geschenkt und bis heute erhalten hat. Denn unser Münsterturm, den wir mit Stolz den höchsten Kirchturm der Erde nennen, ist kein babylonischer Turm, der zum Himmel ragt als Denkmal menschlicher Größe und Kühnheit, sondern gleich einem aufgereckten Arm, der zum Himmel weist: Suchet, was droben ist, da Christus ist, sitzend zur Rechten Gottes! (Kol. 3, 1). Jedes Haus ist nur Gehäuse für den Geist, der in ihm lebt, für das Werk, das in ihm getan wird. Der

fromme Johannes Tauler, der Freund Heinrich Seuses, dessen Grab unsere Dreifaltigkeitskirche birgt und verbirgt, Tauler, der 16 Jahre vor
dem Baubeginn unseres Münsters starb, sagt einmal in einer Predigt in
Köln das scharfe und wahre Wort:

»Verlasset euch darauf nicht, daß euer viel kostbares Heiligtum allein
euch selig mache, wenn ihr selbst nicht heilig lebt. Euer schöner Dom
und eure goldnen Tore und euer großes Geläute wird euch nichts helfen, wenn ihr sonst die Gnade Gottes versäumt und Gott undankbar
seid für seine Gaben. Die Kirchen machen die Leute nicht heilig, sondern die Leute machen die Kirchen heilig.«

Darum gilt heute wie vor 50 Jahren und gilt für immer auch uns das
Wort der Schrift: »Auch ihr, als die lebendigen Steine, baut euch zum
geistlichen Hause und zum heiligen Priestertum!« Lebendige Gemeinde
Jesu Christi! Das ist der Sinn auch dieses herrlichen Baus. Lebendige
Gemeinde – eine Gemeinde, die bereit ist, Gottes unverfälschtes Wort
zu hören, Gottes Macht und Gnade gemeinsam anzurufen und ihren
Weg zu gehen unter Jesu Kreuz und im Gehorsam gegen Gottes Gebot.
Gott schaffe und erhalte sich überall in deutschen Landen und auch in
dieser unserer Stadt solche lebendige Gemeinde!

Als man vor 60 Jahren daran ging, den kühnen Turmplan Matthäus
Böblingers auszuführen, da war das erste, was der Münsterbaumeister
August Beyer mit seinen Gehilfen tat, das Fundament zu prüfen und zu
befestigen. Und seitdem geht die sorgsamste Aufmerksamkeit der
treuen und geschickten Männer, die für unser Münster verantwortlich
sind, auf die immer neue Prüfung und Festigung der Fundamente. Ohne
festen Grund kein Aufbau! Ohne festen Grund kein Bestand! Das gilt
von jedem Bau, das gilt doppelt von einem so kühnen, gen Himmel wei-
senden Turmbau, das gilt erst recht von der Kirche Jesu Christi! »Einen
anderen Grund kann niemand legen außer dem, der gelegt ist, welcher ist
Jesus Christ!« Mit hohem Ernst hat der Festprediger vor 50 Jahren es
ausgesprochen: »Der Tag soll und darf nie kommen, da dieser Grund
weggenommen wird. An diesem Tag würde sich ereignen mit dem Bau
unseres geistigen Lebens, was sich ereignen würde mit diesen Hallen,
wenn die Grundmauer ausgegraben würde, auf die dieser Turm gestellt
ist: der Turm würde einstürzen und in seinem Fall das ganze Gebäude,
alle Säulen und Mauern zertrümmern.«

Wahrlich, unser Münsterturm ist ein Denkmal einer großen Vergangenheit, er ist zum weithin sichtbaren Wahrzeichen unserer Stadt geworden. Aber er ist mehr! Ein Mahnmal der Gegenwart und der Zukunft,
ein gewaltiger Weiser in die Ewigkeit; er weist hinauf zu dem Herrn der
Kirche, der lebendige Gemeinde unter uns schaffen will; er weist hinab

in die Tiefe, auf den Grund des Glaubens, auf den unser geistiges Leben gebaut ist. So oft wir unseren Münsterturm schauen, in den Strahlen der Morgensonne, im Mittagsglanz, im Abendlicht, im Sternenschein der Nächte – immer ruft er uns zu: empor die Herzen! Werdet lebendige Gemeinde! Und laßt euch durch nichts den Grund verrücken, der gelegt ist, welcher ist Jesus Christus! »Auf, bleibet treu und haltet fest!« Amen.

Buder, Walther: Schlußwort, in: Feier im Münster zu Ulm am 30. Juni 1940 zur Erinnerung an die vor 50 Jahren erfolgte Vollendung des Hauptturmes. Ulm 1940, S. 14–16.

Das Münster als Gotteshaus

Beim Festgottesdienst zur 600-Jahr-Feier am 19. Juni 1977 hob Landes-bischof D. Helmut Claß in seiner Predigt hervor, um was es im Gottes-dienst geht und welche Rolle dabei der Raum spielt. Der Landesbischof predigte über Psalm 26,8: »Herr, ich habe lieb die Stätte deines Hauses und den Ort, da deine Ehre wohnt«.

»Herr, ich habe lieb die Stätte deines Hauses. So haben einst auch Bürger-meister und Bürger, Baumeister und Künstler dieser Stadt gedacht, als sie es vor 600 Jahren wagten, diese Kirche zu planen und zu bauen. Herr, ich habe lieb die Stätte deines Hauses. So denken gewiß viele katholi-sche und evangelische Christen nicht nur in dieser Stunde, und nicht nur in dieser Stadt. Aber warum denken sie eigentlich so? Sind sie beein-druckt von der Altehrwürdigkeit und von den Ausmaßen des Münsters? Sind sie überwältigt von seiner Schönheit, von seinem Glanz, oder den-ken sie so, weil sich hier Ulmer Bürgerstolz und reichsstädtisches Selbst-bewußtsein ein mächtiges Denkmal gesetzt haben? Oder einfach des-halb, weil man in dieser Kirche getauft, konfirmiert und getraut worden ist? All dieses, liebe Freunde, ist sehr wohl verständlich und berechtigt.«
»Sich der Ehre Gottes anvertrauen, ein seltsamer, für viele sogar be-fremdlicher Gedanke an diesem festlich-fröhlichen Tage. Dennoch, so meine ich, sollten wir es nicht unterschlagen: Gott setzt seine Ehre dar-ein, daß in seinem Lichte alles rein, alles klar, alles durchsichtig ist. Daß alles Zwielichtige aufgehellt wird und alles Dunkle ausgeleuchtet wird, im persönlichen und im öffentlichen Leben. Die Allmacht heimlicher, versteckter, den Menschen knechtender Mächte wird gebrochen. Dafür verbürgt sich Gott mit seiner Ehre.«
»Darum und um gar nichts anderes, liebe Freunde, geht es in jedem rechtschaffenen Gottesdienst und in jedem wirklich christlichen Got-

teshaus. Deshalb kann man beide lieben und zu beiden hingehen, regelmäßig, besonders dann, wenn man sich eben nicht sonnen will im Glanze vergangener Zeiten, sondern einen wachen Sinn hat für den tiefen Umbruch unserer Zeit und die große Gefährdung des Menschen unserer Tage. Wenn man zunehmend umgetrieben ist von der Frage, ob wir Älteren es wirklich so ganz recht gemacht haben in den letzten drei Jahrzehnten. Und wenn man mehr und mehr beunruhigt ist von dem Verlust der Mitte, die unsere Gesellschaft zusammenhalten, neu ordnen und mit Kräften erfüllen kann für die kommenden großen Belastungsproben.«

»Gerade die Bedrängten, die Beunruhigten, die Angefochtenen sollten es erfahren, daß Gottes Ehre Gottes Güte ist. Und sie sollen das nicht bloß in der Predigt hören, sie sollen auch Gottes Güte vor Augen sehen. Das ganze Kirchengebäude soll es bezeugen, daß Gottes Ehre in Gottes Güte besteht. Und ich denke, das Münster tut dies in unübertrefflicher Weise. Der Abglanz der Ehre Gottes, die sich als Güte erweist, liegt auf dem Antlitz des Schmerzensmannes. Er grüßt jeden, der durch das Hauptportal das Münster betritt. Er schaut jeden an, wo einer steht und geht. Keiner ist mit seinem Leid allein. Keiner muß mit seiner Schuld selber fertig werden. Keiner ist ungeliebt.«

»Du Mensch, bei genauem Zusehen entdeckst du auch die Brüchigkeit dieser Kirche. Ein Abbild der Brüchigkeit unseres Christseins und unseres Menschseins, der Brüchigkeit einer Kirchengemeinde und auch einer Bürgergemeinde. Von den Vätern Überkommenes ist immer gefährdet. Es will gewissenhaft geprüft, sorgsam gepflegt, es will aber auch gründlich erneuert werden, wenn es Bestand haben soll.«

»Du Mensch, der du weißt, daß dieses Münster nur durch eine große geistliche, geistige und materielle Anstrengung aller in dieser Stadt einst errichtet und bis heute erhalten werden konnte, rechne mit vielen zusammen fest damit, daß auch künftig das Münster in Ulm der Ort sein wird, wo Gottes Ehre wohnt und darum liebenswert bleibt.«

Bürgerfest um eine Bürgerkirche. Ulm: Gröner 1977, S. 18/19.

Die Größe mittelalterlicher Kathedralen, Dome und Münster

Prälat Hans von Keler führte in seiner Ansprache beim Festgottesdienst zur 600-Jahr-Feier des Münsters am 19. Juni 1977 aus, daß die Größe der mittelalterlichen Gotteshäuser die Menschen in die Universalität Gottes erheben will.

»Die Kathedralen, Dome und Münster des Mittelalters sind fast alle größer erbaut worden, als es ein normaler Raumbedarf der Gemeinde erforderte. Das war auch hier nicht anders. Das war nicht Ehrgeiz allein, Ehrgeiz der zweitgrößten freien Reichsstadt des heiligen römischen Reiches
deutscher Nation. Das war bei allem Selbstbewußtsein Wissen um eine
Weite, die unsere Grenzen überschreitet. Jedem einzelnen sollte in der
Kirche unüberhörbar zugesprochen werden: Du bist mehr, als du bist.
Du bist ein Gedanke Gottes, ein unverzichtbarer Teil seines Schöp-
fungsplans, ein Geschöpf, das er liebt. Ein Mensch, den er vollenden will
und wird. Ein Mitarbeiter, den er braucht. Du bist ein Teil, ahnst du hier
in diesem Raum das ganze?«

Bürgerfest um eine Bürgerkirche. Ulm: Gröner 1977, S. 20.

Das Münster ein Abglanz von Gottes ewiger Welt

Dekan Erhard John nennt in seinem Grußwort zur 600-Jahr-Feier des
Münsters die Ausstattung dieses Gotteshauses eine Bilderschrift für
Gottes ewige Welt und den Schmerzensmann die tiefste Aussage des
Evangeliums.

Mit Recht erfüllt den Ulmer das Wahrzeichen der Stadt mit Stolz. Er
spricht mit Hochachtung von den Opfern, die die Bürger einst für dieses
Bauwerk brachten. Er fühlt sich auch verpflichtet, dieses reiche Erbe zu
bewahren.

Es waren freilich nicht nur die finanziellen Opfer und der feste Wille,
den großen Plan durchzuführen. Der gotische Bau zeugt von einem
Geist, den wir heute nur mit Staunen nachempfinden können. Er läßt
sich so beschreiben: Die unsichtbare, ewige Welt Gottes wird dargestellt
in irdisch sichtbaren Formen. Dämone erscheinen als Tiere, Steine sind
zu himmelweisenden Pfeilern und Fialen gemauert. Jörg Syrlin hat im
Chorgestühl die Gesichter Ulmer Bürger und Bürgerinnen seiner Zeit als
Philosophen und Sibyllen, als Propheten und biblische Frauengestalten
dargestellt. So wurde die sichtbare Welt und die Natur zur Bilderschrift
für Gottes ewige Welt. Von dieser großen Einheit zeugt das Münster. [...]

Die unvergleichliche Gestalt des Schmerzensmannes von Hans Multscher verkörpert die tiefste Aussage des Evangeliums. Im leidenden
Christus ist die letzte Hingabe und die größte Kraft Gottes für seine
Schöpfung und seine Welt zu sehen. Derselbe Christus hat uns die Verheißung hinterlassen: »Meine Worte vergehen nicht«. Wir glauben, daß

159

von seinen Worten aus die Einheit unserer heute so kompliziert gewordenen Welt zu suchen ist. Wenn wir seine Worte verstehen und ihnen nachgehen, bleibt das Münster Wahrzeichen einer in Gottes Schutz geborgenen Stadt und Welt.

Südwest Presse. Jg. 33. 1977, Sonderbeil. zum 8. Juni.

Das Münster Zeichen der Einheit

Das Münster soll nach den Grußworten von Bischof Dr. Georg Moser als Zeichen gemeinsamer Berufung, Verantwortung und Hoffnung aller Christen in diesen und künftigen Tagen verstanden und neu geschätzt werden.

Das Ulmer Münster ist ein großartiges Monument des mittelalterlichen Willens zur Einheit von geistlichem und weltlichem, von kirchlichem und politischem Leben. Diese Einheit ist im Laufe der Neuzeit durch andere Vorstellungen zurückgedrängt worden. Doch das Münsterjubiläum wäre nicht in seiner ganzen Bedeutung erfaßt, wollte man sich lediglich der mittelalterlichen Bedeutung der Stadt erinnern und in diesem Bauwerk nur das Denkmal politischer, wirtschaftlicher und kultureller Größe der einstigen Reichsstadt feiern.

Als Gotteshaus bleibt das Ulmer Münster ein steingewordenes Sinnbild der tiefen Verbindung von Stadt und Glaube. Der Übergang der Stadt zur Reformation änderte nichts am Willen, diese fundamentale Lebenseinheit zum Ausdruck zu bringen. Trotz aller noch bestehenden und trennenden Unterschiede zwischen den Konfessionen bewegt uns nach wie vor die gemeinsame Sorge, daß die religiösen und kirchlichen Belange nicht aus der Öffentlichkeit verbannt und ins Privat-Beliebige abgedrängt werden. Nur wo Gott Fundament und Ziel ist, wird das Beste der Stadt und der Menschen ermöglicht. Als religiöses Mahnzeichen geht das Münster alle an. Es ist ein Signal der gemeinsamen Berufung und der gemeinsamen Hoffnung auf den einen Gott und Vater unseres Herrn Jesus Christus, ein zeichenhafter Aufruf zum christlichen Engagement. Möge es in diesen Tagen und in Zukunft von möglichst vielen so verstanden und neu geschätzt werden.

Südwest Presse. Jg. 33. 1977, Sonderbeil. zum 8. Juni.

Wie das Bauwerk und seine Ausstattung auf den Prediger wirken

Der Raum verwandelt die Worte und rückt durch seine Geschichte und Ausstattung Maßstäbe zurecht. Symbolisch gesehen, haben Architektur und Ausstattung des Bauwerks den Charakter eines Weges, wie Dekan Theophil Askani ausführt.

Als ich zum erstenmal auf der Münsterkanzel stand, kam ich von der Einweihung einer kleinen Kirche, die wir eben in einer Stuttgarter Gemeinde gebaut hatten. Der Kirchenraum dort war wie eine gute Stube. 200 Plätze zwar, aber rings um Kanzel und Altar gruppiert, ein grüner Teppichboden und in allem eine Intimität, ein Reden miteinander, Auge in Auge, das jedes falsche Pathos sofort und unbarmherzig enthüllte. Ich erinnere mich noch genau an den ersten Schock auf der Münsterkanzel. Wenn dort einer sagt: »Wir singen«, dann hat er das Empfinden, eben schon ein bedeutendes Wort gesprochen zu haben. Sieben Sekunden Nachhall und die Ungeheuerlichkeit des Raumes sind eine ständige Versuchung. Freilich auch eine ständige Forderung: selten ist mir so zum Bewußtsein gekommen, wie die Worte gewogen werden, wie dort vor den Dimensionen der großen Kirche.

Wir sind schnellebige Leute geworden, in einer vielleicht auch krankhaften Weise mit uns selber beschäftigt, als seien wir nicht nur der Mittelpunkt der Welt, sondern der Gipfelpunkt aller Zeiten. Im Münster kann man als Prediger beides erfahren: wie das sichtbare Zeugnis der Väter bescheiden macht und wie es trägt. Unwillkürlich wird, was da geschieht, spürbar gemessen an dem, was da geschah. Das ist sicher nicht nur eine Sache der Steine und Proportionen. Ein Raum hat auch seine innere Geschichte. Je länger einer in diesem Raum lebt – und Gottesdienst heißt ja auch darin leben –, um so mehr wird er das erfahren. Es ist eine wohltuende Erfahrung, sie rückt Maßstäbe zurecht und eröffnet vielleicht auch dort einen Raum zu Freiheit und Erkenntnis, wo unser kurzatmiges Denken ihn nicht mehr vermutet hat. Ein Beispiel sei für viele genannt: Wer im Münster predigt, weiß nicht nur, daß der Chor eines der schönsten Gestühle der Welt hat, er weiß auch um die Kühnheit der Bürger und Christen, die ihren Glauben – ohne Schaden zu nehmen – haben einbeziehen können in einen weiten Horizont. Daß die griechischen Philosophen und Sibyllen einen Platz im Münster haben, ist ja eine ständige Herausforderung im besten Sinn.

[...] An einer der Säulen des rechten Seitenschiffes ist das Gründungsrelief des Münsters zu sehen [...] Bürgermeister Krafft und seine Frau legen dem tiefgebeugten Baumeister das Modell des Münsters auf die Schultern. Das Interessante an diesem Relief ist, daß es eine breite Hallenkirche zeigt, mit einem weiten Dach. Die eigentliche Wende in der Baugeschichte [...] war eine Verlängerung des Schiffs nach Westen und eine Erhöhung des Mitteltraktes. So hat die ursprünglich breit hingelagerte Kirche den Charakter eines Weges erhalten, der gewissermaßen unter der Dimension der Ewigkeit verläuft. Der Besucher begegnet am Hauptportal der Gestalt des Schmerzensmanns, dem dorngekrönten Christus, mit seinem eigentümlichen Blick in eine weite Ferne. Er geht dann durch das lange, große Schiff unter dem Bogen des Gerichtes zum Chor, und trifft dort am Ende – am Ziel – auf das Abendmahlsbild Martin Schaffners. Der Tisch ist gedeckt, der Platz bereit, und am Ziel aller Dinge wird er zugleich in aller Nüchternheit und Vertrautheit auf die Gegenwart verwiesen: auf dem Abendmahlstisch liegen, deutlich zu erkennen, die althergebrachten Ulmer Donnerstags-Wecken.

Der Prediger wird sich der Predigt der Steine und Bilder nicht entziehen können. Stärker als anderswo kommt einem auf der Münsterkanzel die Spannung zwischen Gegenwart und Zukunft, die zu unserem Glauben gehört, zum Bewußtsein. Es braucht des Hinweises auf die kleine Kanzel über der Kanzel, die dem Heiligen Geist zugeschrieben wird, als dem, der zu reden und zu wirken hat, eigentlich kaum mehr. Vorläufiges und Endgültiges ist in dem großen Raum wie in einer Bewegung festgehalten. Für beide, für Prediger und Gemeinde, wird es auf die Bereitschaft ankommen, sich dieser Spannung und Bewegung zu öffnen.

Askani, Theophil: Prediger im Münster, in: Südwest Presse. Jg. 33. 1977, Sonderbeil. zum 8. Juni.

Die Portale – oder wie kommt man in den Himmel?

Trotz Bildersturm ist das Münster immer noch reich an hervorragenden Kunstwerken, die zugleich Künder ewigen Heils sind. Was sie ausdrücken, ist heute genauso gültig wie damals, als sie geschaffen wurden. In den folgenden betrachtenden Beschreibungen von Wolfgang Lipp kommt zum Ausdruck, daß das Münster ein »Weg« ist, der begangen sein will. Der Weg führt zunächst in fünf Stationen um das Münster herum, wobei bei jeder über eine besondere Weise des Zugangs zum Himmelssaal, den das Münsterinnere darstellt, nachgedacht wird.

Gotische Kirchen sind irdische Abbilder des göttlichen Himmelssaales. So dachten die mittelalterlichen Menschen. Sie sahen in jeder Kirche die eine unsichtbare himmlische Kirche vergegenwärtigt. Für die Ulmer repräsentierte das Münster den Thronsaal Gottes.

Im Himmel sitzt Christus selbst zur Rechten des Vaters. Auch im irdischen Abbild des Himmels nimmt darum Christus die zentrale Stelle ein. Im Triumphbogen zwischen Hauptschiff und Chor hängt der gekreuzigte Christus, wie er für die Menschen gelitten hat. Und unter ihm steht über dem Kreuzaltar der segnende Christus – also dort am Seel-Altar, wo früher die Totenmessen gelesen wurden. Über beiden aber thront im großen Weltgerichtsfresko der kommende Richter-Christus, der einmal die Welt richten wird nach dem Maßstab seines Leidens und Segnens. – In dreifacher Weise ist er gegenwärtig: Jesus Christus gestern und heute und derselbe auch in Ewigkeit. Wo dies dargestellt, wo dies verkündigt, wo dies erlebt wird, da ist die Kirche Christi, da ist Gott gegenwärtig.

Mittelalterliche Spiritualität und Frömmigkeit erkennt das himmlische Urbild, das immer und ewig gilt, im irdischen Abbild wieder. Auf Erden in jeder Kirche, in Ulm im Münster wiederholt sich das himmlische Geschehen.

Und darum ist das Münster auch gebaut nach den damals geltenden geistigen Prinzipien, nach denen Gott den ganzen Kosmos erschuf. Die mathematischen Regeln, auf denen das Weltall gründet, bestimmen die Struktur des Bauwerks. Und das Licht, das durch die großen Fenster hereinflutet, ist nicht nur Sonnenlicht; sondern auch die Sonne selbst ist ein Abglanz des ewigen Lichtes. Wir Menschen können es nur gebrochen wahrnehmen. Wir erfassen es in den Erzählungen der Bibel, in den Geschichten der Evangelien und durch die Überlieferung und Weitergabe der Kirche. Darum sind die Fenster davon voll bemalt.

Wie kommt man in den Himmel? Wie wird ein Mensch selig? In das Münster als dem irdischen Abbild des himmlischen Thronsaals Gottes führen fünf große Portale. Jedes dieser Portale beantwortet diese Fragen durch ihre Figuren, beantwortet sie wieder in der mittelalterlichen Bildersprache. Fünf Zugänge zum Heiligen sind es, fünf Türen zum Himmel.

Wie kommt man in den Himmel? Das ist nicht mehr die Frage von uns Menschen kurz vor dem Jahr 2000. Aber vielleicht meinen wir das gleiche wie die Menschen damals, wenn wir fragen: was macht mein Leben wichtig und erfüllt – in der Oberflächlichkeit der Tage? Was gibt ihm seine Würde – in der Namenlosigkeit der Masse und der Anonymität des Geschicks? Was macht ein Menschenleben tief und reich – wenn eifrige

Emsigkeit uns beschäftigt und hechelndes Jagen uns vorwärtspeitscht? Der Wortlaut hat sich verändert, die Frage ist gleichgeblieben.

Die Baugeschichte der fünf Portale ist unterschiedlich: von einem ist es gewiß, von zweien ist es anzunehmen, daß sie zuerst die »Kirche über Feld« zierten, die vor den Stadtmauern stand, bevor die Ulmer sie abbrachen und 1377 begannen, das Münster zu bauen. Sicher ist das Hauptportal und sind die unteren Teile des Marienportals erst für das Münster geschaffen. Das Nähere ist anderwärts nachzulesen.

1   Das Hauptportal

Zuerst einmal wird dort deutlich: an Christus kommt niemand vorbei. In der Mitte zwischen den beiden Türen steht er und schaut jeden an, der über den Platz kommt. Die Gestik und die Bewegung heben den Schmerzensmann von Hans Multscher unter den anderen Figuren hervor. Mit der rechten Hand deutet er auf das Wundmal an der Brust, die Linke läßt die Nagelwunde sehen. Und der Dornenkranz drückt auf die Stirn. Sich selbst hat er gegeben, heißt das. Und wer vorbei will, der braucht nur zu nehmen. Die Gabe Christi also ist es, die den Eintritt verschafft. Und die Figuren der Heiligen drum herum verdeutlichen je auf ihre Weise dieses Geschenk des Lebens: die trauernde Maria und Johannes der Täufer, die beiden großen Fürsprecher; darüber die mütterliche Anna selbdritt, die heilige Kaiserin Helena, die Jesus suchte und sein Kreuz fand, und Antonius, der Überwinder des Teufels, der klein noch zu sehen ist.

Erst dann schweift der Blick in die Höhe, hinauf zum Fries. Die Schöpfungsgeschichte ist da erzählt (von links nach rechts). Sie beginnt oben mit 4 Bildern: die Erschaffung der Erde, von Wasser und Land, von Vögeln und Fischen, davor (nicht richtig versetzt) die Erschaffung von Gras, Kraut und Bäumen. Drüber sieht man die himmlischen Heerscharen, links und rechts den Höllenrachen mit dem Sturz Luzifers.

Die 2. Zeile erzählt die Erschaffung der Tiere, die Adams und die Evas, beider Verlöbnis, erzählt von Schlange und Apfel und von der Vertreibung aus dem Paradies. Die 3. Zeile zeigt Adam vor den Elementen und den Ackerboden bearbeitend und Eva am Spinnrocken; dann das Opfer der Söhne Kain und Abel, den Brudermord und die Vertreibung Kains, der Schuld- und Schutzmal erhält.

Jede Zeile endet mit einem Fall: dem Sturz Luzifers, dem Sündenfall Adams und Evas, der Vertreibung Kains. Soweit also bringen es die Menschen mit der guten Schöpfung Gottes. Und bis heute hat dieser Fall nicht aufgehört: die Schöpfung wird zerstört. Selbst die Steine halten unsre Luft kaum aus.

In den Hohlkehlen um den Fries stehen außen die klugen und die tö-

164

richten Jungfrauen (an der Lampenhaltung erkennbar) als Mahnung für die Lebenden: nur wer Verantwortung wahrnimmt, geht zu Recht in die Kirche, in den Himmel hinein, aber die törichten Jungfrauen schliefen. Verantwortung: das ist Pflege der Schöpfung, Widerstand gegen die Zerstörung, Anstemmen gegen die Sünde. Das bringt keine Lorbeeren, im Gegenteil: die Apostel, die das Licht in die Welt trugen und ein Licht für die Welt waren, werden getötet; man sieht sie in der inneren Hohlkehle dargestellt, wie sie als Märtyrer sterben.

Will man durch die beiden Tore hinein, kommt man schließlich unter sitzenden und schreibenden Aposteln vorbei. Nur durch das, was sie geschrieben haben, erreicht man den Himmel. In der Schrift ist zu lesen von der Erde als guter Schöpfung Gottes, von der dreimal gefallenen Schöpfung, vom Erlösungswerk Christi. Und auch dies ist bemerkenswert: Der Schöpfer im Tympanon trägt die jugendlichen Züge Christi: Schöpfung und Erlösung sind eins; was gewesen ist, kommt wieder. Der Schmerzensmann ist der Garant dafür.

Wie kommt man in den Himmel? Wie bekommt mein Leben Würde und Reichtum? Gott hat die Welt erschaffen und dem Menschen gegeben zum Bebauen und Bewahren. Christus hat die Erlösung gebracht und die Welt mit Gott und mit ihr selbst versöhnt. Wer daraus lebt, wird fähig, umzukehren, wachsam und nüchtern zu sein. Emsige Geschäftigkeit, die allemal der Selbsterhaltung dient, wie bei Adam und Eva schon, wie bei Kain, fördert die Selbstentfremdung, führt zum Fall. Der Mensch gerät mit sich selbst, mit den anderen und mit seiner Welt in Widerspruch. Das Leben zerstört sich selbst.

Die Schöpfung als Geschenk empfangen, sie nicht als Besitz ergreifen, die Gabe Christi annehmen und als schon Versöhnter zu leben, das führt in den Himmel, das macht ein Leben tief und reich. Von dem her zu leben und auf den zu, der das A und das Ω ist, Anfang, Mitte und Ziel, Schöpfung, Versöhnung und Erlösung.

Christus, das A und das Ω – so heißt der Hauptzugang.

2 Das Weihnachtsportal

1356 – so ist die Zahl am oberen Rand des westlichen Portals an der Nordseite des Münsters zu deuten. Man nennt es auch »Arbeiter-Portal«, weil hier die Steinmetzen der Münsterbauhütte aus und ein gehen. Es ist das älteste Portal, für die Vorgängerkirche »über Feld« geschaffen und hierher versetzt. Steif und feierlich sind die Figuren. Höfischer Stil der Rottweiler Schule – so bezeichnen dies die Fachgelehrten.

Maria liegt in schönem Gewand auf ihrer Liege. Nur Ochs und Esel oben deuten noch auf den Stall. Er hat sich zu einem herrschaftlichen

Gemach verwandelt. Mit einer Lilie in der Hand beobachtet die Mutter, wie die Magd das Neugeborene badet. Rechts trägt sie Wasser her, schüttet es in den Zuber und richtet das Kind links. Noch bei der Dienerin ist die Haltung elegant.

Unten erscheinen vor der thronenden Himmelskönigin mit ihrem Kind die Drei Könige und überbringen ihre Gaben. Der erste ohne Krone kniet, der zweite deutet auf den Stern, der dritte wartet noch. Und ihre steife Haltung wird nur aufgelockert durch das Hündchen, das wohlerzogen sitzt, und so auch ein Zeichen ist der Würde der Drei Könige. Verkleinert links und rechts sieht man das unbekannte Stifterehepaar.

Weihnachten: Gott wird Mensch. Er geht unsere Wege, die Wege des Lebens und des Sterbens. Er wird arm, auf daß wir reich werden. Er wird ein Knecht, und ich ein Herr. Die Weihnachtslieder umkreisen das Thema. Und die Frage, wie komme ich in den Himmel, ist zuvorkommend beantwortet: Gott kommt in die Welt.

Wie schaffe ich es? Diese Frage zielt auf eigene Leistung. Die Antwort dreht die Frage um: Gott schafft es – durch das Geschenk seines Sohnes. Der unser Bruder worden ist: keiner geht allein. Jeder, jede hat einen Bruder bekommen. Der zwischen Ochs und Esel geboren wurde, der fliehen mußte, der dann kein Haus wie Menschen, kein Nest wie Vögel, keine Grube wie Füchse hatte und schließlich sterben mußte, der ist mit uns. In seiner Gegenwart verändert sich alles: Elend und Flucht, Alleinsein und Sterben werden zu Erfahrungen mit ihm, führen in den Himmel, machen ein Leben tief und reich.

Menschsein heißt dieser Zugang.

3   Das Passionsportal

Es wird auch Reformationsportal genannt, und das Eisengitter davor erinnert an das Jubiläum der Reformation 1531–1931, denn am 3. November 1530 entschieden sich in einer Abstimmung die Ulmer mit großer Mehrheit für die Einführung der Reformation.

Der Fries ist von unten links an zu lesen. Der Garten Gethsemane enthält zwei Szenen: den betenden Jesus mit den schlafenden Jüngern links und rechts den Judaskuß mit Gefangennahme. Imposant sind der Zaun und die Kriegsknechte in mittelalterlicher Rüstung. Der zweite Block erzählt von Jesu Verurteilung durch Pilatus, der sich die Hände wäscht, von Geißelung und Dornenkrönung. Die unteren Bilder und vom oberen links und rechts je die zwei äußersten Gestalten sind wohl erst für das Münster geschaffen. Der obere Teil gehörte zu einem (sichtbar schmäleren) Tor an der Kirche über Feld. In ein Bild sind hineingenommen die Kreuztragung links, die Auferstehung rechts, in der Mitte und groß darüber die Kreuzigung.

Viele Kriegsleute zu Fuß und zu Pferd umgeben den Kreuztragenden; einer spricht mit den klagenden Frauen. Diese sind unter dem Kreuz versammelt mit dem Jünger Johannes, und sie kümmern sich um die vor Schmerz fast ohnmächtige Maria. Weiter nach rechts würfeln die Soldaten um den Rock. Dann schlafen sie, während Christus aus dem Grab steigt mit Auferstehungskreuz und -fahne in der Hand, flankiert von zwei Engeln. Ganz rechts ist die Noli-me-tangere-Szene eingefügt: Maria Magdalena kniet vor Jesus, den sie für den Gärtner hält (darum die Schaufel).

Oben winden und wehren sich die beiden Schächer. Auf Leitern steigen Soldaten herzu, um ihnen die Beine zu zerschlagen, damit sie nicht davonlaufen können, wenn sie wegen des Sabbats abgehängt werden. Darüber sieht man die Seele des einen Schächers zu einem Engel fliegen: »du wirst mit mir im Paradiese sein«; während die des anderen in den Händen eines Teufels ist. Im Gegensatz zu den Schächern hängt Jesus ruhig und voller Würde: »es ist vollbracht«. Das Bild zeigt Jesus als Überwinder.

Links und rechts schweben Engel, die das Blut auffangen in Kelchen, ein Hinweis auf das Abendmahl: in Brot und Wein als seinem Leib und Blut ist der Gekreuzigte selbst gegenwärtig. Ganz oben überm Kreuz hat der Pelikan sein Nest. Er ist Symbol für Christus; denn es wird erzählt, daß er seine Jungen, sich selbst opfernd, mit eigenem Blut ernährte.

Alle Bosheit dieser Welt ist dargestellt in diesem Fries: Verrat und Gewalt, Soldaten und Krieg, das bare Unrecht, Geißelung und Spott, ohnmächtige Trauer und kaltherziges Glücksspiel. Es gibt in unserer Welt gewiß unabwendbares Leid, hier aber ist gewolltes Leiden dargestellt, gemachtes, herbeigeführtes. Und man weiß den Grund. Das ist ja das Beschämende, daß das meiste Leiden auf unserer armen Erde Gründe hat, durchaus zu benennende Gründe: von den Zivilisationskrankheiten bis zum Hunger, von Ungerechtigkeit bis zur Zerstörung der Schöpfung, von Folter bis zu Unterdrückung. Benennbare Gründe!

Aber wenn es einen trifft aus diesen Gründen, nützen die Gründe nichts. Vielmehr ist das Leiden doppelt groß: es ist verbunden mit der Schuld. Aber auch dann kann einer sein Leiden abgebildet sehen im leidenden Christus. Das Abbild entspricht dem Urbild: was damals geschah mit Christus, vollzieht sich an jedem Leidenden wieder: nicht nur Not, Schmerz und Tod, sondern auch Überwindung.

Im Passionsportal sind Unrecht und Menschenverachtung abgebildet und entlarvt. Es ist ihr in Jesu Namen allemal und überall zu widerstehen und dem Leiden zu wehren. Das ist das eine. Aber das andere wird ebenfalls sichtbar: inmitten der Unmenschlichkeit der Welt waltet eine Geborgenheit und Sicherheit voll Ruhe und Würde. Und mit allem, was die Welt zu bieten hat, kann diese nicht genommen werden. Sie kommt von woanders her: von Gott, von Christus, von Kreuz und Auferstehung – dem Tod und seinen Spießgesellen glatt zuwider und zum Spott. Davon leben Christenmenschen. So kommt man in den Himmel. Solcher Widerstand und Spott dem Tod macht ein Leben tief und reich.

Leiden heißt dieser Zugang.

4 Das Weltgerichtsportal

Das östliche Tor auf der Südseite geht zur Brautgasse hin auf das Rathaus zu. Darum heißt es auch das Brauttor. In voller Größe wurde es von der Kirche über Feld hierher versetzt. Geschaffen ist dieses Portal, wie auch der alte Teil des vorigen, wohl in der Werkstatt der Parler, die an der alten Kirche arbeiteten und dann die ersten Baumeister auch des Münsters wurden.

Es zeigt das Bild vom Weltgericht: Oben thront Christus als der Richter. Unter ihm blasen Engel zum Jüngsten Gericht. Die Toten stehen auf. Links hat Petrus den Schlüssel zum himmlischen Schloß, rechts werden die Verworfenen in den Höllenrachen geführt.

Das Bild vom Weltgericht scheint ein gefährliches Bild zu sein. Und über Jahrhunderte hinweg wurde damit gedroht. Für jedes Vergehen drohte das Jüngste Gericht neben den irdischen Richtern, und noch subtiler: auch was vor irdischen Richtern nicht strafbar, war bedroht. Bis es sich in die Gedanken eingeschlichen hatte: du bist ein Sünder, die Strafe wird dich einholen, auch wenn, was du tust, sich im geheimen vollzieht. Gott sieht alles. Wie ein Damokles-Schwert hängt dieses Gericht über jedem. Und die frei und froh machende Botschaft des Evangeliums wird verdeckt.

Und das heißt dann auch: nur die Kirche kann dich lösen. Auf sie bist du angewiesen. Ihrem Herrschaftsapparat hast du dich zu unterwerfen. Inquisition bedeutete das, Folter und Erpressung, Hexenwahn und Sadismus. Das Bild hat zur größten Perversität beigetragen. Es wurde mißbraucht zum Machterhalt der Mächtigen. Im glatten Widerspruch zu dem, was Christus war. So kommt niemand in den Himmel. So wird ein Leben nur bedrückt und erniedrigt.

Das Bild des Portales zeigt nicht dieses Gericht! Jesus Christus ist umgeben von Engeln; sie halten um ihn, den Richter, die Marterwerkzeuge, unter denen er gelitten hat, mit denen er gepeinigt wurde: rechts die Säule seiner Geißelung und die Dornenkrone, links das Kreuz und die

Nägel. Der Richter-Christus wird sozusagen an sein eigenes Leiden erinnert. Und dieses Leiden geschah stellvertretend, geschah für alle, geschah den Menschen zugute. Sein Leiden zugunsten aller – soll das heißen – ist der Maßstab seines Richtens. Wie wird er den verurteilen, für den er gelitten hat und gestorben ist?

Kommen also alle in den Himmel hinein? So einfach ist es auch wieder nicht. Dann wäre es nämlich egal, was einer tut auf Erden. Aber es ist nichts gleichgültig. Im Bild gesprochen: Was einer getan hat, bleibt auf ewig getan. Es wird sozusagen aufgehoben – im Doppelsinn des Wortes: es wird aufbewahrt, aufgeschrieben – unvergeßlich – und es wird getilgt, ausgelöscht und bedeckt. Vergeben, aber nicht vergessen. Der Sünder wird angenommen, aber die Sünde bleibt. Der Täter wird akzeptiert, aber die Tat wird festgehalten. Gott nimmt uns an als die, die wir gewesen sein werden. Es ist nicht gleichgültig, was wir tun.

Jeder legt sich immer wieder Rechenschaft ab über seinen Weg. Jede fragt einmal, was bleibt von all meiner Mühe. Jeder zieht hin und wieder Bilanz: wie weit bin ich gekommen? Was war wert, wie wäre es besser gegangen? War das, war jenes richtig? Und was zählt eigentlich in einem Menschenleben? – Wir richten selber. Schlimmstenfalls verdrängen wir. In der Tiefe weiß jeder, weiß jede Bescheid. Was bringt ein Leben zu seiner Erfüllung? Nun eben dies: daß wir angenommen sind und angenommen werden. Wer daraus lebt, wird sich anders verhalten. Er hat das Leben. Er braucht es nicht erst zu erarbeiten, zu erringen, zu erkämpfen gegen Welt und Tod. Denn diesen Kampf verlieren wir allemal.

Zu wissen um die Geborgenheit trotz allem Versagen, um die Gnade trotz allem Eifer, um die Würde trotz allem Zweifel, das macht ein Leben tief und reich. Ein jeder ist ein guter Gedanke Gottes, obwohl keiner nur gute Gedanken hat.

Nicht drohend ist das Bild vom Weltgericht, sondern bergend: es ist nicht gleichgültig, was wir tun, aber wir sind angenommen. Und darum können wir tun, was Christus getan und wie Christus es getan hat: zum Leben helfen. Das bringt zur Erfüllung.

Bedenkt, was ihr tut, schärft das Portal den Brautleuten ein, bedenkt, daß ihr gemessen werdet an eurer Liebe, gemessen von dem, der in Liebe sich selbst hingab. Liebe heißt dieser Zugang.

5 Das Marienportal

Das südwestliche Portal war früher wohl das meist begangene, lag es doch der Stadt zu. Später führte es ein unbenutztes Schattendasein, und protestantischer Eifer nannte es nur Süd-West-Portal. Im Geist der Ökumene darf es wieder Marienportal heißen.

Auch hier scheint der obere Teil älter zu sein. Vermutlich war er einmal als Hauptportal des Münsters gedacht, die ja eine Marien-, eine Liebfrauenkirche ist. Erst als der dritte Baumeister, Ulrich von Ensingen, den hohen Westturm plante und darum vier breitere Joche gen Westen anfügte, scheint es hierher gekommen zu sein. Die unteren Teile, die beiden Spitzbogenreliefe und der Viereckblock, sind erst für dieses Portal geschaffen.

Der Fries erzählt von unten links die Marienlegende: Joachims Opfer und Verwerfung; wie dem Vertriebenen der Engel erscheint; wie er an der goldenen Pforte seine Frau Anna wiedertrifft, der ebenfalls der Engel erschienen war; dann die Geburt Mariens und wie die Eltern das Kind in den Tempel entlassen: selbständig geht es die Stufen hinauf. Dann wird Maria als Tempeljungfrau gezeigt: sie entzündet die Kerze, liest in der Schrift, zupft Wolle und spinnt. Als sie alt genug ist, soll sie vermählt werden an einen Mann der zwölf Stämme; bei allen bleibt der Zweig dürr, nur beim Ältesten, bei Joseph, grünt er; so werden die beiden verlobt.

Dann erscheint Maria der Engel mit der Taube des Geistes, die aus dem Mundhauch Gottes hervorgeht. Schließlich trifft sich Maria mit ihrer Cousine Elisabeth, die schwanger ist mit dem Täufer Johannes.

Im zweiten Fries wird von links der Kindermord in Bethlehem erzählt, wie Herodes dasitzt und den Tod befiehlt. Es folgt die Flucht nach Ägypten, die Geschichte des zwölfjährigen Jesus im Tempel. Die zwölf Apostel versammeln sich am Sterbebett der Maria, und Christus, ihr Sohn, nimmt ihre Seele auf den Arm: er hält sie nun, wie sie ihn einst gehalten hat. Die Apostel tragen den Leib zu Grabe unter vielen Wundern.

Oben im Zwickel wird Maria von Christus zur Himmelskönigin gekürt. Mit Harfen und Zimbeln, mit Lauten und Geigen singen die Engel das Lob.

Was im Fries fehlt, wird unten nachgetragen: im rechten Spitzbogen die Geburt im Stall, darüber die weidenden Hirten mit der Weihnachtsbotschaft der Engel. Im linken Bogen die Anbetung der Könige, die nach oben heimwärts ziehen. Am Dach träumt auch Joseph von der Notwendigkeit der Flucht.

Im Viereckblock ist die selten überlieferte Legende von den Königen erzählt. Sie sehen rechts oben den Stern, darin das Kind mit dem Kreuz. Derweilen geschehen in den drei Burgen Wunder, um den Entschluß zur Reise zu bekräftigen: in der ersten Burg entschlüpft ein Lamm einem Straußenei; in der zweiten wird ein Kind geboren, das stehen und reden

Südwestportal (Großes Marienportal)

170

Februar 1976

kann; es sagt den eigenen Tod voraus und den Christi; in der dritten (etwas unterhalb) entfliegt eine Taube einer Baumfrucht. So machen sich die Könige auf. Unten treffen sie auf Herodes, den sie nach dem neugeborenen König befragen. Prächtig sind die Figuren gestaltet: das Saumzeug, die Kleidung, die Kronen. Ganz rechts ziehen sie weiter nach Bethlehem, nun wieder unter dem Stern, in dem jetzt das Kind mit dem Auferstehungskreuz zu sehen ist. Noch haben sie die Kronen auf. Doch wenn sie dem Kind huldigen, haben sie sie abgelegt: der König aller Könige ist unser Bruder worden, da braucht es keine Kronen.

Das Portal zeigt nicht die Maria der Dogmen: die Gottesgebärerin, die Mutter Gottes, die Miterlöserin, die Mutter der Kirche, in der die Kirche sich selbst als Himmelskönigin verehrt. Hier ist eine sehr menschliche Maria dargestellt. Und ein jeder, der vor das Portal tritt, kann sich in den Szenen ihres Lebens wiederfinden: der Ausgestoßene und die Liebenden, Eltern in der Freude über die Geburt und im Schmerz über des Kindes eigene Wege, die Kinderlose und die ledige Mutter, die unter brutaler Gewalt Leidenden und die Flüchtlinge, Sterbende und Totengräber. Alle sind sie abgebildet in ihrer Geschichte. Sie aber ist da für den Sohn, ist um ihn und bei ihm – ein Urbild und Vorbild des Glaubens.

Nicht höfische Hoheit ist gestaltet wie im Weihnachtsportal, nicht Glück und Glanz, sondern eine Frau wird gezeigt im Geschick der Welt, in der Unmenschlichkeit und in den Niederlagen. Aber ihr Glauben schafft die Würde der Entrechteten und Herumgestoßenen. Daß Gott die Niedrigen erhebt und die Hungrigen sättigt, besingt sie in ihrem Lobgesang.

Der Himmel ist nicht den Großen und Hohen vorbehalten. Gerade in der Tiefe und am Abgrund ist Gott nahe. Keiner ist zu klein, zu unbedeutend, zu wenig. »Selig sind die da Leid tragen, die verfolgt werden, die hungern und dürsten nach Gerechtigkeit, die Sanftmütigen, Barmherzigen und die den Frieden schaffen«, sagt Jesus: Leben in der Freundschaft Gottes – wie Maria.

Glauben heißt dieser Zugang.

Fünf Portale – Eingänge ins Münster, zum irdischen Abbild, Zugänge zum Himmel. Wie kommt man in den Himmel?

Christus, A und Ω, Schöpfer, Erlöser und Vollender: das ist der Hauptzugang. Ihn entfalten und deuten die übrigen Tore. Weihnachtsportal: die Geburt Gottes; Passionsportal: Leiden, Sterben und Auferstehen Gottes; Weltgerichtsportal: Wiederkunft Gottes; Marienportal: der Se-

Kopf des Schmerzensmannes

gen Gottes. Das sind die theologischen Themen. Wie wird ein Leben tief und reich?

Menschsein: sich eingliedern in die Geschichte des Liebens, in das Leben und Sterben alles Lebendigen; Leiden: das Böse ertragen und dem Tod spotten, widerstehen und so überwinden; Lieben: den Maßstab Christi gelten lassen über sich und sich zum Maßstab nehmen für das Tun; Glauben: geborgen sein im Geschick des Lebens und leben in der Freundschaft Gottes. Und alles ist zusammengefaßt in dem einen: sich als Geschöpf verstehen und darum die Schöpfung bewahren, im Selbstwiderspruch der Welt Zeichen der Versöhnung zu erkennen und zu setzen, aus dem Fall der Entfremdung sich erlösen zu lassen zu einem wahren Leben. Durch Jesus Christus, denn er ist der Liebhaber des Lebens.

Dieser Beitrag ist von Pfarrer Dr. Wolfgang Lipp eigens für dieses Buch geschrieben worden.

Der Schmerzensmann

Der vom Leid gezeichnete Mann schaut jeden, der das Münster betritt, an und fragt, »wie er es mit ihm hält«. Das von Hans Multscher (um 1400–1467) in jungen Jahren geschaffene Werk machte den Künstler weit über Ulm hinaus bekannt.

Er schaut auf den Platz: wo immer man steht, einen jeden schaut er an. Wie wenn er unter seinem Baldachin hervortreten wollte, kommt er auf einen zu, als würde er jeden kennen. Wer ihn betrachtet, wird schweigsam, zu deutlich ist er vom Leiden gezeichnet. Die Rechte weist auf das Wundmal, die Linke, noch verkrampft, zeigt die Wunde vom Nagel. Und die Dornenkrone drückt auf die Stirn.

Gebeugt nach vorne und zur Seite ist die Gestalt – die Züge des Antlitzes klar, der Mund geöffnet vom Schmerz und suchend die Augen. Unwillkürlich bleibt jeder bei ihm stehen, bevor er eintritt. Der Schmerzensmann fragt jeden, wie er es mit ihm hält.

»Fürwahr er trug unsere Krankheit und lud auf sich unsere Schmerzen. Wir aber hielten ihn für den, der von Gott geschlagen und gemartert wäre. Aber er ist um unsrer Missetat willen verwundet und um unsrer Sünde willen zerschlagen. Die Strafe liegt auf ihm, auf daß wir Frieden hätten, und durch seine Wunden sind wir geheilt.«

Das Wort des 2. Jesaja ist hier in Stein gehauen: zugleich alles Leid der

Schmerzensmann

Welt und alle Liebe Gottes verkörpert er. Man hat den Eindruck: wer immer schweigend vor ihm verharrt – vor ihm verschweigt er nichts.

Hans Multscher hat den Schmerzensmann geschaffen. In Reichenhofen (Allgäu) um 1400 geboren, ist er ab 1427 Ulmer Bürger und stirbt 1467 auch hier. Es ist ein Frühwerk, 1429 entstanden, aber schon voller Kraft und Bewegung. Es begründet des Meisters Ruhm weit über Ulm hinaus. Heute wird er zu den fünf Großen gezählt, die um 1430 den »spätgotischen Realismus« einleiteten.

Der Gegensatz zu den anderen Figuren ist enorm. Man braucht nur die trauernde Maria links von ihm, rechts den Täufer Johannes anzuschauen, oder darüber die Anna selbdritt – dann merkt man, daß mit Multschers Werk ein neuer Anfang gesetzt ist. Trotz aller Weichheit verblassen sie gegen ihn, wirken statisch und steif, und sind kaum 20 Jahre älter.

Über 500 Jahre stand der Schmerzensmann hier. Jetzt vertritt ihn eine Kopie. Die verschmutzte Luft nagte am Stein – auch das ein Gleichnis: was uns Lebenden schadet und was wir doch verdrängen – am Schmerzensmann ging es nicht spurlos vorüber. Nun hat er einen neuen Platz gefunden: am Chorbogen rechts dem Schiff zu.

Lipp, Wolfgang: Begleiter durch das Ulmer Münster. Ulm 1977, S. 5.

Der Schalldeckel der Kanzel

Er verbindet Himmel und Erde und ist ein »Symbol der Verbindung von Gott und Mensch«.

Von Jörg Syrlin, dem Jüngeren, aus Lindenholz geschnitzt und 1510 fertiggestellt, wird dreimal übereinander das Motiv des Schalldeckels wiederholt, bis die Schlußfiale hinausweist über den Bogen der Arkaden: ein spätgotisches Meisterwerk.

Aus Ziergiebeln wachsen Fialen heraus und kleine Pfeiler, die aufschießend über die Kreuzblume sich wie im Nichts verlieren und doch nach oben weisen. Als würde es himmelwärts tropfen, steigt eins aus dem andern hervor. Gestaltete Höhe, aber eigentlich kein umreißbarer Raum; kaum sieht man, ob rund oder eckig. Durchsichtig wie strukturierter Nicht-Raum ohne feste Grenze: ein Bild des Überirdischen auf Erden. Nicht das Einzelne ist wichtig, sondern das Gefüge der Teile zum Ganzen.

Mittelschiff nach Osten

176

HS Mürz/April 1977.

Den Platz des Predigers wie einen Hohlraum in sich aufnehmend, stürmt dieser Wald von Fialen und Kreuzblumen aufwärts. Und umgekehrt: wie ein Helm, der vom Himmel kommt, schwebt er über dem Prediger. Himmel und Erde hält dieser Helm zusammen: was der Prediger sagt, ist Wort eines endlichen Menschen; und doch ist es mehr: kann Wort der Hoffnung, Wort des Mutes und des Trostes sein, Wort aus der Höhe, Gottes Wort.

In der Mitte des Werkes hat der Künstler eine kleine zweite Kanzel eingefügt, die »Kanzel des unsichtbaren Predigers«. Eine Wendeltreppe schwingt sich hinauf zu ihr. Sie führt den Blick zum unsichtbaren, wenn einen der sichtbare ärgert: ob dieses Wort mir dennoch gilt? Und sie führt den Blick wieder herab mit der Frage, ob nicht im unteren doch hörbar ist, was von oben kommt, wenn auch unvollkommen.

Unsichtbar und sichtbar – Himmel und Erde verbindender Helm – strukturierter Nichtraum und gestaltete Höhe: Symbol der Verbindung von Gott und Mensch, Gleichnis des Unendlichen im Endlichen. Der Schalldeckel ist selbst eine Predigt.

Lipp, Wolfgang: Begleiter durch das Ulmer Münster. Ulm 1977, S. 8.

Der Chorbogen mit dem Weltgericht

Das größte Fresko nördlich der Alpen ist ein Werk aus einer Zeit des Umbruchs, in der sich die Ordnung der mittelalterlichen Welt auflöste. Von Unsicherheit und Ängsten gepeinigt, suchten die Menschen in einer jenseitigen Welt Zuflucht, um so auch im drohenden Weltgericht am Ende der Zeit bestehen zu können.

1471 kann man ganz oben über dem Chorbogen lesen. MCCCCLXXI – so steht die Zahl rechts unter dem Bild des unbekannten Meisters. In diesem Jahr wurde das Mittelschiff eingewölbt, zugleich das Bild gemalt, das als das größte Fresko nördlich der Alpen gilt.

Eine unruhige Zeit muß es gewesen sein: Die mittelalterliche Ordnung der Welt löste sich auf. Und überall machte sich Neues bemerkbar, noch ohne feste Gestalt und klaren Willen. Es war ein Jahrhundert des Umbruchs zur Neuzeit. Und was der eine hoffend begrüßte, war dem anderen Zeichen des Niedergangs.

– Die Kirche bedurfte einer Reform an Haupt und Gliedern. Dreimal tagten Reformkonzile ohne Erfolg: Pisa (1409), Konstanz (1414–18) und Basel (1431–49).

– Das Reich war zerstritten: Kaiser, Fürsten und Städte konnten sich nicht einigen. Erst 1495 kam es zum »ewigen Landfrieden«.

– Der Handel blühte auf. Die Städte wurden Zentren wirtschaftlicher Macht. Mit den Familien Fugger und Welser entstand der Frühkapitalismus. Das brachte ein Erstarken des Handwerks. Ulmer Barchent eroberte die Welt.

– Unruhen flackerten auf. Der niedere Adel erhob sich. In den Städten, auch in Ulm, ertrotzten die Bürger für ihre Zünfte Mitspracherecht.

– Um 1450 erfand Gutenberg den Buchdruck. Nachrichten konnten nun schnell sich ausbreiten. Die Bildung erlebt einen ungeheuren Aufschwung. Jetzt mußte jeder lesen und schreiben können. Der Humanismus beflügelte den Geist der Gebildeten. Man las die wiederentdeckten Philosophen der Antike. Damit erwachte ein neues Selbstbewußtsein der Menschen.

– Die Kunst erschloß sich neue Formen: um 1420–30 begann nördlich der Alpen der »spätgotische Realismus«. In Ulm setzte Hans Multscher den neuen Maßstab; der Glasmaler Hans Acker ist zu nennen. Die »Ulmer Schule« entstand. Die Ulmer pflegten ihre Künstler, der Münsterbau ernährte sie. Jörg Syrlin arbeitete jetzt am Chorgestühl, Michel Erhart schnitzte. Später dann waren in Ulm Syrlins Sohn, auch Martin Schaffner und Zeitblom die Maler.

– Entdeckungen wurden gemacht: 1487 umsegelte Bartolomeo Diaz das Kap der guten Hoffnung; 1492 entdeckte Columbus Amerika; 1497 erreicht Vasco da Gama zu Schiff Indien. Man war schon lange im Aufbruch während dieses Jahrhunderts.

Eine unruhige Zeit: Drei Fackeln loderten darüber: Johann Hus, der Reformator der böhmischen Kirche, wird 1415 in Konstanz verbrannt. Jeanne d'Arc, die Frankreich erneuernde Jungfrau von Orléans, endet 1431 auf dem Scheiterhaufen. Savonarola, der florentinische Verkünder der Gottesherrschaft auf Erden, starb 1498 im Feuer.

Geschüttelt vom Sterben des Alten und vom Anbruch des Neuen war der Einzelne hin- und hergerissen. Verzweiflung und Lebenslust, Depression und Euphorie, Unsicherheit und Hoffnung waren die Pole seiner Empfindung. Eine fiebrige Sehnsucht nach Erlösung machte sich breit, die sich in Wallfahrten und Ablässen kundtat, in phantastischem Heiligenkult und in der Erwartung des nahen Endes. Damit verbanden sich Wundersucht und Astrologie. Der Hexenglaube war nicht mehr einzudämmen. Angst war die Qual des Menschen. Die Pest erreicht auch Ulm. Ein Fingerzeig Gottes? Eine Zeit des Umbruchs war es wie die unsrige: das Erbe der Väter zerbricht schicksalhaft unter den Händen. Angstvoll der eine und hoffend der andere, oft beides in einem, wird schmerzlich empfunden die Veränderung der Zeit.

Ein Bild der Angst ist in solcher Zeit das Bild vom Weltgericht. Furcht vor Sünde und Tod lebt in ihm: vergänglich ist alles Irdische.

Ein Bild des Beständigen ist in solcher Zeit aber dies Bild zugleich: Mag auch die Welt sich überstürzen, einer ist jenseits der Welt, dem das endgültige Urteil zukommt. Über dem Wandel der Zeit steht der sich gleichbleibende Gott. Dies glaubend zu wissen, kann Sicherheit geben im Umbruch.

Christus thront in der Mandorla, der mandelförmigen Glorie. Er ist der Herrscher der Welt, auch wenn sie tobt. »Venite benedicti patris mei« – Kommt ihr Gesegneten meines Vaters, so lautet das Spruchband dessen, der Zeichen ist ewiger Liebe.

Maria und Johannes der Täufer knien vor ihm. Schräg abwärts sitzen die Apostel: rechts vom Betrachter zuerst Andreas (Kreuz), Johannes (Kelch) und Paulus (Schwert); links als erster Petrus (Schlüssel). Darüber die alttestamentlichen Väter, links zuerst Mose mit den Hörnern. Darunter in der Mitte ein Kreis von sieben heiligen Jungfrauen.

Dazu gehören beidseitig Gruppen mit Päpsten, Bischöfen und Mönchen.

Spruchbänder tragen posaunende Engel. Der Chorbogen teilt die Seligen von den Verdammten. Es wogt und tobt da unten, sowohl bei denen links, die auferstehen mit Engelshilfe (Bild links), als auch rechts bei denen, die hinabfahren im Teufelsgeleit (Bild oben).

Der obere Teil ist gemalt in der statischen Ordnung des Mittelalters. Jeder hat seinen festen Platz im Gefüge des Ganzen: Christus zuoberst, dann die Apostel und Patriarchen. Der Kreis der Heiligen schließt sich darunter – alle in faltenreichen Gewändern.

Unten aber ist Unruhe, ist Durcheinander der Körper. Da findet sich keiner zurecht. Nackt ist der Mensch, den nichts mehr schützt.

Angst, Nacktheit und Toben in wirrer Zeit: der untere Teil erzählt, wie sich der Mensch damals empfunden hat. Hoffnung gab ihm die Ordnung, wie sie oben im Bild ersehnt und gemalt ist.

Ein Bild jener Zeit! Auch der unseren?

Lipp, Wolfgang: Begleiter durch das Ulmer Münster. Ulm 1977, S. 10/11.

Das Sakramentshaus

Das höchste Sakramentshaus in Deutschland, das in katholischer Zeit der Aufbewahrung der Hostien, dem Leib Jesu, diente, ist ein Symbol der Verbindung von Gott und Mensch, aber auch ein »steinerner Hinweis auf Gottes Gabe und unsere Aufgabe«.

Wieder schweift das Auge empor über Baldachine, Spitzbogen, Pfeiler und Kreuzblumen bis hinauf zur großen Schluß-Fiale. Erst in 26 m Höhe beschließt die letzte Kreuzblume diese Stein-Pyramide, die höher ragt als die Seitenschiffe. Es gilt als das höchste Sakramentshaus in Deutschland. »Gegossenen Stein« nannten die Alten das aus Kalkstein und Sandstein geschaffene Werk.

Um 1460–80 dürfte es errichtet worden sein [...]

Wie der Kanzeldeckel weist auch das Sakramentshaus hinauf, immer höher steigend und nach oben sich verlierend. Und wie der Kanzeldeckel beschirmt es nach unten als himmlischer Helm, als Schutz von oben.

So verbindet es oben und unten, Himmel und Erde; ein steinerner Hinweis auf das in ihm verwahrte Brot, das den Menschen mit Gott verbindet.

Aufgebaut ist das Werk wie ein klarer Kristall. Von den vier Baldachinen wechselt es ins Achteck, um dann wieder ins Viereck überzugehen.

Fünf Geschosse türmen sich übereinander, mit drei Gruppen von Figuren. Sie weisen herab: ihre Spruchbänder künden vom Brot, das im Gehäuse verschlossen wird.

Zuoberst (von links) Tobias, Malachia, Jeremia, Salomon, Nehemia und Sirach. Darunter die Zweiergruppe Melchisedek und Elia. Beide Gruppen sind aus Holz geschnitzt und bemalt.

Unten dann die großen Steinfiguren: der Gesetzesbringer: Mose mit den Hörnern – der König: David mit der Krone – der Priester: Aaron mit der Sendelbinde.

Was der Helm von oben beschützt – so ist das gemeint –, das ist schon im Buch des Ursprungs, im Alten Testament verheißen: das Brot des Lebens.

Ein altes netzartiges Gitter umschließt das eigentliche Gehäuse. Als sei es aus ihm herausgewachsen, ruht es auf einem mächtigen Stamm, den auflockernd Geäst umgibt, in gotischer Spitzbogenart geordnet. Die Eckpfeiler wirken leicht gegen die Masse des Stammes.

Von oben beschirmt und fest auf der Erde ruhend – das Kunstwerk deutet selbst seinen Zweck: die Hostien, die in ihm aufbewahrt zu werden pflegten, sind der Leib Christi, in dem Gott und Mensch vereint sind, und mit dem Gott sich Menschen vereint.

Die Reformation hat mit ihrer Abendmahlslehre auch die Wiederholung des Todes Christi im Meßopfer abgeschafft. Eine Verwandlung ist nicht nötig, sondern der Glaube allein: wer Brot und Wein als Leib und Blut Christi empfängt, erfährt Vergebung und Annahme, erfährt Gemeinschaft mit Gott und so auch mit Menschen; ein Mahl, das zur Erinnerung Jesu wird.

Daraus folgt dann das Ende der Trennung von Heiligem und Profanem: nicht bleibt das Heilige zurück im Gehäuse; sondern mein Haus, unsere Stadt, die ganze Welt werden zum heiligen Ort, weil Gott sie will, weil die Kraft der Liebe dort wirksam werden soll auch durch mich, weil der Friede aus der Höhe dorthin ausstrahlt durch die, die am Brot des Lebens sich stärkten. Das Sakramentshaus als Aufbewahrungsort des Heiligen war überflüssig geworden. Uns ist es ein steinerner Hinweis auf Gottes Gabe und unsere Aufgabe.

Zum Gehäuse führen von links und rechts Treppen, die vom Stil her etwas jünger zu sein scheinen als der hohe Aufbau.

An den Pfeilern des Geländers je 4 Figuren von großer Individualität: 2 Päpste mit der Tiara, 4 Bischöfe mit Mitra und 2 niedere Geistliche mit Barett und Chorhemd. Dazwischen spätgotisches Maßwerk in gleichmäßiger Form. Die Hohlkehlen des Handlaufs sind geschmückt mit einer Menge kleiner, trolliger Figuren, Trollerien genannt: Bettler und Beter, Menschen und Mönche, Tiger und Tiere, Bestien und Bürger, Zungenstrecker und Zottelträger, Affen und Echsen. Freier Künstlerlaune sind sie entsprungen: als müßte sich austoben, wer in so strenger Form Kunstwerke schafft.

Unter der Freitreppe stehen zwei Heiligengestalten:
Sebastian – so erzählt die Legende – sei ein Offizier der Palastwache des Kaisers Diokletian gewesen, des grausamsten Verfolgers der Christen. Als Christ entlarvt, sei er von Pfeilschützen hingerichtet worden. Eine fromme Witwe habe den vermeintlich Toten jedoch gesund gepflegt. Wie Sebastian sich anklagend dem Kaiser stellt, habe dieser ihn mit Keulen totschlagen lassen. Sebastian wird immer dargestellt an den Pfahl gebunden und mit Pfeilen durchbohrt. Doch können ihm diese ja nichts anhaben. Wie mit einem Panzer ist er geschützt. Vielleicht hat ihm deshalb der Künstler im Münster eine Schildkröte beigegeben, auf die sein Fuß weist. Das bedeutet: Der »Panzer des Glaubens« schützt Sebastian.

Sakramentshaus

So wird er zum Symbol wider den Tod, zum Symbol der Auferstehung: Zwar stirbt ein jeder – auch Sebastian – aber Gott hat das Leben bejaht, darum hat der Tod seinen Einfluß verloren. Wenn der Tod kommt, kommt Gott.

Sebastian – Symbol wider den Tod und darin für Christus, der den Tod überwand: In der Gegenwart Gottes hat der Tod keine Macht, weil aus Gottes Liebe keiner fallen kann.

Christophorus – so erzählt die Legende – sei ein Eremit gewesen an einem Fluß, der Menschen über die Furt half. Eines Abends sei ein kleines Kind gekommen, das hinüberwollte. Immer schwerer sei es ihm geworden, bis er merkte, daß er das Christuskind selbst trägt, den Retter der Welt.

Christophorus wird immer dargestellt als ein starker Mann, der als Stock fast einen Baum benützt. Das Kind auf seiner Schulter hat die Erdkugel in der Hand. Darum wird es Christophorus so schwer. Er trägt Christus, der die Welt trägt.

So wird Christophorus zum Symbol für das Leben: Stand halten im Fluß, durch reißendes Wasser tragen, über die Strömungen helfen, und: einer trage des anderen Last.

Bewegt sind beide Figuren, als wollten sie auf den Betrachter zugehen; lebhaft die Armbewegung Sebastians, ruhig der Faltenwurf bei Christophorus. Ausdrucksvoll sind ihre Gesichter.

Christophorus – Symbol für das Leben und darin für Christus, der das Leben ist: Die Gegenwart Gottes gibt dem Leben Kraft, mit der einer den anderen tragen kann.

Lipp, Wolfgang: Begleiter durch das Ulmer Münster. Ulm 1977. S. 16–18.

Der Dreisitz

Der als Probestück für das Chorgestühl von Jörg Syrlin, dem Älteren, geschaffene Dreisitz trennt den Chor vom Schiff. Er steht unter dem großen Chorbogenfresko vom Weltgericht und dem darunter hängenden Kreuz, mit denen er durch die Gestalt des Erlösers im Gesprenge des Dreisitzes verbunden ist.

Unter dem Chorbogen steht dem Chor zu der Dreisitz. Jörg Syrlin, der Ältere, hat ihn 1468 geschaffen, der Vater des Künstlers vom Kanzeldeckel. Vor der Vergabe des Chorgestühls wollte der Rat der Stadt ein Probestück sehen.

184

Vor den drei Sitzplätzen für Priester, Diakon und Subdiakon ein mit filigraner Zier überzogener Pult, den zwei Frauenbüsten beschließen. Es sind antike Sibyllen, denen man seit alters Weissagungen auf Christus zuschrieb: Links die von Samia, reich in Schmuck und Kleidung, die Augen wie träumend, den Mund offen – voll Freude strahlend ist die Gestalt, die den Spruch trägt: »Himmlisches Lamm, Gott, wird erniedrigt werden«. Ernst und einfach ihre Schwester rechts, die Sibylle von Eritrea, mit dem Spruch: »Vom Himmel wird kommen der ewige König«.

Die Sitztrennwände führen in dünnen Stäben hinauf zu den Baldachinen, aus deren Spitzbogen 8 alttestamentliche Propheten herabschauen: im Chor von links: Jesaja, David, Daniel; nach rechts Habakuk; im Schiff: Jeremia, Salomon und Micha; gen Süden: Zacharias.

Feingliedriges Netzwerk füllt die Fläche bis zum Gesims. Neuansetzend darauf zwei spitze Fialen, und in der Mitte unter einem Turmhelm-Baldachin – nach oben weisend, nach unten beschirmend – steht Christus, der Erlöser.

Über den Königen David und Salomon steht er dem Schiff zugewandt: der sogenannte Kreuzaltar darunter war früher der Seelenaltar, an dem die Messen für die Verstorbenen gelesen wurden.

Deshalb weisen die Sprüche der Sibyllen auf den Erlöser. Deshalb handeln die Worte der Propheten alle von der Barmherzigkeit Gottes. Deshalb hebt Christus segnend seine Rechte.

Unter dem Richter-Christus im Weltgerichtsbild auf dem Chorbogen steht der Erlöser-Christus, und zwischen beiden hängt der gekreuzigte Herr. Man muß diese Beziehungen erkennen, um die Menschen zu verstehen, die gotische Kunstwerke schufen.

Der Dreisitz trennt den Chor vom Schiff. Aber er ist offen, luftig und durchsichtig: ein Raumteiler, der den Raum begrenzt und zugleich öffnet für einen freien Blick – eine echt gotische Begrenzung, die sich selber aufhebt, die transzendiert.

Lipp, Wolfgang: Begleiter durch das Ulmer Münster. Ulm 1977. S. 19.

Das Chorgestühl

Es ist ein vom Geist des Humanismus geprägtes Werk, in dem der Mensch in den Mittelpunkt rückt. Dies kommt im Chorgestühl besonders in den Wangenbüsten zum Ausdruck, die Philosophen, Forscher, Staatsmänner und Sibyllen aus griechischer und römischer Zeit, aber als Menschen des späten 15. Jahrhunderts darstellen.

Die klare Gliederung ist bestechend. An der Südseite (auf den Altar blickend rechts) – man nennt sie auch die Epistelseite, weil früher von hier aus die Episteln verlesen wurden – sind lauter Frauengestalten zu sehen (außer zweien); auf der Nordseite, der Evangelienseite, nur Männer.

Drei Bilderreihen beleben das Gestühl: Oben in den Spitzbogen der Baldachine befinden sich die kleinen Büsten der Gestalten des Neuen Bundes: Apostel und Heilige und Märtyrer.

Darunter an der Rückwand ein Bilderfries mit Halbreliefs von Gestalten des Alten Testaments.

Und ganz unten an den Enden der Pulte vollplastisch die fast lebensgroßen Gestalten der antiken Welt.

So ist die Waagrechte stark herausgearbeitet. Man sieht es auch oben, wo das Gesims die Spitzbogen unterbricht, so daß die Fialen wie aufgesetzt wirken. Schon beim Dreisitz war das so.

Die Senkrechte dagegen ist nicht so stark betont. Von den Sitztrennwänden der vorderen über die der hinteren Reihe führen sie hinauf, auf Höhe der alttestamentlichen Bilder als Gitter aufgelockert, und werden von den Kielen der Spitzbogen in den Baldachinen aufgenommen, die über das Gesims hinaufweisen sollen durch die Fialen in die Höhe, zu Gott.

Als Gotteslinien könnte man die Senkrechten bezeichnen. Größere Wichtigkeit kommt im Gestühl aber der waagrechten Menschenlinie zu.

Die Mittelalterliche Ordnung ist noch gewahrt, die in der nach oben strebenden Gotik sich Ausdruck verschafft. Aber das Neue bricht sich stark Bahn: der Mensch sieht sich im Mittelpunkt. Nicht zuletzt wurde dies durch die wiederentdeckten antiken Philosophen vermittelt. Man las sie auch in Ulm. Schon 20 Jahre nach Gutenbergs Erfindung waren hier mehrere Druckereien. Durch sie wurden die Gedanken des Humanismus verbreitet. Der Bürgermeister Hans Neithart d. J. war selber Hu-

Chorgestühl, Südseite

manist. Neben ihm stand der Stadtarzt Heinrich Steinhövel, der später Äsops Fabeln und den Boccaccio übersetzte.

Man sagt, daß die Terenzbüste im Chorgestühl die Züge Steinhövels, die Cicerobüste die Neitharts trage. So standen die damals progressivsten Männer Ulms Pate bei der Schaffung des Chorgestühls.

1469–74 entstand das Chorgestühl unter Jörg Syrlin d. Ä. Vier Jahre hätte er laut Vertrag brauchen dürfen, fünf sind es schließlich geworden.

Es ist die Zeit, in der das Hauptschiff sein Gewölbe erhielt, in der auch das Bild vom Weltgericht über dem Chorbogen gemalt wurde.

Es waren schwierige Zeiten; allenthalben war der Umbruch spürbar. Dieser Umbruch wurde ganz unterschiedlich erlebt:

Im Bild vom Weltgericht wird die Unsicherheit ausgedrückt im Toben des Wandels: es ist ein Bild der Angst in sich überstürzender Zeit, ist zugleich ein Bild der Hoffnung auf Beständigkeit, die allein vom himmlischen Herrn und Richter kommt.

Anders im Chorgestühl: noch in der Form des Alten ist schon das Neue zum Programm erhoben. Klein und nach oben verbannt die sonst so verehrten Heiligen und Märtyrer. Dagegen in Gesichtshöhe die Philosophen, Forscher, Staatsmänner und Sibyllen aus griechischer und römischer Zeit.

Nicht nacktes Durcheinander wie beim Weltgerichtsbild zeigt sich hier, sondern Bürgerstolz und Frauenschönheit, deutlich besonders in Kleidung und Schmuck der Sibyllen – fast ist es eine Modenschau damaliger Zeit.

Der aufbrechende Humanismus ist hineingearbeitet ins Chorgestühl. Der Umbruch wird als Chance zu Neuem empfunden.

Dem Altar zu stehen als letzte der Giebelbüsten die Evangelisten Matthäus (links) und Lukas (rechts). Dem Hauptschiff zu würde man deshalb als letzte Markus und Johannes erwarten. Dort aber stehen Kosmas und Damian, die Arztpatrone: 1473 wütete die Pest in Ulm, Syrlin änderte sein Programm.

Jörg Syrlin war ein Schreiner von Söflingen, 1188 Goldgulden erhielt er für das Chorgestühl, das in seiner Werkstatt entstand. Er hat wohl den Plan entworfen und die Ausführungen geleitet, die Schnitzarbeiten aber vermutlich vergeben. Man denkt heute dabei vor allem an Michel Erhart, der später die Kruzifixe im Chorbogen und in der Bessererkapelle schuf.

Unklar ist bis heute, wem denn das Gestühl hat dienen sollen. Weder der Klerus, noch der Rat der Stadt hätten es je füllen können. War's also Ehrgeiz, eben auch eines zu haben in Ulm?

Syrlin – Vergil

Die erste große Büste auf der Männerseite beim Sakramentshaus trägt keinen Namen. Gelehrte halten sie für den antiken Dichter Vergil.

Er hat ein kommendes Friedensreich besungen. Darum darf Vergil nicht fehlen in einem christlichen Reigen der antiken Großen. War er doch schon in Dantes Göttlicher Komödie der Führer durch beide Welten.

In dieser Büste soll Syrlin sich selber abgebildet haben: Vergil oder Syrlin – das eine braucht das andere nicht auszuschließen. Vermutlich sind in allen Figuren Ulmer Frauen und Männer aus jener Zeit verewigt, wenn wir es auch nur bei wenigen zu benennen wagen. Die unterste Gestalt auf der Frauenseite gegenüber soll Syrlins Frau darstellen. Dürftig ist sie ausgefallen.

Folgt man aber des Vergil-Syrlins Augen, so stößt man auf die 3. Gestalt vom Hauptschiff her: die libysche Sibylle, ein liebliches Geschöpf in der Tracht eines Bürgermädchens. Man munkelt, es sei Syrlins Nachbartöchterlein, auf dem gerne des Meisters Augen ruhten.

Nach Syrlin-Vergil folgt das erste Wangenbüstenpaar der Männerseite:

Sekundus und Quintillian

Sekundus war ein Philosoph zu Zeiten Kaiser Hadrians, gest. 138 n. Chr. Er vertrat eine Philosophie des Schweigens.

Quintillian galt als der bedeutendste Lehrer der Rhetorik im ersten Jahrhundert, gest. 100 n. Chr.

Der Schweiger und der Redner: sie fragen den, der davor steht: Reden oder Schweigen?

Es ist die Spannung in uns selbst, in der wir entscheiden müssen. Wenn wir nur immer wüßten, was im Augenblick das Beste wäre.

Wer zwischen beiden hindurchgeht, tritt vor den Propheten Amos im mittleren Fries. Er war von Gott beauftragt, zu reden, aber König und Priester haben es ihm verboten.

Amos – er ist der Prophet in der Spannung, in der wir selber stehen.

Seneca

Philosoph, Lehrer Kaiser Neros
Rom, bis 85 n. Chr.

Die zerfurchte Stirn und Falten um die angestrengten Augen – das fällt zuerst auf: Seneca ist bedrückt, ist traurig und trostlos.

Danach erst sieht man die Hand mit dem Haken: sein Schüler Nero,

der Kaiser, zwang ihn, daß er den Tod vorzog – einmalig ein Bild des Selbstmords in der Kirche.

Senkrecht beidseitig das Kopftuch: es gibt keinen Raum.

Waagrecht die Armfalten, die Finger und oben die Mütze: da ist kein Ausweg. Jetzt erst versteht man die Augen richtig: Es ist, wie wenn er zurückschreckend noch einmal aufblickt um Hilfe.

Darunter stehen Senecas Worte: »Alle Schrecken sind von anderen gefolgt; aber der Tod schneidet alles ab«.

Seneca – er muß in den Tod, den er doch fürchtet. Die Qual formt sich zum Bild des leidenden Menschen.

Seneca und Ptolemäus

Paarweise hat Syrlin die Büsten einander gegenübergestellt. Wer davorsteht, muß die Spannung aushalten.

Seneca und Ptolemäus:
Es ist die Spannung in uns selbst, die Syrlin vor uns verbildlicht: die Spannung zwischen Glück und Unglück, zwischen Lachen und Weinen, zwischen Freude und Trauer, Lebenslust und Todesfurcht. In beides hineingebunden, verbringen wir unsere Tage.
Seneca und Ptolemäus:
Es ist die Spannung, daß wir die Erde beherrschen nach Länge und Breite und mit dem Zirkel, wie Ptolemäus, samt all dem anderen Gerät, das wir uns gemacht haben –
und daß uns unser Tun doch immer fraglicher wird und unsere Errungenschaften uns immer mehr bedrücken, bis zur Traurigkeit, wie Seneca.
Seneca und Ptolemäus:
Es ist die Spannung, daß wir uns unsres Wertes bewußt sind und unsere Hälse recken, wie Ptolemäus, –
und doch nicht verstehen können, daß ein Ende mit uns sein wird und wir keinen Raum mehr haben werden, wie Seneca.
Seneca und Ptolemäus:
Über den beiden schaut aus dem alttestamentlichen Fries Simson herab. Er reißt dem jungen Löwen den Rachen auf, »wie man ein Böcklein zerreißt«, heißt es im Richterbuch 13,6. Fast spielerisch macht er es und doch voller Kraft.

Chorgestühl, Seneca und Ptolemäus

Seneca und Ptolemäus:

Und wär's nicht dies – vielleicht wollte Syrlin darauf hinaus: daß wir, die wir zwischen Leid und Glück, zwischen Freude und Trauer, zwischen Seneca und Ptolemäus leben, daß wir ein wenig wissen sollten von der Kraft, die Simson stark macht, von der Kraft, die uns in Spannungen bestehen läßt, von der Kraft, von der wir Menschen leben und die uns geschenkt wird aus der Tiefe – von Gott.

Neben Simson spielt David auf der Harfe. Seine Lieder, die Psalmen, sind voller Klage wie Seneca und voller Jubel wie Ptolemäus. In beidem gibt der Mensch Antwort seinem Gott.

Ptolemäus
Geograph, Mathematiker, Astronom
Alexandria, um 85–160 n. Chr.

Die Augen sind geschlossen, ans Ohr hält er die Erdkugel mit Längen- und Breitengraden und schräg dazu eine Planetenbahn.

Der Mann, der das »ptolemäische Weltbild« schuf – die Erde als Kugel im Mittelpunkt, darum die Gestirne kreisend –, er lauscht:

er hört angespannt: seine Stirne kräuselt sich – und er hört gelöst: ein Lächeln spielt um seinen Mund. Er scheint den Klang der Sphären zu vernehmen, die gute und harmonierende Ordnung der Welt.

In diesem Kosmos hat auch der Mensch seinen Platz, einen hervorragenden: darum reckt Ptolemäus seinen Hals. Er ist sich seines Wertes voll bewußt. Sein Wert – die Erde flüstert's ihm zu, die er spielerisch und doch fest ergreift.

Ptolemäus – das ist das Bild des starken, glücklichen Menschen.

Auf Seneca und Ptolemäus folgen:

Terenz und Cicero

Terenz, um 195–159 v. Chr., schrieb Komödien fürs römische Theater. Bis zum Mittelalter war er einer der beliebtesten Dichter.

Cicero, 106–43 v. Chr., hat als Konsul die Verschwörung Catilinas verhindert. Der große Staatsmann und berühmte Redner verteidigte die römische Republik.

Terenz, der oft mit dem Dornengekrönten verwechselte Träger des Lorbeerkranzes, und Cicero, der mit seinem vornehmen Hut aussieht wie ein würdiger Patrizier: der Lustspieldichter mit der leichten Zunge, heiter und unbeschwert – und der Staatsmann mit ernster Rede, besonnen und weise.

Das Heitere und das Ernste – so meint es wohl Syrlin –, das Besonnene und das Leichte: beides gehört zum Leben. Im Gleichgewicht sollte es sein.

Pythagoras
Geb. um 580 v. Chr. auf Samos
Gründer einer unteritalienischen Philosophenschule

Mit lockeren Fingern einer ruhigen Hand schlägt er die Laute und neigt den Kopf darüber. Der Mund ist offen, nicht zum Reden, sondern zum Hören.

Deshalb ist die Stirn gekräuselt. Eine Locke hängt darüber herab, das Haar und auch der Bart sind wirr. Ihm kommt es darauf nicht an. Sein Wesen ist Lauschen. Was er wohl hört? Weil die Höhe des Tones abhängt von der Länge der Saite, kommt er zur Erkenntnis, daß die Schönheit des Akkords bestimmt ist durch ein Zahlenverhältnis, daß Qualität und Quantität zusammenhängen.

Darum hört er gern den Wohlklang seiner Laute, hört darin auch den Wohlklang einer schönen Welt, des Kosmos, der durch die Klarheit der Zahl geordnet ist. Seine Erkenntnis macht Naturwissenschaft möglich. Deshalb trägt auch jene ihm zugeschriebene mathematische Gleichung seinen Namen.

Pythagoras ist eine Gestalt, die von außen nach innen lebt. Über dem hochgeschlagenen Schirm beugt sich die Mütze fast demütig nach hinten.

Pythagoras und Phrygia

Dem Altar zu stehen beide allein, er auf der Männer-, sie auf der Frauenseite. Und doch gehören sie zusammen. Schräg über ihnen ist im mittleren Fries je eine Tafel angebracht mit gleichem Wortlaut:

»Jörg Syrlin 1474 co(m)plevit hoc opus«: Jörg Syrlin hat 1474 dies Werk vollendet.

Pythagoras und Phrygia:
Wer in den Altar tritt, sieht beide zugleich:

– sieht die, die redet und argumentiert, die überzeugen will und sich äußert,

– sieht den, der hört und lauscht, der in der Tiefe versteht und empfängt.

Pythagoras und Phrygia:
Die beiden sehen, das zwingt, zu fragen nach dem Menschen:

– lebt er von dem, was er hört, was er empfängt, was ihm zukommt?
Lebt er von außen nach innen?

– lebt er von dem, was er äußert, was er hervorbringt, was er leistet?
Lebt er von innen nach außen?

Wovon lebt der Mensch?

Irgendwann fragt sich dies ein jeder. Die Großen aller Zeiten haben zu antworten versucht: Sokrates und Jesaja, Pascal und Tolstoi. Trotzdem muß ein jeder seine Antwort selber finden.

Pythagoras und Phrygia:
Man wird es nicht zu einer Alternative machen dürfen, das von außen – von innen. Seltsam kreuzt sich der Inhalt der ihnen beigegebenen Worte mit dem Eindruck der beiden Gestalten:

– »Zu fliehen ist auf jede Weise und fern zu halten Trägheit vom Körper, Unerfahrenheit von der Seele, vom Leib der Luxus, vom Staat der Aufruhr, vom Haus die Zwietracht, und in allen Dingen ist Maß zu halten.« Der moralische Weisheitsspruch des Pythagoras weist auf einen Reichtum, der aus dem Innern des Menschen kommt.

– »In die Hände der Ungläubigen wird er kommen, und sie werden sogar Backenstreiche geben dem Herrn mit frevelnden Händen und aus unreinem Mund speien giftigen Speichel.« Der messianische Weissagungsspruch der Phrygia weist auf den, von dem Reichtum zukommt dem Menschen.

Pythagoras und Phrygia:
Wer den Gottesdienst hält im Altar und die beiden sieht, kann an ihnen merken, daß auch er nur sagt, was er zuvor gehört, daß auch er nur spricht von dem, was er selber zuvor erfahren:

vom Reichtum Christi, der reich macht, so daß man geben kann;

von Gottes Fülle, die Menschen ein erfülltes Leben schenkt, woran auch andere glücklich, froh und selig werden.

Pythagoras und Phrygia:
Wer nur aus dem Eigenen schöpft, dem Inneren, wird mit der Zeit hohl, wird leer, oberflächlich und bleibt äußerlich. Wer immer nur das Äußere nach innen wendet, alles in sich hineindrückt, wird mit der Zeit im Inneren überladen, der wird bedrückt und depressiv und wird nur in der eigenen Seele bohren.

Im Gleichgewicht muß beides sein:

das Nehmen und das Geben, Empfangen und Schenken, Hören und Reden.

Pythagoras und Phrygia:
Gibt sie und äußert sich, weil sie empfangen hat?

Hört er und empfängt sich, damit er geben kann?

Empfangend wird der Mensch er selbst, ergreift sich im Hören, kommt zu sich selber: Kraft, Mut und Glaube schaffen das. Teilhaben wird er andere an sich lassen, daß auch sie Kraft und Mut und Glauben spüren.

Pythagoras und Phrygia:
Der Mensch verwandelt sich im Empfangen, verwandelt in sich das Empfangene, daß es zum Eigenen wird und er ein neuer. Dann schenkt er sich selber und gibt sich hin, gibt dabei das hinein, was ihn zu ihm gemacht, schenkt, daß auch andere empfangen.

Pythagoras und Phrygia:
Beide zusammen erinnern uns, weiterzugeben, was wir erhalten haben: Leben und Liebe und auch unser Glück. Empfangen haben wir es mit Gottes Hilfe, der der Grund allen Lebens ist, Macht der Liebe, eine Quelle der Freude.

Und mit Gottes Hilfe geben wir es weiter an die Brüder.

Phrygische Sibylle
genannt Phrygia aus Ancyra, Kleinasien, heute Ankara, Türkei.

Sie schließt den Mund, als habe sie eben noch geredet. Ernst und gespannt blicken ihre Augen: ob einer wohl etwas dagegen sagen wird?

Aufrecht und angestrengt die Schultern nach vorn gezogen streckt sie die Linke aus wie zur Bekräftigung ihrer Argumente. Die Rechte hält das Manuskript gerollt, sie braucht es nicht.

Der Ärmel ist zurückgeschoben: die Falten zeigen den Eifer des Gesprächs. Ansonsten ist das Kleid schlicht und nur mit einem Pelzbesatz gesäumt: auf ihr Äußeres kommt es ihr nicht an, nur darauf, was sie äußert. Den etwas großen Turban hat sie steil und fest mit einem Tuch verschnürt. Ein Rutschen würde ablenken. So wirkt sie selbstsicher und vom eigenen Reden überzeugt. Energisch auch die Nasen- und Mundpartie. Eine Frau, die weiß, was sie will, wie sie wirkt, und was sie zu sagen hat. Fast möchte man sie eine Intellektuelle nennen.

Die Phrygia ist die Gestalt einer Frau, die von innen nach außen lebt.

Nach der Phrygia dem Schiff zu stehen beiderseits des Durchgangs zur Bessererkapelle

Cimeria und Cumana

Die Cimerier galten als ein Tatarenvolk am Schwarzen Meer. Später erst

wurde der cimerischen Sibylle eine Höhle zugeschrieben bei Bajä, südlich von Rom. Cumae war eine griechische Stadt nordöstlich Neapels.
Dort wurde seit alters eine Höhle verehrt als Wohnsitz einer Sibylle.

Die Sibylle von Cumae soll – so besingt es der Dichter Vergil in seiner
4. Ekloge – die Geburt eines Kindes geweissagt haben, das ein Reich des
Friedens bringt. Die Römer haben das auf Kaiser Augustus bezogen. Die
Christen sahen darin eine Ankündigung Christi: auch das Heidentum
ahnt das kommende Licht. Dieser Gedanke machte es möglich, die Sibyllen zu verehren und die Großen der Antike christlich zu lesen.

Hellespontische Sibylle
genannt Hellespontica aus der Gegend um Troja.

Auf dem Kopf das fein geflochtene Haar, darüber die reichverzierte
Haube (mit Goldspuren): hier wird das Runde betont. Die Halskrause
zeigt es auch, und ebenso die schlichten Oberarmaufschläge.

Rund – das deutet auf kindlich, unbeschwert, harmlos. Sie ist nicht
stolz oder überheblich, eher ein wenig weich, vielleicht ein bißchen ein-
gebildet.

Nur die eleganten Finger und die schmale Nase sind lang und gerade.
Die lebhaften Augen gehören zu einem Mund, der gerne hat, wenn man
auf ihn hört. Fast möchte man ihn plappernd nennen. Mit der Schönheit
paart sich hier Naivität. Sie will Eindruck machen, ist doch das Arm-
kleid fast ein wenig weit gewählt.

Man traut ihr gar nicht den Spruch zu, den Syrlin ihr beigibt: »Glücklich ist jener Reiche, der hängt am hohen Holze (des Kreuzes)«.

Hellespontica – sie ist eine kindlich-fröhliche Gestalt in weltoffener
Frische.

Hellespontica und Tiburtina

In beiden wird's besonders deutlich: Bürgerinnenschönheit und Patri-
zierreichtum – in Holz gestaltet, das noch heute spricht.

Hellespontica und Tiburtina:
Schönheit und Tiefe – das Schöne, das aus sich selber lebt, rund und
gesichert ist, munter redet und frisch, naiv überzeugt von sich selber und
unbeschwert – und das Tiefe, das suchend empfängt, brüchig und doch
mit festen Ecken, mit Kanten, in Zeiten abgeschliffen, das angewiesen
bleibt, drum schauend leuchtet und lauscht.

Hellespontica und Tiburtina:
Jugend und Alter – nicht einfach ist es: jenseitiger Glanz umstrahlt die

irdische Schönheit der Jugend und erdenschwere Erfahrung prägt den Blick des Alters zur Höhe.

Beide sprechen uns an, bringen Saiten in uns zum Klingen, wecken das Sehnen zugleich nach junger Unbefangenheit und nach der Weisheit des Alters.

Hellespontica und Tiburtina:
Liebe und Tod – auch daran lassen sie denken: Rilkes Elegien – Davids Klage um Jonathan – Michelangelos Pieta. Das eine durchdringt das andere, macht's schön und schmerzlich, gibt und nimmt, redet und schweigt. Seit alters künden die Dichter von Liebe und Tod: Homer und Hölderlin und Gottfried Benn. Liebe ist stark wie der Tod, heißt es im Hohenlied Salomons. In einem Chorgestühl wird es zum Symbol für Christus, in dessen Tod die Liebe sich kundtat.

Hellespontica und Tiburtina:
Weisheit und Unbeschwertsein – sie möchten zusammen wahr sein: die Weisheit, die aus Erfahrung lebt, darum Gelassenheit zeigt ohne den Eifer des Tages – und das Unbeschwertsein ohne das bohrende Grübeln, das die Nächte so lang macht, will doch der Morgen unbefangen und frisch genommen werden.

Hellespontica und Tiburtina:
Weltzugewandtheit und visionäre Kraft – das eine braucht das andere: Wer könnte bestehen im Anblick der Welt, wenn er nicht Hoffnung hätte, wenn einem nicht aus hellen Visionen Kraft zukäme, die anpacken läßt und Mut macht.

Tiburtinische Sibylle
genannt Tiburtina mit dem Beinamen Albuna aus Tibur, heute Tivoli bei Rom.

Kantig nicht nur das Gesicht. Die harten Falten des Kopftuchs wiederholen's. Eckig, verspannt auch die Hände, die das Buch öffnen. Trotz dieser Kanten und Ecken scheint sie nicht hart, gar verhärtet, spitzig oder bösartig.

Das Kopftuch liegt eng an, aber engt nicht ein. Die Rechte sucht noch im halboffenen Buch. Sprachlos steht der Mund offen und die Augen kneifen zusammen beim Blick in die Höhe. Sie ist vom Anblick eines Überwältigenden gefesselt.

Die Furchen und Falten deuten auf Alter, auf Weisheit, Reife und Erfahrung. Die Gebärde zeigt aber Offenheit, Erwartung und Gebanntsein.

Chorgestühl, Hellespontische und Tiburtinische Sibylle

Ist diese Suchende im Augenblick des Findens festgehalten? Sieht sie eine Vision? Bedenkt sie, was sie Erleuchtendes gelesen?

Ihr Spruch als einziger von den Sibyllen blickt über den Tod hinaus auf Christi Auferstehung und auf sein Reich. Ist's dies, was sie leuchten macht?

Auf Hellespontica und Tiburtina folgen:

Libyca und Delphica

In der Sibylle aus Libyen soll Syrlins Nachbartöchterlein abgebildet sein: ein schlichtes Bürgermädchen, einfach gekleidet und schamhaft bedeckt mit der Haube.

Die Sibylle aus Delphi dagegen ist voller Prunk, den phantasievollen Kopfputz zieren ornamentale Zeichen. Pythia nannte man jeweils die Priesterin des Orakels, die auf dem Dreifuß saß über der Erdspalte in Delphi, aus der die Dämpfe sie in Verzückung brachten. Eine der mächtigsten Frauen war diese Sybille aus Delphi: keinen Krieg wagten die Athener ohne ihren Rat, Orest und Krösus sollen sie befragt haben.

Das einfache Mädchen und die prunkvolle Frau von Welt: sie fragen den Betrachter, was wohl das Leben lebenswert macht.

Lipp, Wolfgang: Begleiter durch das Münster. Ulm 1977, S. 20–25.

Chorfenster und Choraltar

Im Chor mit dem Altar und den alten, farbigen Fenstern, die nochmals das ganze Evangelium erzählen, endet der Weg, der beim Schmerzensmann am Hauptportal unter dem Fries von der Schöpfung beginnt: Es ist der Weg des Heils, der begangen sein will.

Gotische Fenster sind entmaterialisierte Wände. Tragende Kraft kommt nur von den Pfeilern, die ins Gewölbe ausschwingen. Licht soll herein, und dieses gebrochen. Wie durchsichtige Teppiche sollen die Fenster erscheinen, voll Farbe, warm, voller Leben: Transparenz, die auf Transzendenz weist. [...]

Mit den Fenstern des Chores endet ein Weg: Beginnend am Hauptportal unter dem Fries von der Schöpfung – an Multschers Schmerzensmann vorbei, der einen mit Blicken fragend stille macht – in der Vorhalle von den Toten gemahnt für die Zukunft – durch das Schiff, nicht ohne das Wort von der Kanzel zu hören – auf den Richter-Christus über dem Chorbogen zu, zu auch auf den Gekreuzigten darunter und auf den im Dreisitz segnenden Erlöser-Christus – dann im Chor entlang an den Vorherkündern aus Heidentum und Altem Bund – die Stufen hinauf zum Altar mit dem freudig begrüßten Kind im Schrein und dem Abschied nehmenden Mann in der Predella – dahinter die Fenster, die nochmals das ganze Evangelium erzählen:

So zieht die Prozession durch das Münster. Diese Kirche ist kein Ort, sondern ein Weg. Sie wollen durchschritten sein, diese fast 124 m.

Lipp, Wolfgang: Begleiter durch das Ulmer Münster. Ulm 1977, S. 32.

Die Glaubensaussagen der Münsterfenster

Die Münsterfenster aus alter und neuer Zeit enthalten wichtige Glaubensaussagen, die von Dekan Erhard John erschlossen werden. Die Ausführungen sollen den Betrachter zur Meditation und zur Auseinandersetzung mit diesen Glaubensinhalten anregen.

Die Fenster aus dem 14. und 15. Jahrhundert gehören zu den wertvollsten Kunstschätzen des Ulmer Münsters. Sie sind zugleich Zeugen des Geistes und der Frömmigkeit des ausgehenden Mittelalters. Vergleicht man Glasfenster aus jenen Jahrhunderten in verschiedenen Kirchen miteinander, dann stößt man auf häufig sich wiederholende Motive. Außerdem entdeckt man die Gesetze der sakralen Glasmalerei, die diese Kunst geprägt haben. Offenbar fühlten sich Stifter, Auftraggeber und Glasmaler diesen Gesetzen und, was die Motive anbelangt, dem gemeinsamen Ausdruck des Glaubens verpflichtet.

Das Interesse dafür ist in unsrer Zeit durch die Stiftung neuer Fenster geweckt worden. Die Suche nach Künstlern war verbunden mit der Frage: Was soll dargestellt werden? Die Ikonographie (Bilderschrift) des Mittelalters hat dem schriftunkundigen Betrachter Glaubensaussagen vermittelt. Nach dem 16. Jahrhundert wurde die Kunst der Glasfenster kaum dafür in Anspruch genommen. Heute wird versucht, diese Funktion für die Glasfenster in den Kirchen wieder zurückzugewinnen. Das wird nur gelingen, wenn die Handschrift unsrer Zeit einerseits nicht verleugnet wird und andrerseits der Betrachter zur Meditation und zur Auseinandersetzung mit Glaubensinhalten angeregt wird. Die folgenden Gedanken möchten in diesem Sinn zu einer Begegnung mit den inhaltlichen Aussagen alter und neuer Münsterfenster führen.

Die alten Fenster

Auf die erzieherische Funktion, die man den Glasfenstern zuwies, weist folgendes Zitat aus dem Jahr 1200 hin: »Die verglasten Fenster, die in den Kirchen sind und durch welche ... die Klarheit der Sonne übertragen wird, bedeuten die Heiligen Schriften, die von uns das Böse zurückhalten, indem sie uns erleuchten« (Pierre de Roissy, Chartres). Ein großer Teil der Bildideen wurde der Bibel entnommen, ein andrer Teil der Motive stammt aus den Heiligenlegenden. Legenden dienten der Vermittlung theologischer Lehre. Sie schufen Vorbilder für die Frömmigkeit. Bekannter als die Bibel war im Mittelalter die »Legenda aurea« des Jakobus de Voragine. Der Mönch und spätere Erzbischof von Genua hatte von 1263–73 Legenden kritisch gesichtet und gesammelt. Von diesen dichterisch und menschlich lebendigen Erzählungen kam Leben und Bewegung auch in die feierlichen Bildgestalten der Kunst. Die Darstellung der Heiligen in Kleidern der jeweiligen Zeitmode trug dazu bei, daß man mit ihnen vertraut war.

Das älteste Münsterfenster, das *Annen-Marienfenster* (Nr. 16, Jakob Akker um 1390), enthält biblische und legendäre Motive. Zwanzig Bilder erzählen die Marienlegende. Auf dem ersten Bild wird Joachims Opfer abgewiesen, weil seine zwanzigjährige Ehe kinderlos blieb. Dann erscheint dem niedergeschlagenen Joachim ein Engel und eröffnet ihm: Die Kinderlosigkeit ist nicht Strafe. Sie kommt von »Gebresten der Natur«. Auf dem nächsten Bild wird Anna eine Tochter verheißen. Sie sitzt vor einer Garnhaspel in einer Ulmer Bürgerstube jener Zeit. Als Schutzheilige der Weber weist sie zugleich auf die Stifter des Fensters hin. Eine kunstgeschichtliche Besonderheit enthält das Bild von der Geburt Jesu. Es gibt die Vision der Hl. Birgitta von Schweden (1303–73) wieder. Danach habe die kniende Maria das Kind während des Gebets in einem Augenblick geboren. Das Kind habe nackt auf einem goldenen Strahlenkranz gelegen. Es muß sich um eine der ersten Darstellungen dieser Vision handeln. Sie ist danach von verschiedenen Malern übernommen worden. Im übrigen ist in der unteren Hälfte des Fensters die Weihnachtsgeschichte nach den biblischen Berichten geschildert.

Im *Johannesfenster* (Nr. 19, Werkstatt Acker, etwa 1405) sind die biblischen Motive ebenfalls um legendäre Motive erweitert. In der oberen Hälfte begegnet uns Johannes der Täufer, wie er Jesus im Jordan tauft, als Wüstenprediger, dann seine Enthauptung durch Herodes und die Grablegung durch seine Jünger. In der unteren Hälfte werden dem Evangelisten Johannes Wunder zugeschrieben. Er trinkt aus einem Giftbecher und es schadet ihm nichts. Er wird in eine Bütte voll siedenden Öls gesetzt, aus der er ohne alle Verletzungen hervorgeht, und er erweckt seine Freundin Drusiana vom Tod.

Das *Marien-Freudenfenster* (Nr. 15, Werkstatt Acker, etwa 1420) hat folgendes Motiv aufgenommen: Die Legende erzählt, daß ein Kleriker, der Maria sehr ergeben war, sie für den Schmerz der fünf Wunden Christi trösten wollte. Mit den Worten »freue dich« habe er sie auf die Ankündigung des Engels Gabriel, auf die Geburt Jesu und andere Ereignisse hingewiesen. So entstanden die fünf Freuden Marias. Auf dem Fenster sind zu sehen: Die Geburt Jesu, die Anbetung der Könige, die Darstellung Jesu im Tempel, der Tod und die Aufnahme Marias in den Himmel.

Bei den zeitlich folgenden Fenstern tritt die legendäre Tradition zurück zugunsten von biblischen Motiven. Bei der Ausstattung des Münsters setzte im Jahrhundert vor der Reformation eine Entwicklung ein, die Hermann Baumhauer in seinem Buch »Das Ulmer Münster« treffend formuliert hat. Es »bildete sich eine christologische Mittelachse aus, deren Folgerichtigkeit zu eindrucksvoll ist, um nur das Ergebnis von Zufallserscheinungen zu sein«.

Das *Medaillonfenster* (Nr. 14, Werkstatt Acker, etwa 1420) ist in die Liturgie der Kirche eingebunden. Es zeigt vier Evangelien der Fastenzeit, die zur Vorbereitung auf Ostern gelesen wurden: Jesus und die Samariterin, das Speisungswunder, die versuchte Steinigung Jesu und die Auferweckung des Lazarus.

Ein Zyklus des ganzen heilsgeschichtlichen Horizontes ist in den Fenstern der *Bessererkapelle* (Nr. 12a, Hans Acker, 1430) erhalten. Der Schöpfungsgeschichte ist das erste Fenster mit acht Bildern gewidmet. Auf dem zweiten Fenster sind alttestamentliche Szenen abgebildet. Dann folgt in drei Fenstern die Geburts- und Passionsgeschichte Jesu bis zur Himmelfahrt. Im Südfenster schließt sich das *Jüngste Gericht* (Nr. 12b) an. Christus beherrscht als Weltenrichter die Gerichtsszene. Hans Acker hat in der Reihe der Apostel ein Selbstbildnis hinterlassen. Daran lassen sich verschiedene Gedanken knüpfen. »Werde ich im letzten Gericht bestehen?« Diese Frage bewegte die Menschen. Der Glaube sieht Tod, Auferstehung und Gericht auf dem lichten Hintergrund der Gnade. Er wird sich Christus und seinem unbestechlichen Urteil anvertrauen.

Auf dem *Ratsfenster* (Nr. 17, Peter Hemmel von Andlau, 1480) sind die Fastenevangelien wiederholt. Dominierend sind die Auferstehung Jesu und die Himmelfahrt auf diesem Fenster in der Mittelachse des Chors. Als Christusfenster an dieser Stelle weist es auf die oben beschriebene Entwicklung hin.

Jüngstes Gericht, Glasfenster in der Bessererkapelle

Daneben schuf derselbe Meister im gleichen Jahr das *Kramerfenster* (Nr. 18). Die Wurzel Jesse – ein ikonographisch häufig verwendetes Thema – ist gekrönt von einer Madonna in königlichen Gewändern. Der höfische Stil entsprach zu jener Zeit den Vorstellungen von der himmlischen Welt. Die weiteren Bilder der Weihnachtsgeschichte könnten zusammen mit der Wurzel Jesse als Freuden Marias gedacht sein.

Das *Passionsfenster* (Nr. 23, vermutlich Hans Acker, etwa 1440) zeigt dagegen realistischen Stil. Die schlichten Bildkompositionen wollen den Beschauer die Szene von Gethsemane, die Geißelung, die Last des Kreuzes, aber auch die Auferstehung mitempfinden lassen.

Die Zeit zwischen dem 16. und dem 19. Jahrhundert

Am Anfang des 16. Jahrhunderts waren vermutlich fast alle Fenster im Münster farbverglast. Nach und nach wurden sie durch Unwetter und Hagelschlag zerstört. Sie wurden nicht erneuert. Die Glasmalerei war über Jahrhunderte kein Medium für Glaubensaussagen. Erst mit der romantischen Bewegung im 19. Jahrhundert ging auch eine Wiederbelebung der Glasmalerei einher. Zwischen 1873 und 1910 wurden 27 neue Münsterfenster gestiftet. Ihre Inhalte waren Geschichten und Gestalten der Hl. Schrift. Dazu kamen Ereignisse aus der Kirchengeschichte wie der Besuch Karls des Großen auf der Reichenau, Luthers Thesenanschlag und sein Auftreten in Worms auf dem Reichstag. Auch die Kaiserproklamation von 1871 in Versailles bekam ein Fenster. Nationales Gedankengut war eng mit der damaligen Frömmigkeit verbunden. Alle diese Fenster wurden im Zweiten Weltkrieg zerstört, weil sie nicht wie die alten Fenster ausgebaut waren.

Die neuen Münsterfenster

Das erste Fenster der Nachkriegszeit, das *Brautfenster* (Nr. 10, Wilhelm Geyer, 1953) erhielt Namen und Inhalt von seinem Platz über dem Brauttor. Braut- und Ehepaare aus dem Alten Testament erscheinen ohne alles Beiwerk auf den Scheiben. In der Mitte das Bild von der Hochzeit zu Kana, im Bogenfeld stehen die Symbole Jerusalems, als himmlische Braut geschmückt.

1955 und 1956 wurden von Hans Gottfried von Stockhausen die drei im Chor fehlenden Fenster geschaffen. Alle drei nehmen Themen auf, die in der Kirche kritisch hinterfragt und dadurch aktuell wurden. Das *Tauffenster* (Nr. 21) geht dem Ursprung und Sinn der Taufe nach. Licht fällt auf Menschen, die Gott zu seinem Eigentum gemacht hat, und die

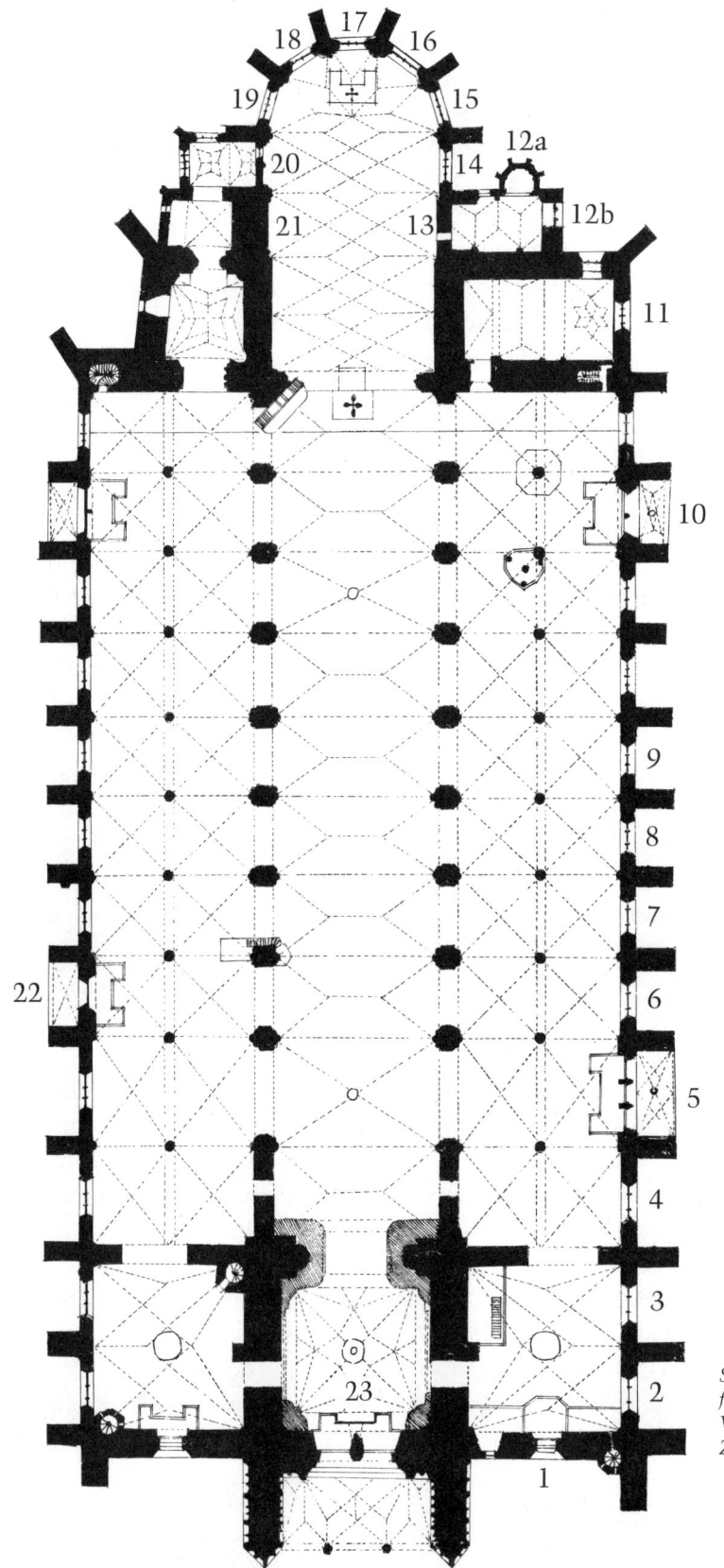

Standorte der
farbigen Münsterfenster.
Vorlage: Münsterbauamt.
Zeichnung von 1956

ihr Leben Gott anvertrauten. Szenen aus dem Leben Johannes des Täufers und aus dem Leben Jesu sind zur Meditation über die Taufe herangezogen.

Das Fenster mit den *sechs Werken der Barmherzigkeit* (Nr. 20) rückt die diakonischen und sozialen Aufgaben in den Vordergrund. Nächstenliebe ist Antwort auf Gottes Barmherzigkeit; keine fromme Leistung. Das Fenster mit den *sieben Bildern von der Kirche im Neuen Testament* (Nr. 13) stellt dar: Weinstock und Reben, ein Kreuz aus grünendem Holz, das Gleichnis vom Fischnetz, der gute Hirte und seine Herde, die Kirche als Braut Christi, Mose, der dem Gottesvolk die Gebote übergibt, und das Bauwerk des Hl. Geistes.

An alte Bildideen knüpft das *Passionsfenster* (Nr. 11, H. G. von Stockhausen, 1957) in der Konrad Samkapelle an. Erzählend ist die Leidensgeschichte dargestellt. Verhalten kommt die königliche Würde Jesu in seinem Leiden zum Ausdruck. Von demselben Künstler stammt das *Martinsfenster* (Nr. 24, 1963) über der Orgel. Der Heilige teilt seinen Mantel mit dem frierenden Bettler. Das Wort Teilen hat einen neuen Klang bekommen, seit wir die Zusammenhänge zwischen den reichen und den armen Ländern der Erde ahnen.

Das *Freiheitsfenster* (Nr. 9, H. G. von Stockhausen, 1957) regt an, über die viel berufene Freiheit nachzudenken, zumal ein amerikanisches Regiment aus Neu-Ulm der Stifter ist. Dargestellt ist die dem Menschen geschenkte Freiheit, ihr Verlust beim Sündenfall, der Sinn, den ihr Christus gegeben hat, und ihr Sieg im Leben des ersten Märtyrers Stephanus.

Das *Heimkehrfenster* (Nr. 22, Wolf Dieter Kohler, 1959) im Nordschiff bleibt zeitgeschichtlich interessant. Für die Kriegsgeneration ist es ein vertrautes Wort. Auf dem Fenster: Israel kehrt aus der Gefangenschaft heim und baut zuerst den Altar für den Gottesdienst auf und dann erst die Wohnungen. Der verlorene Sohn trinkt aus dem Bach des Lebens, der von dem Lamm ausgeht nach der Offenbarung Johannes. Er wird vom Vater mit offenen Armen aufgenommen. Beide Szenen überhöht von den offenen Toren des himmlischen Jerusalem – offen für die Heimkehr in die ewigen Wohnungen.

1965 hielt man mit der Farbverglasung des Münsters inne. Es stellte sich die Frage, ob weiterhin einzelne Fenster mit eigenen Themen und verschiedener Handschrift eingesetzt werden sollten. Die Verantwortlichen nahmen sich vor, ein zusammenfassendes Programm jeweils für Süd- und Nordschiff zu entwickeln. Im Jahr 1977 gab dann die Bürgeraktion für ein neues Münsterfenster von Frau Erika Karlinger einen neuen Anstoß. Das Programm für das Südschiff bekam den Titel »Die heilende Kraft des Evangeliums«. Damit war ein Rahmen gegeben für grundsätzliche Fragen, die heute die Welt an die Kirche stellt, und für den Auftrag, den die Kirche in dieser Welt hat.

Die Reihe dieses Programms beginnt mit dem *Israelfenster* (Nr. 1, H. G. von Stockhausen, 1986). Die Wurzeln unseres Glaubens liegen in der Geschichte Gottes mit dem Volk Israel. Eines der wichtigsten Symbole für diesen Glauben ist die Gottesoffenbarung an Mose durch den brennenden Dornbusch. Mose bekommt jene Zusage, von der der Glaube lebt: »Ich werde im rechten Augenblick da sein«. Die Namen Auschwitz, Bergen-Belsen und Treblinka, in zitternden Buchstaben geschrieben, erinnern an jüngste Vergangenheit. Eine Menschengruppe steht vor einem Vernichtungsofen. Aber sie steht auf den Wellen des Roten Meeres – Ausdruck einer Hoffnung, die in keiner Nacht versiegt. Dieses Fenster hat zu vielen Diskussionen geführt und damit eine wichtige Funktion übernommen.

Die Fenster der *Verheißung* (Nr. 2) und von der *Menschwerdung Gottes* (Nr. 3, Peter Valentin Feuerstein, 1985) führen das Programm fort. – Im ersteren machen Motive aus dem Alten Testament die auf Christus hinführenden Linien und zugleich die Rätsel der Menschheit deutlich. Wissen und Glaube bemühen sich um die Bewältigung der Welträtsel. Heilende und zerstörende Kräfte wirken sich aus. Gott und Götzen stehen sich gegenüber. Welches Ziel hat der Mensch inmitten dieser Mächte und in der vergehenden Zeit? – Im zweiten Fenster erscheint Christus aus der Tiefe des Kosmos. Gott wird Mensch. Deshalb ist in ihm alle Weisheit und Erkenntnis verborgen, wie Paulus es formuliert. Dies wird bekräftigt durch die Taufe Jesu im Jordan und die Vision der Verklärung, die vorausnehmend Christus in seiner Herrschaft zeigt.

Das Fenster der *Versuchung* (Nr. 4, Klaus Wallner, 1965) zeigt jene gefährliche Bedrohung, der der Glaube ständig ausgesetzt ist. Farben und Formen heben die harte Gegenüberstellung hervor, in der Christus den Versucher erkennt und abweist.

Im *Himmelfahrtsfenster* (Nr. 5, W. D. Kohler, 1962) ist Christus nicht sichtbar. Für ihn sind die Schranken irdischer Existenz überwunden. Die Jünger stehen im Schein des Lichts und empfangen ihren Auftrag.

Das *Predigtfenster* (Nr. 6, Feuerstein, 1981) bildet Boten des göttlichen Wortes und Situationen ab, die von ihrer Predigt bestimmt wurden. Für Jeremia ist es eine kaum zu tragende Last. Für Noah ist es Zeichen der Hoffnung nach der Sintflut. Dem Propheten Elia bringt der Eifer für das Wort Verfolgung und Todesdrohung ein. Im Munde Jesu weckt die Predigt Vertrauen, erfährt aber auch Ablehnung. Anders als eine abstrakte Lehre vom Wort Gottes begegnet auf dem Fenster die heilende Kraft der Predigt.

Auf dem Fenster von der *Heilung des Menschen* (Nr. 7, Feuerstein, 1982) hat der Künstler die vielfältige Bedrohung des Lebens dargestellt. Einsamkeit, Ausgestoßensein, Behindertsein, Flucht in Drogen, Verzweiflung bis zur Selbstzerstörung sind symbolisiert in dem verglimmenden Docht, über dem sich behutsam Gottes schützende Hände ausbreiten. Er wird ihn nicht verlöschen lassen. Alltägliche Schritte wie der Krankenbesuch und der Becher Wasser für den Durstigen ermutigen zur Mitwirkung an der Heilung.

Das vorläufig letzte Fenster in der Reihe hat den Titel *Heilung der Gemeinschaft* (Nr. 8, Feuerstein, 1983). Bis in unser Jahrhundert hinein grenzten sich die Kirchen voneinander ab. Die ökumenische Zusammenarbeit brachte neue Erfahrungen. Das Evangelium ist nicht nur an den Einzelnen adressiert. Die Dimensionen der Mitmenschen, der Gesellschaft, des Volkes und der Völkergemeinschaft warten auf die heilenden Kräfte des Evangeliums. Das Fenster zeigt an der Spitze vier verschiedenfarbige Menschen, die ihre Eigenart nicht verleugnen, aber gemeinsam dem gleichen Ziel zustreben. Heilung von Beziehungen ist mehr als gegenseitige Toleranz. Das Symbol des Friedens unter den Zeichen von Bibel, Kelch und Kreuz und das gemeinsame Gotteslob sind die Ziele, auf die die Bilder des Fensters ausgerichtet sind.

Gegenüber den alten Münsterfenstern enthalten die neuen eine Vielfalt von Glaubensaussagen. Dies entspricht der heutigen Situation. Der Glaube kann nicht mehr wie im Mittelalter in einem geschlossenen und damit auch begrenztem Weltbild artikuliert werden. Er entfaltet seine Kräfte in den weit gefächerten Bereichen des Lebens und will auch dort bewährt werden.

Dieser Beitrag ist von Dekan Erhard John eigens für dieses Buch geschrieben worden.

DAS MÜNSTER IN DER LITERATUR

Beschreibungen

Venezianer bewundern das Münster

Andrea de Franceschi (1473–1552), ab 1529 Grancancelliere der Republik Venedig, schrieb im Alter von 19 Jahren ein Reisetagebuch, in dem er auch das Ulmer Münster erwähnte und seine Schönheit pries.

In dieser Stadt giebt es, obwohl sie keinen Bischof hat, eine große prächtige Kirche der heiligen Maria, welche die Pfarrkirche ist, in ungewöhnlicher Größe, nämlich 227 Schritt lang und 80 breit und von einer immensen Höhe. Darin sind sehr viele Altäre und ein Turm, der ganz aus durchbrochener Schnitzarbeit besteht und kolossal hoch, aber noch nicht fertig ist; wenn er vollendet sein wird, dürfte er bis an den Himmel reichen. In dieser Kirche ist ein Chor, auch aus Schnitzwerk mit vielen geschnitzten Stühlen, die doppelter Art sind, teils groß, teils klein. Ferner zwei sehr gute Orgeln, eine große und eine kleine: kurz dieser »Tempel« ist eine Merkwürdigkeit und verdient in der ganzen Welt genannt zu werden.

Franceschi, Andrea de: Itinerario di Germania dell' anno 1492. In deutscher Sprache abgedruckt in: Die Donau vom Schwarzwald bis Passau. Passau 1969, S. 17.

Größe und Schönheit des Münsters

Der Nürnberger Humanist, Arzt und Geschichtsschreiber Hartmann Schedel (1440–1514) rühmt die Größe und Schönheit des Münsters, »dergleichen kaum in der Welt gefunden wird«. Seine Chronik enthält die früheste Ansicht von Ulm, auf der der Münsterturm mit einem Baukran zu sehen ist.

Vnder andern schönen gepewen ist daselbst der heillige gottes gepererin Marie pfarrkirch ein großer paw. vnd als man zalt von cristi gepurt taw-

sent drewhundert sibenundsibentzig iar angefangen vnd bis yetzo zu voll-
endūg diss buchs auffgerichtet. vñ sol vñ mag nach irer visirūg derhalbē
gemacht bis dz der thurn daran volendet wirdt außgepawet werdē. mit
solcher großer mercklikher vñ vnzalberer arbeit kunst vñ kostūg bißher
vñ hinfūr zu ende dz d' gleichē kawm in d' werlt gefundē wirdet. fast hoh
vñ mit grossen gewelbē beladē vñ also weyt dz sie gross volck. der vil
tawsent zu feyerlichen tagen dariñ zusamen kōmen begreiffen mag. Vñ
ist kawm ein' einiche kirch die souil pfarlewt hat. Jn derselben kirchen
sinnd zwayundfūnftzig altar vnnd zwuundfūnftzig gestifter pfrūnden.
dariñ ist auch ein mercklich kōstlich vnd wercklich sacrament gehews.
auch gestūle in dē chore. Auch ist sūßt mit predigen vnd gesanck got dem
almechtigen vnd seiner gepererin zu lob vnd eren vnd dem volck da
selbst zu besserung des lebens vnd wesens ein großer zierlicher vnd mit
mercklicher kost ewiger vñ vnabgēcklicher gestiefter gotzdienst in der-
selbē kirchen. der teglich frūe vnd spaet stettlich dariñ lōblich volbracht
wirdet [...]

Schedel, Hartmann: Liber chronicarum [Weltchronik] ... Nürnberg 1493, Bl. 190/191.

»Ehrwürdiges Denkmal teutscher Größe«

Der Publizist, Dichter und Musiker Christian Friedrich Daniel Schu-
bart (1739–1791), der von 1775–1777 in Ulm lebte, pries mit dem Pa-
thos eines Sturm- und Drang-Dichters das Ulmer Münster. Für ihn war
das Münster ein patriotisches Symbol und der Inbegriff von Kraft und
Größe. Mit einem Prosahymnus auf das Münster beginnt er 1776 den
neuen Jahrgang seiner »Teutschen Chronik«.

Mūnster! ehrwürdiges Denkmal teutscher Grōße, sey mir gegrūßt in deiner Majestǎt! Du trägst heilige Spuren teutschen Krafft und teutschen
Geistes. Nie geh' ich an dir vorūber, ohne vor Ehrfurcht aufzuschauern;
dann fließen den kūhnen Bauleuten, die dich Himmelan thūrmten,
Thrânen des Danks und der entzūckten Bewundrung. – Wie fūrchterlich
ehrwūrdig strekst du dein schwarzgraues Haupt in die Wolken! Und wie
leuchtet deine Zinne in der Winternacht, wann dich der Mond vergūldet
und der Polarstern ūber dir flammt! – Muß hinauf! Hinauf auf deine Hō-
hen, und mein Herz lūften auf deinem majestǎtischen Kranze! – Das sind
ja die steinernen Hūften, die seit Jahrhunderten dem Sturmwinde trotz-
ten! Und dieß die Brust, von der Gottes Gewitter selbst nur Schiefer

Pfeilerkonsole des Reißnadelmeisters

214

splittern konnten! – Wohl mir! diese Schneckentreppe bringt mich immer näher zur Heitre des Himmels empor! – Da steh' ich, Gott! wie ist mirs! – O wie viel anders, als wann ich am Staube kröche. Hoch über mir Gottes Himmel! und unter mir seine Welt! – Darf ich hinauf schauen zum höhern Oceane, der unterm Silberschleier des Lichts blauwoogicht dahinfließt? – O der erstickenden Wonne! Muß ausruhen, und auf meinen Brüdern, den Menschen, verweilen, die dort unter mir wandeln, und durchs Leben kriechen, hinken, gehen, taumeln, fliegen. – Dort drunten liegen ja ihre Hütten, mit Schnee, wie mit Wolle bedeckt, meist umstürmt von des Lebens Sorgen, und selten besucht vom leisen Tritt der Ruh' und dem Tanz der Freude! – Seyd mir gegrüßt, meine Brüder, mit dem ersten Strale des erwachenden Jahrs! Edle und Unedle, Weise und Thoren, Reiche und Arme, Tugendhafte und Sünder, Nahe und Ferne, Freunde und Feinde, seyd mir alle gegrüßt! Mit euren Wünschen, Sorgen, Kämpfen, Arbeiten, mit euren Tugenden und selbst mit euren Fehlern, seyd mir gegrüßt! – Noch wölbt sich diese blaue Decke des Himmels über euch hin; noch träuft aus sanften Wolken, wie aus Schläuchen, Seegen auf euch hinab; noch kreist sich das Jahr mit frölichen Monden, und tanzenden Stunden harmonisch um euch: Sollt ich euch nicht auch lieben, ihr Lieblinge Gottes? Nicht für euch zum benachbarten Himmel hinaufbetten [...]

Teutsche Chronik. Jg. 3. 1776, 1. Stück, S. 1/2.

»Gott und dem Genius der Deutschen zu Ehren«

Schubart hat besonders die Höhe des Münsterturmes und die Aussicht, die man von ihm hat, beeindruckt, was in seinem biographischen Werk »Leben und Gesinnungen« in begeisterten Worten festgehalten ist.

Großheit, und Schauerhöhe rührte mich immer stärker, als blose ruhige Schönheit; daher empfand ichs nie mächtiger, daß ich noch eine offene empfängliche Seele hatte, als wenn ich das Münster bestieg, diese heilige Piramide, Gott und dem Genius der Deutschen zu Ehren hingethürmt: Städte, Dörfer, Felder, alles von meinen lieben Menschen wimmelnd; Wälder, Ströme, Berge, Fluren ins Gold der Sonne getaucht; und über mir der freundliche, zum Dach gewölbte Himmel in blauen Wellen hinfließend!

Schubart, Christian Friedrich Daniel: Leben und Gesinnungen. Th. 2. Stuttgart 1793, S. 101.

Das Münster von Nordosten bei Nacht

Schöner als das Straßburger Münster

Der durch seine »Allgemeine Theorie der schönen Künste« berühmte Aufklärungsphilosoph Johann Georg Sulzer (1720–1779) zieht das Ulmer Münster dem Straßburger vor.

Nicht ohne Bewunderung sah ich hier die große Münsterkirche, eines der prächtigsten gothischen Gebäude, das mir mit weit mehr Geschmack, als das berühmte Straßburger Münster angelegt und aufgeführt schien. Die offene Halle vor dem Haupteingange hat wirklich wahre Größe und Pracht: freylich weit von der edlen griechischen Einfalt und den feinen Verhältnissen der griechischen Baukunst entfernt; aber auch nicht so sehr wie andere gothische Kirchen, mit Kleinigkeiten der Zierrathen überladen.

Sulzer, Johann Georg: Tagebuch einer von Berlin nach den mittäglichen Ländern von Europa in den Jahren 1775 und 1776 gethanen Reise und Rückreise. Leipzig 1780, S. 399/400.

»kein angenehmes Verhältniß«

Auch Friedrich Nicolai (1733–1811), Schriftsteller und Verleger, Haupt der Berliner Aufklärung, vergleicht das Ulmer Münster mit dem Straßburger, wobei letzteres aber besser abschneidet.

Mir wenigstens fiel es beym Eintritte ins Münster zu Ulm (ungeachtet ich damals das Münster zu Straßburg noch nicht gesehen hatte) sehr auf, daß das Schiff gedrängt und enge aussah. Außer der ungeheuren Höhe trägt dazu bey, daß die mittlern Pfeiler nur die Höhe der Abseiten haben, und sich zwischen jedem ein parabolischer Bogen schließt. [...] Ueber denselben steht ein massives Mauerwerk auf den parabolischen Bogen (so weit nämlich das Dach der beiden Abseiten dagegen stößt), über welchen die Seitenfenster hervorragen. Dieses giebt eine angenehme Beleuchtung; aber das Ganze scheint zusammengedrängt, so daß man keine große Masse übersieht. Die Abseiten, von schlanken abgerundeten Pfeilern getragen, sehen, an sich betrachtet, ohne Rücksicht auf das Schiff, viel freyer aus, wenn man davor steht; aber vom Schiffe aus betrachtet, zeigt ihr gegen das sehr hohe Schiff sehr niedrig scheinendes Gewölbe dem Auge kein angenehmes Verhältniß, das hingegen in dem Straßburgischen Münster keinen so starken Absprung, sondern allenthalben große Massen, leichte Verhältnisse und Ruhe findet. [...]

218

Der Thurm ist nur bis auf 337 Ulmer Werkschuh hoch gebracht. In Hafners Beschreibung S. 46 ist (Fig. V) eine Abbildung zu sehen, wie hoch er hat werden sollen. Er steigt in zierlichen und angenehmen Verhältnissen empor, mit sichtbarer aber glücklicher Nachahmung des Münsterthurms zu Straßburg; nur die oberste Spitze ist gedrungener und schwerer. [...]

Nicolai, Friedrich: Beschreibung einer Reise durch Deutschland und die Schweiz im Jahre 1781. Bd. 9. Berlin u. Stettin 1795, S. 22/23.

Das Münster ist eine Reise wert

Der Ulmer Buchhändler Johann Friedrich Gaum (1722–1814) ist der Ansicht, daß sich allein des Münsters wegen eine Reise nach Ulm lohne.

Die ansehnlichsten öffentlichen Gebäude sind das Münster, das durch ganz Deutschland berühmt ist, das Zeughaus und das Comödienhaus. Wenn Ulm auch an sich nicht viel anziehendes hätte, so würde doch das erstaunenswürdige Gebäude, die Hauptkirche allein, verdienen, daß man, um sie zu sehen, hieher reise. Die heutige Baumeister mögen sich auf ihre Kunst noch so vieles zu gute thun, so werden sie doch, wenn sie diese Kirche und ihren Thurm beschauen, sich zur Bescheidenheit angetrieben finden.

[...] Die Kirche ist von erstaunender Höhe und Länge; es fehlt ihr aber an Licht, wie gemeiniglich allen alten Gothischen Gebäuden von dieser Art. [...] Den Thurm dieser Kirche kann man ohne Erstaunen nicht ansehen. Er wird zwar von dem in Straßburg, den ich auch gesehen habe, an Höhe und Schönheit übertroffen. Kunstverständige wollen ihm aber doch in einigen Stüken einen Vorzug vor jenem beylegen. Es sind über 400 Jahre, daß er gebaut ist. Damal war die Zeit, da noch das Sprüchwort richtiger war, als in unsern Tagen: Ulmer Geld zwingt die Welt. Und doch behauptet man, daß die Unkosten des Baues sich bereits zu hoch belaufen haben, als daß man dem Thurm die verhältnismäßige Höhe zu seiner Dike hätte geben können. Von diesem Thurm hat man die vortreflichste Aussicht auf die benachbarte Gegend bis auf viele Meilen weit.

[Gaum, Johann Friedrich:] Reisen eines Curländers durch Schwaben. [Ulm] 1784, S. 221–223. Als Autor wird auch fälschlich Johann Ferdinand Gaum angegeben.

»Dieser Koloß, der so tyrannisch alles um sich her verkleinert«

Als Eduard Mörike (1804–1875), der Dichter des Biedermeier, 1831 ins schwäbische Oberland reiste und auch Ulm besuchte, schilderte er in einem Brief an seine Braut Luise Rau den Eindruck, den das Münster auf ihn machte. Von seiner Massigkeit mehr abgestoßen als angezogen, versuchte er sich vorzustellen, wie es aussehen würde, wenn es vollendet wäre. Dabei kommt er zu dem Schluß, daß »alles unvergleichlich wäre«. Das Innere gefiel ihm ohne Einschränkung.

Jetzt tanzte das Gefährt leicht wie ein Topf die Steige hinunter. Bald lag der Münster wie ein schauerlicher Block vor Augen. Dieser Koloß, der so tyrannisch alles um sich her verkleinert und, von der Ferne betrachtet, gar keinen Bezug auf die Stadt annehmen will, scheint, wie ein überbliebenes Gespenst aus früheren Jahrhunderten, sich fremd und kalt in unserem verflachten Kirchenalter zu fühlen. Übrigens ist er zu seiner baulichen Umgebung um so unverhältnismäßiger, als er zu sich selber kein Verhältnis hat. Die Schuld hievon liegt aber nur daran, daß der Turm weit über die Hälfte nicht ausgebaut ist; das Fehlende hinzugedacht ist alles unvergleichlich. [...]
   Vor elf Uhr machte mein Onkel Besuche, und ich konnte ungestört meine andächtige Begier nach dem Münster befriedigen. Am wichtigsten war mir die innere Struktur der Kirche. Fürwahr ist das ein Anblick, dessen große und einfache Würde man niemals ausgenießen kann. Ich hatte noch selten Gelegenheit, bei grandiosen Gebäuden es so zu empfinden, wie der beugende Eindruck des Ungeheuern sich in dem ruhigen Gefühl der Schönheit löst, mit welcher unser Geist sich homogen empfindet.

Mörike, Eduard: Briefe. Hrsg. von Friedrich Seebaß. Tübingen: Wunderlich [1939], S. 286–288.

Blick vom südlichen Chorturm zur Donau

»Die Höhe und Großheit ist ergreifend«

Die meisten Reiseschriftsteller begnügen sich mit der Wiedergabe eines Gesamteindrucks; das ist bei dem katholischen Theologen und Reiseschriftsteller Alois Meßmer (1822–1857), Professor in Brixen, nicht der Fall. Er geht auf Einzelheiten ein, wobei er auch Wertungen vornimmt.

Es [das Münster] ist das größte unter den vollendeten Gotteshäusern in Deutschland. Geht man neben und hinten um den Bau, so macht er nicht den köstlichen Eindruck der andern früher beschriebenen Dome von Deutschland. Die Seitenschiffe sind großentheils nicht aus dem edlen Material des Sandsteins, sondern aus geschwärzten Ziegeln gebaut (wie die Frauenkirche zu München); die Wände sind ganz einfach ohne den Schmuck von Bildwerk und Thürmchen, und es fehlen die herrlichen Strebebogen. Auch die vier Portale an der Nord= und Südseite sind höchst einfach und die Sculpturen daran sind kindlich roh.

Anders aber ist es, wenn man vor die Façade tritt; diese gibt an Eleganz und Großartigkeit kaum dem Straßburger Münster etwas nach. Sie besteht aus 3 Stockwerken, so weit bis jetzt der Thurm vollendet ist. Das untere enthält einmal eine herrliche Vorhalle von drei Bogen, durch welche man zum gedoppelten Hauptportal eintritt. Herrliche Architektur und meisterhafte Sculpturwerke in großer Menge zieren diesen Eingang. Rechts und links sollten zwei kleinere Portale in die Seitenschiffe führen, eins ist leider verbaut. Das zweite Stockwerk umfaßt nur ein riesengroßes Fenster, das von herrlicher Arbeit, den Thurm durchbricht und das Mittelschiff beleuchtet. Das dritte Stockwerk, dem Thurm allein angehörig, bildet zwei schmälere aber ungeheuer hohe Fenster. Ueber diesen ist eine Gallerie voll blühender Pracht angebracht. Nun sollte das Achteck daraus emporspringen und die achtseitige Pyramide mit der Kreuzesrose das Werk krönen, aber da erlahmte die Liebe und die Kraft. Von den schönen Verhältnissen, den geschmackvollen Verflechtungen der Zierrathen, von dem feinen Stab= und Blätterwerk kann man in einer eiligen Skizzierung ohnehin nicht reden. Dieser Bau wurde 1377 begonnen unter dem Bürgermeister Ludwig Kraft (er ist an einer Säule abgebildet, wie er den Bau der Mutter Gottes darreicht!) von Meister Heinrich; hundert Jahre darauf waren die Schiffe vollendet. [...]

Treten wir nun ein wenig in's Innere. Die Höhe und Großheit ist ergreifend; vom Chore schimmern noch die alten Farbenfenster, die Schiffe haben sie leider nicht mehr. Bei näherer Betrachtung kann indeß der Bau einen Vergleich mit den Münstern zu Freiburg, Straßburg und

Köln nicht aushalten. Das Gesetz der germanischen Baukunst ist nicht mit jener Reinheit empfunden und durchgeführt. Erstens nämlich fehlt das Querschiff, es ist kein Kreuz. Dann sieht man viel massenhafte Wand und die Fenster sind schmal. Dieses selbe Vergessen spürt man an den Säulen der Seitenschiffe; es sind keine Säulenbündel, sondern einfache runde, sehr schlanke Säulen. Dagegen ist der Dom an Ueberbleibseln altdeutscher Ausschmückung reicher, als die meisten seiner Brüder. Der Hauptschmuck ist ein Sakramenthaus [...], um 1469 mehr gedichtet als aus Stein gehauen. Welch' ein Reichtum, welche Schönheit und Leichtigkeit! Der ebenso schöne Taufstein, die Kanzeldecke, die Chorstühle von Hans Syrlin stehen ihm würdig zur Seite. Der Chor=Altar enthält schönes Schnitzwerk und Malereien von Schaffner. An den Pfeilern springen Piedestal und Dächer für Statuen von dem feinsten Geschmack und voll phantastischen Reichthums hervor – außerdem sind ein Paar wohlerhaltene Kapellen angebaut. [...]

Meßmer, Alois: Reiseblätter, gesammelt zwischen Venedig und Amsterdam. Bändchen 1. 1854. Innsbruck 1854, S. 181–183.

Münsterturm und Chorgestühl

Der Berliner Theaterkritiker und Verfasser von Reisebüchern Alfred Kerr (1867–1948) beschreibt in aphoristischer Weise eine Besteigung des Münsterturmes und setzt sich in der gleichen Manier auch mit dem Chorgestühl auseinander.

Die Treppe dieses Münsterturms ist wie die Liebe: sie höret nimmer auf. Der höchste Kirchturm der Welt. Schön luftig ist es unter dem Knauf.

Da unten steht der Metzgerturm am Fluß, das bemalte Rathäusle mit dem gelben Türmle, ein Märktle wird abgehalten, die Bauernweible sehn aus wie Stecknadelköpf', drüben liegt auf der Höh' ein verlassenes Schlößle, und auf der Donau glänzt ein Mittagsschein...

Freundliches Ulm. Altes, trauliches, durcheinandertorkelndes Städtle – ich hab' Dich gern.

Man steigt hinab. Hinein in den Dom. Dies Altargestühl, links und rechts – wunderbar.

Von jedem einzelnen Kopf, den dieser Meister Syrlin in Holz gemeißelt, von jedem Sims müßte man ein Abbild mitnehmen, von jedem Tragsäulchen eine Wiedergabe.

Sich selbst und seine Gattin hat er auch angebracht; (hübsch war sie nicht, wenn ich offen sein soll; doch er mußte wohl; wer ahnt, wie ihm das Weibstücke sonst würde zugesetzt haben).

Auch seine Mutter hat er verewigt, aber nur ganz bescheiden, in kleinem Umfang, viel tiefer unten als sich selbst und das Gespons. Die brave gute alte Frau. Nur faustgroß ist ihr Kopf, und eine Konsole muß er noch tragen.

Aber herrlich und einprägsam – das Haupt einer runzligen, bejahrten Bäuerin; am Hals ist schon alles verdorrt, schwere Spuren der Arbeit wie der Sonnverbranntheit graben sich um die Wangen, die Stirn, die starken Nasenflügel, den lieben, gütigen Greisenmund. Ein Kopftuch hat sie auf. So hat er sie dargestellt, für die Ewigkeit.

… Verschollen und verloren bleibt, an ihrem unscheinbaren Fleck, die Mutter; ich aber will ihren Ruhm künden, und ihre Herrlichkeit, die unvergeßbar ist. Liebe alte Frau Syrlin – ja, Sie sind auch mit drauf! Schlafen sie ruhesam.

Wollte sagen: was sonst noch in dem Gestühl an Köpfen und Gestalten und Figurenwerk lebt, das ist über die Maßen ulkig und lebenswahr zugleich.

Der Bildner hatte noch Mut – ja, wenn er unter allerhand Propheten, Patriarchen, biblischen Herren den Hiob darstellt: so ermangelt er nicht, ihm die Blattern und Geschwüre leibhaft-erhaben auf den nackten Arm zu setzen; worüber die Menschen heut Zeter schrien, wenn einer es wagte …

Kerr, Alfred: Verweile doch! Berlin: S. Fischer (jetzt Argon Verlag) 1920, S. 151/152.

»schöpferische Lust und Frömmigkeit«

Eingehend befaßt sich der Kunsthistoriker und Publizist Wilhelm Hausenstein (1882–1957) mit dem Ulmer Münster, das er als eine Sache – auch die Vollendung im 19. Jahrhundert – »hochgemuter Bürger« würdigt. »Die schöpferische Lust und Frömmigkeit mittelalterlicher Ulmer Bürger« scheint sich, wie Hausenstein meint, bis an die Schwelle unseres Jahrhunderts bewährt zu haben.

Am Ulmer Münster scheint etwas von vornherein anders als an den Domen zu Köln und Mainz, zu Regensburg und Straßburg: es ist ohne Zweifel die bürgerliche Atmosphäre. Wenigstens meint man sogleich, zu fühlen: dieses Münster sei keine Kathedrale, wie es in der Tat ja nur eine Pfarrkirche ist, nicht Kirche eines Bischofs oder Erzbischofs. Nicht davon ist jetzt die Rede, daß dieses Münster von der Reformation dem

Protestantismus übereignet worden ist, sondern davon, daß es in seiner Entstehung eine Angelegenheit bürgerlicher Begründer war, nicht geistlicher Urheber. Freilich eine Sache hochgemuter Bürger und eine gewaltige Sache.

Das Handbuch läßt wissen: im Lichten umfange das Ulmer Münster eine Fläche von 5100 Geviertmetern; damit sei es geräumiger als das Straßburger Münster, das eine Bodenfläche von 4100 Geviertmetern einschließe; damit sei es nicht viel kleiner als der Kölner Dom, dessen Bodenfläche 6100 Geviertmeter messe; selbst der Dom zu Mailand sei mit einer Bodenfläche von 8400 Geviertmetern noch längst nicht doppelt so groß. Doch übersetzen wir die Ulmer Zahlen aus dem Leeren der Ziffer in die Greifbarkeit des Menschlichen: so besagt sie, der Boden des Münsters trage gut und gern die Seelenzahl, deren sich das mittelalterliche Ulm zur Zeit des Münsterbaues rühmen mochte. Es waren etwa 25 000*.

Man muß im Ernst versuchen, die Größe eines Raumgedankens nachzufühlen, der freilich so andächtig war wie stolz. Was tat es, wenn die Verwirklichung nicht alsbald ins Letzte ging? Wenn sie, 1377 beginnend, bis 1529 sich verzog, um dann für Jahrhunderte aufzuhören und erst in des neunzehnten Jahrhunderts Mitte neu anzusetzen – in jener Zeit unserer Großeltern und Urgroßeltern, die sich im liebenden Rückblick romantischer Ehrfurcht am reinsten auswies? Das Modell des Münsters, links drinnen, dem Chor zur Seite, weiß noch nichts von der gotischen Filigranpyramide, nichts von den Schwibbogen, die heute rechts und links an das Kerngehäuse des Mittelschiffs schlagen, um es zu stützen. Doch wäre es gewiß nicht zu gewagt, zu fragen: ob dieses Bogensystem, das Achteck des Oberturms, die Pyramide, deren Gipfel mit einer Höhe von 161 Metern sogar die Spitzen des Doms von Köln und der Straßburger Kathedrale übertrifft, nicht als eine letzte, nachwirkende Bewährung jenes ursprünglichen Bürgergeistes empfunden werden dürfe, der dieses Münster vor einem reichlichen Halbjahrtausend zuerst unternommen hat? Die Kunstgelehrten unterscheiden zwar genau und richten gegen das wiederherstellende, gegen das ergänzende Jahrhundert unserer Großeltern auch mit guten Gründen Vorbehalte. Trotzdem mag es auf die Dauer nicht durchaus unerlaubt sein, das Ulmer Münster aus einem allgemeineren Gesichtspunkt als Eins zu sehen: als hätte die schöpferische Lust und Frömmigkeit mittelalterlicher Ulmer Bürger durch sechs Jahrhunderte wie ein einziger Lebensodem hindurchgewirkt und, wiewohl schwächer, bis zu jenem abschließenden Jahr 1890 herangereicht, in dem wir schon geboren waren, so daß wir noch einen letzten Anteil an der Größe unseres Mittelalters zur Mitgift bekommen hätten.

Die Stadt selbst stimmt zu ihrem kühn gedachten Münster. Denn auch in den weltlichen Zügen der Stadt hat bedeutende Form eine Heimstätte gefunden. So einheitlich wie vielfältig spricht aus der kräftig emporsteigenden Erscheinung der alten Reichsstadt das erhebende Bewußtsein bürgerlicher Kraft; zwar auch ins Behagliche gewendet, doch ebensowohl ins Prächtige entfaltet, ins Großartige gedehnt. [...]

Noch einmal in Ulm, auf drei Stunden! Wohl gibt es Dome mit reicheren Außenseiten, und was an den Toren des Ulmer Münsters als steinbildnerischer Schmuck erhalten blieb, ist mit Adam und Eva, Kain und Abel, mit dem Leben Mariä, mit den heiligen drei Königen, mit Passion und Weltgericht doch wohl in einigermaßen provinzialem Stil befangen. Allein die biblischen Geschichten sind alle auch mit starker Eindringlichkeit erzählt: von Steinmetzen mit echter epischer Lebendigkeit. Weiß das Haupttor nicht ungewöhnlich anzusprechen, so ist doch wunderbar, wie das gesamte Dasein der Stirnseite in die himmelwärts emporstrebende Energie und erhabene Lust des Turmes aufgenommen wurde – der, so möchte man denken, auch Lebenskräfte der eben darum nur karg dastehenden Seitenwände in sich aufgenommen hat. Im Innern aber haben viele Erfahrungen der Gotik sich zu erlauchter Kirchengestalt zusammengestimmt. Die hoch erstreckten Maße des Mittelschiffs; das baumhafte Ausschlagen der Säulen, von denen die Gewölblinien wie Äste über die gedoppelten Seitenschiffe schwingen; die schneidende Steilheit der Spitzbogen; der Chorschluß aus lauter Fenstern, wie ein Wandteppich aus lichten Farben hergebreitet; die überlegene Kunstfertigkeit des hochschießenden Sakramentsgehäuses; der Purpur der Fenster in der Besserer-Kapelle: dies alles ist aus der Sicherheit einer gotischen Vorstellung geschöpft, die sich in einem endgültigen Sinn vollzogen hat. Und siehe, noch wartet in aller Stille, braun und verschwiegen wie die Erde selbst, das Chorgestühl mit dem Schatz geschnitzter Häupter, verbunden dem Namen des älteren Jörg Syrlin, des Ulmers, um 1470 ins Werk gesetzt. In sinnbildlichen Büsten und Reliefs ist da der Gang der Heilserkenntnis vorgestellt: Philosophen, Propheten, Sibyllen, Prophetinnen, Apostel und Märtyrer verleiblichen ihn – nach der planmäßigen und weitausschauenden Spekulation des Mittelalters ins Ganze einer theologischen »Summa« gedacht. Auch in diesen Bildwesen, die mit Recht den Ruhm tragen, das schönste deutsche Chorgestühl des Mittelalters zu sein, erscheint das Leibhaftige als seine eigene Metaphysik. Das Diesseitige empfängt, indem es nur eben leise und voll der tieferen Bedeutung in sich selbst verweilt, den Segen jenseitiger Sphären. Das Erhabene aber und Gottgefällige begibt sich mit ganzer Stärke in die Gestalt bildnishafter Wirklichkeit, die unserem späten Leben so nahe ist, daß wir sie mit Händen der Liebe berühren können wie unseresgleichen.

Hausenstein, Wilhelm: Abendländische Wanderungen. München: Schnell & Steiner 1951, S. 126–129 und 132–134. © Frau Margot Hausenstein und Renée-Marie Parry Hausenstein, Gainesville, Florida.
* Anm. des Herausgebers: Ulm hatte damals nur etwa 12 000 Einwohner.

Blick vom Münsterturm auf die zerstörte Stadt

Am Ende des Krieges stand das Münster inmitten einer zu 85 Prozent zerstörten Altstadt.

Wer, das Ruinenfeld zurücklassend, die Vorhalle des Münsters betreten hat, wird mit einem Gefühl der Erleichterung dankbar empfinden, daß ein gütiges Geschick dieses Werk der Gotik vor der Zerstörung bewahrte. Wohl haben einige Treffer dem Chor nicht unerheblichen Schaden zugefügt, aber im Ganzen gesehen blieb das Münster erhalten. Freilich, von seinem Turm aus sieht das Auge die Wunden des Krieges in einer erschreckenden Deutlichkeit: öde Schutthalden wechseln mit nur wenigen unversehrten Inseln. Das Stadtbild, wie es der Beschauer von früher kannte, ist für immer dahin. Doch in den Trümmern regt es sich: schon glänzt hier und da ein neuer Giebel und Gerüststangen künden von zähem Aufbauwillen. Die Ferne ist unverändert geblieben. Gegen Südwesten das schimmernde Band der Donau, im Südosten die Kornfelder der schwäbisch-bayerischen Hochebene, gegen Westen und Norden die Vorberge der Schwäbischen Alb. Und bei klarer Sicht die Alpen.

Raichle, August: Das Münster zu Ulm. Ulm 1949, Vorwort.

Erzählungen

Der alte Huggele und Über den Dingen

Der Ulmer Schriftsteller Hans Reyhing (1882–1961) hat zahlreiche Romane und Erzählungen verfaßt, deren Schauplatz die Alb, Ulm und Oberschwaben ist. Die beiden Erzählungen »Der alte Huggele« und »Über den Dingen« sind dem Bändchen »Am Herzen von Ulm« entnommen, einer Folge meist fingierter autobiographischer Erzählungen, in denen das Münster ständiger Hintergrund ist.

Der alte Huggele

Der größte Fluch, der die großen Dinge treffen kann, ist der Fluch der Alltäglichkeit. Sie tötet das Wunderbare und die jauchzende Freude des ersten Kennenlernens.

Auch das Verhältnis der Menschen zum Münster leidet darunter. Es liegt an ihrem Arbeitsweg und in dem Gesichtskreis ihres Tages. Das Große und Einmalige nimmt man selbstverständlich hin wie das tägliche Brot und den Zahltag, auch das Einmalige des Münsterhauses selbst. Wer fühlt noch etwas von dem nach, wie einst die Münstererbauung so ganz im Mittelpunkt des Lebens stand, wie alle eine Aufgabe, eine Sorge hatten, ein Ziel, den Münsterbau, wie diese Aufgabe ein und ein halbes Jahrhundert als Vermächtnis von einem Geschlecht dem anderen weitergegeben wurde, wie der Maurer seine Kelle, der Steinhauer seinen Hammer dem Sohne in die Hand drückte, wenn sein Arm zu schwach wurde!

Ein ganzer Heerzug von Werkleuten ist es, der am Münster Stein auf Stein gesetzt und gefügt hat. Ein Heerzug von Hunderten und aber Hunderten. Das Münster ist nicht nur das steingewordene Hohelied auf die Meister, die seine Form ersonnen und seine Größe erträumt haben, es ist auch das durch die Jahrhunderte tönende Loblied auf die Werkleute, die daran gebaut haben, der ungezählten Namenlosen, deren die Nachwelt

»Huggele«, Zierplastiken am Hauptturm

228

sept. 1909.

nicht mehr denkt. Wie der Taktschlag und Klang ihrer Hämmer zusammengeflossen ist zu einem Hochgesang der Arbeit, so ist ihnen miteinander durch den Bau ein Denkmal gesetzt.

Aber da ist einer unter vielen: Der alte Huggele, seines Zeichens Taglöhner der Steinmetzen am Münster, und der Huggele ist immer an der Arbeit, Tag für Tag und pünktlich wie der Glockenschlag. Gesundheit ist seinem Körper eigen, eisenfeste Gesundheit, und Festigkeit seinem Willen. Nie fehlt Huggele. Der Taktschlag der Steinmetzen wäre aus seinem Maß gekommen und verstummt, wenn er gefehlt hätte.

Aber eines Tages setzten die Hämmer wirklich aus, in der Steinhauerhütte war es still wie in der Kirche selbst. Heute kam Huggele nicht, sondern seine Frau. Tiefe Trauer lag in ihrem Gesicht und eine bedauernde Entschuldigung, daß sie jetzt diese Botschaft bringen müsse: »Ihr Herre werdet entschuldige, daß mei' Ma' net komme ka', er ist heut Nacht g'storbe.«

Darüber könnte man eine Predigt halten, eine gute und eine starke. Darüber könnte man ein Buch schreiben, ein großes und gutes, und der Huggele und seine Ehegesponsin stünden groß darin, neben den Größten und Besten der Zeiten, und ein Ruhmeslied der treuen und lauteren Menschen, deren Schultern die Welt tragen, das wäre es.

Am Münster ist ein bekannter Wasserspeier, es ist der alte Huggele — ihm ein Denkmal und zugleich vielen anderen, in deren Fußstapfen er ging.

Über den Dingen

Gestern nacht stand ich wieder einmal vor dem Münsterturm in stiller Betrachtung und hingegebenem Staunen versunken. Die Kirche sah ich eigentlich nicht mehr, nur den Turm der, wie um seiner selbst willen groß gegliedert in den nächtlichen Himmel hineinwuchs. Über ihm schwammen weiße Wolken, vom Mondlicht silbern gesäumt, alle von seiner Helle durchlichtet. Wo sich die Wolken zu dunkleren Bergen geballt hatten, schimmerte das Licht durch wildzackig gebrochene Klüfte. So war der ganze Himmel festlich aufgeputzt, und auf kleinen blauen Himmelswiesen, die zwischen den schwimmenden Wolken auftauchten, blühten goldene Sterne auf und verschwanden wieder in neckischem Spiel wie Glühwürmchen im losen Lichtertanz eines Sommerabends.

Und wie der Blick also an den schimmernden Sternen, an den ziehenden Wolken und am Münsterturme hing, schien es mir plötzlich, die Wolken blieben stehen und die blauen Himmelswiesen zwischen ihnen und die Spitze des Turmes würde lebendig und ziehe durch die Wolken-

landschaften, eingedenk der Bestimmung, welche die Planer und Erbauer des Turmes und alle die Menschen, welche hochfliegender Hoff-
nungen voll hinter dem Bau standen, dem Turme mitgegeben hatten:
gleichsam von seiner kühnen Spitze aus irgendwo hoch oben über allem
Irdischen und Endlichem im Überirdischen und Unendlichen Anker zu
werfen.

Wie hat sich der Menschengeist allezeit verlustiert, sich in Türmen
aller Art auszuleben, in ihnen Sinnbilder seiner Macht und seiner Sehnsucht zu errichten, vom Turmbau zu Babel an, jenem ersten trotzigen
und kühnen Unterfangen der Menschheit, in vermessenem Anlauf das
Unmögliche und Übermenschliche zu leisten!

Wie hoch hinaus wollten auch die alten Ulmer schon mit ihrem Planen, verständlich Menschliches und Äußerliches, wie sie nun einmal in
der Menschenbrust wohnen, trieben mit; aber die religiöse Kraft trug den
Mut und spannte die Tatkraft wie einen kühnen Strebebogen durch an-
derthalb Jahrhunderte. In Zeiten kirchlicher Wirren und Neuordnung
wurde das Werk unterbrochen, und nach mehr als drei Jahrhunderten
nahmen es die Enkel wieder auf, eine Tat der Pietät, die ja auch im Religiösen wurzelt. Was will es heißen, wenn nun auch kindlicher Stolz, mit
der Höhenzahl des Münsterturmes spielend, hie und da gutmütig auf-
trumpft!

Wie oft war ich als Bub auf dem alten Turm, bei meinem letzten Besuch vor 37 Jahren auch auf dem neuen! Einmal noch wollte ich ihn
besteigen und das liebe heimatliche Stadtbild von oben beschauen.

Gleich in der ersten Zeit nach meiner Rückkehr brachte ich den Plan
zur Ausführung, an einem sonnigen Spätherbsttage. Es sollten Feier-
stunden und ein Feiertag für mich werden.

Ich zog mich gut, beinahe festtäglich an und stieg in gemessenen
Schritten von meiner Dachstube herunter. Mein Hausherr, der mir be-
gegnete, fragte erstaunt, wohin ich wolle.

»Aufs Münster!« antwortete ich ihm. »Nocheinmal!«

Da drückte er mir die Hand und ließ mich meiner Wege gehen.

Und so schritt ich denn auf den Münsterplatz hinüber. Er glänzte festlich im Sonnenschein. Mädchen drehten sich in frohem Reigen und san-
gen dazu, Buben jagten im Wettlauf mit bunten Wimpeln über den Platz,
und eben führte ein Gärtner zwei mit Herbstblumen reich beladene Wagen vorüber. Alles war heiter und festlich. Ich betrat das Münster und
löste meine Karte. Der freundlich lächelnde Mesner gab sie mir verwun-
dert. »Auf den Turm wollen Sie?« Und er kam aus seinem Schalterraum
heraus und machte mir die Turmtreppentüre auf.

Die Türe fiel wieder ins Schloß. Die Geräusche hinter und unter mir erstarben, ich war nun allein und stieg langsam die vielen Stufen der Schraubentreppe hinan.

Staunend stand ich bald vor der Glockenstube, jener gewaltigen Turm-kapelle, in der die Münsterglocken hängen und von der sie ihre Klänge zu den hohen Fensteröffnungen hinausschicken. Eben schlug es drei Uhr. Die Klänge ballten sich in dem Raum. Ich stand mitten in einem Gewoge von Tönen, und der ganze Turm schien mitzuschwingen. Lange zitter-ten die Klänge nach. Sie bleiben mir verbunden mit der gewaltig hohen Turmkapelle, der erhabenen Glockenstube des Münsters, und noch heute liegt mir der Nachhall in den Ohren als der Grundton eines Liedes, das dort oben seine weihevolle Heimat hat.

Und diesen Klang im Ohr stieg ich damals weiter turman. Ich hatte das Glück, allein zu sein. So konnte ich die vielen Stufen langsam nehmen und Atempausen machen, war vor allem ganz allein mit dem Turm und erlebte nun seine ungeheuren Maße.

Nun komme ich aufs Münsterviereck, in eine Höhe, bis zu der schon unsere Vorfahren das Werk geführt hatten. Eine Gittertüre sperrt den Ausgang vom Treppenaufgang zum geräumigen Umgangsplatz. Ich setze den Glockenzug in Bewegung. Es ist mir, als stehe ich vor dem Eingang in eine andere Welt. Der Hochwächter öffnet, läßt mich ein und schließt wieder hinter mir zu, und ich bin oben, im hohen Turmbereich. Langsam gehe ich ringsum der Brüstung entlang und betrete geruhig die Kanzeln an den vier Ecken des Turmes und blicke hinunter auf den Münsterplatz und über die Häuser hinweg, so wie man zur Sammlung seine Augen an freundlichen und vertrauten Gegenständen weidet, und umschmeichelt von der Herbstsonne, angefaucht an manchen Stellen auch vom scharfen Wind, umgehe ich etlichemale das Viereck. Eine rechte Feierabendstim-mung umfängt mich, aber frei von lähmender Tages= und Lebensmüdig-keit. Alles in mir ist wach und lebendig und von höchster Aufnahme-freudigkeit. Es deucht mich sogar, als sei ich nun im besten Zuge, von dem, was mein Lebenstag schuldig geblieben ist, in vollen Frachten noch einzuheimsen.

Jetzt ruht der Blick auf dem väterlichen Haus. Mußte nicht der Groß-vater heraufblicken? Und eines seiner Worte fällt mir ein, auf dem Mün-sterturm lerne man über den Dingen zu sein.

Über den Dingen! Das war der mich bewegende und tragende Ge-danke, als ich nun zum Achteck hinaufstieg und nach ausgiebiger Atem-pause den Helm hinauf zum obersten Umgang unter der Kreuzblume.

Nun bin ich oben, über den Dingen, über lauter Dingen aber, die mir

Blick vom südlichen Chorturm zum Kernkraftwerk Gundremmingen

232

lieb und vertraut sind. Da liegen sie, das Rathaus und der Neue Bau, das Schwörhaus und das Kornhaus, der Metzgerturm und der Gänsturm, das Wengenkloster und die Dreifaltigkeitskirche samt dem Spital. Groß und eindrucksvoll stehen alle diese Bauten da, wie Ausrufezeichen, welche in ihrer Weise die Bedeutung der Stadt betonen. Als Herzpunkt der Stadt liegt der Münsterplatz da unten. Die Linien der führenden Straßen sind klar erkennbar. Leicht vermag auch das Auge die kleinen und engen Gassen zu entdecken. Ach, und da sind sie ja auch, die Rabengasse, die Kohlgasse, die Platzgasse, einst erfüllt vom Herzschlag meiner Jugend! Und jetzt wird alles lebendig um das Münster herum, auch rings um Ulm her, am Kuhberg und am Michelsberg. Spaziergänge und Erlebnisse mit den Eltern, mit Freunden kommen mir in den Sinn. Eines reicht dem andern die Hand, und wie in einem bunten Reigen stehen die Erinnerungen um mich auf. Alles ist warm und schön, viel schöner, als es gewesen sein könnte, und die Rose, die mir vor fünfzig Jahren das Bärbele drüben am Michelsberg gereicht hat, ist das allerschönste.

Der freundliche Herbsttag gibt den farbenreichen Kranz zu diesem Erinnerungsfest. Das Herbstlaub der Gärten und Wälder leuchtet in unglaublicher Buntheit. Der Flußlauf der Donau glänzt spiegelblank auf und verliert sich dort draußen in der wundersamen Versponnenheit des herbstlichen Tages, der ja immer den Horizont so fein verhängt, und den Himmel mit hauchzarten Schleiern schmückt. Es ist so, als solle alles aufs schönste und feinste herausgeputzt werden, und als könnte es niemand schmerzen, aus dem bunten Tag hinauszutreten und sein Lebensschifflein aus dem Strom der Zeit in ein anderes Land hineintragen zu lassen, ganz so, wie sich dort draußen die silberne Donau in die lichten, verklärten Nebelschleier verliert. Man ist ja auf dem Turm so fern all den Dingen da unten. Man hört nicht mehr den Laut ihres Umgetriebenseins, sieht nur noch ihre Bewegungen. Man ist ja über den Dingen.

Dieses Wort läßt mich nicht los, dieses Wort des Großvaters, der seine tiefe Lebensweisheit so gern mit dem Münster verband. Das Münster gab ihm die eindringliche Mahnung, an den großen Dingen hinaufzusehen und sein Turm dann lehrte ihn, über den Dingen zu sein.

Und das wurde mir nun gewiß: Alle die unruhigen Menschen, die sich in etwas verrannt haben und nicht mehr hinausfinden, die im Getriebe des Alltags sich selber zu verlieren in Gefahr sind, aber die irgendwie in Ketten gehen, sollten von Zeit zu Zeit den Münsterturm besteigen und sich selbst das große Gleichnis und Erlebnis schaffen, über den Dingen zu stehen.

Über den Dingen!

Reyhing, Hans: Am Herzen von Ulm. Stuttgart: Silberburg (jetzt J. F. Steinkopf Verlag) 1927, S. 58–65.

Jakob Däuble und der Münsterturm

Hans Reyhing erzählt in dieser Geschichte, wie ein alter Ulmer, der seinem Vetter von der Alb das Münster zeigen soll, in arge Verlegenheit kommt, weil er es selbst noch nicht richtig angesehen hat und noch nicht einmal auf dem Münsterturm gewesen ist. Die Erzählung ist eine Satire auf den Typ des Lokalpatrioten, der lauthals von etwas redet, das er selbst nicht kennt.

»... Und nun mußt Du einmal nach Ulm kommen. Unser Münster ist doch die höchste Kirche der ganzen Welt. Du machst Dir gar keinen Begriff, wie groß es ist, und vom Turm sieht man so weit, es ist gar nicht zu sagen. Also, komme doch recht bald. Inzwischen grüßt Dich Dein Vetter Jakob Däuble.« – So hat der Rentier a. D. schon oft seinem lieben Vetter geschrieben, der ihm in der Zeit, als man um ein Pfund Butter eine Weltreise machen mußte, wacker unter die Arme gegriffen hatte. Wenn er selbst nun auch sein Vermögen verloren hatte und im wahrsten Sinne des Wortes Rentier a. D. war, so hatte er noch sein eigenes Haus, eine kleine Mietseinnahme und durch Verkauf eines Gartens ein kleines Kapital auf der Sparkasse. – Das alles hatte mit der Sorge nichts zu tun, die ihn bedrückte, als er nun eines Abends – es war um 1930 herum – mit seinen Freunden, dem pensionierten Lokomotivführer Karl Spägele und dem Altbäckermeister Faißt, hinter seinem Maßkrug in den »Drei Kannen« saß. Aber der Vetter hatte geschrieben, daß er nun kommen werde. Er habe im Krieg so viele Kirchen, zerschossene und noch vollständige, gesehen, daß es Zeit sei, auch einmal das Ulmer Münster zu besuchen, und auch den Turm wolle er unbedingt besteigen. Und dieser Umstand war es nun, der unsern Jakob Däuble bedrückte. Er hatte dem Vetter wohl von dem hohen Turm und seiner schönen Aussicht geschrieben, wie er es hatte sagen hören und wie es wohl jeder Ulmer machen muß, wenn er mit seinem Münster prachtiert und seine Trümpfe ausspielt. Aber er selbst war noch nie auf dem Turm gewesen. Wie hätte er sich auch zu solchen übermütigen und ausschweifenden Unternehmungen hinreißen lassen sollen! Und nun wollte dieser Vetter von der Alb, der ihm allerdings als ein etwas unruhiger Kopf bekannt war, geradewegs auf das Münster losstürmen und den Turm besteigen. Und da mußte er schließlich mitgehen. – Er konnte ihn wohl ins Münster führen, wohin er zu den Gottesdiensten und auch zu den Orgelkonzerten kam; aber er wußte nicht einmal, was der Aufstieg auf den Turm kostete, wie es dabei zuging, und er konnte dem Vetter doch nicht gestehen, daß er selbst noch nie oben gewesen war, und das bedrückte ihn, daß er nun schweigend

hinter seinem Maßkrug saß und hilflos in die Rauchwolken hinein-
blickte, die über der lärmenden Trinkgesellschaft schwebten. – Er
mußte sich schon entschließen, einem der Tischnachbarn seine Sorgen
anzuvertrauen. Den Freund Spägele, Lokomotivführer a. D., wollte er zunächst nicht ansprechen; der hatte ein so ungutes Lachen, wenn er auf
eine Schwäche seiner Freunde stieß. Aber den Nachbarn zur Linken,
dem Faißt, konnte er seine Schmerzen schon anvertrauen. Der war jedoch auch noch nicht auf dem Turm gewesen. So fühlte sich Däuble
nicht mehr in so einsamer Verlegenheit und wandte sich nun doch an
den Lokomotivführer. Der lachte wohl einen Schochen hinaus; aber
sonst machte er es gnädig und sagte ihm, wie es anzustellen sei, auf den
Turm zu kommen. Da wurde es dem Jakob Däuble sichtlich leichter und
er sah nun selbst mit einer gewissen Spannung dem Besuch des Vetters
entgegen. – Der Vetter von der Alb kam, und Däuble ging mit ihm ins
Münster. Er merkte bald, daß der Vetter keinen »Kutter« in den Augen
hatte. Schon als sie in die Nähe des Münsters kamen, war er vor lauter
Oh! und Ah! kaum mehr fortzubringen, und als er dann vor dem un-
glaublichen Figurenreichtum des großen Hauptportals gleichsam völlig
erstarrte, wurde auch Däuble gezwungen, die Geschichte einmal genauer zu betrachten. Er hatte diese buntkrause Figurenschrift immer nur
so im Vorbeigehen in Bausch und Bogen besehen, als etwas G'spässiges,
das eben einmal da war, das aber dann mit der Zeit gar nicht mehr auffiel.
Nun aber trat einzelnes heraus und sprach ihn besonders an, und er buch-
stabierte mit dem Vetter gemeinsam an der sonderbaren Figurenschrift
herum. – So waren sie allmählich in das Innere des Münsters eingetreten. Da war Däuble eher zu Hause. Er wies dem Vetter den Platz, wo er in
der Predigt am liebsten zu sitzen pflegte, zeigte ihm die Orgel, die Kanzel, den Taufstein und die gemalten Fenster. Aber er hatte ein dunkles
Gefühl, daß er eigentlich noch viel mehr sagen müßte; und an dem wunderbar geschnitzten Chorgestühl ging ihm sein Latein schon völlig aus. –
Ein Glück, daß der Mesner um den Weg war; der trat mit seinem freundlichen Lächeln herzu und fühlte wohl, daß die beiden nicht mehr weiter
fanden und doch fragende Augen hatten. Er sprach nun einiges von der
feinen Filigranarbeit des Sakramentshäuschens, das deshalb so unglaublich scheine, weil es ja aus Stein sei, zu denken aus Stein! und doch aus-
sähe, wie mit dem Messer geschnitzt! – Nun fragte der Vetter, ob man
den Chor nicht betreten dürfe. Gegen ein besonderes Eintrittsgeld sei es
gestattet, auch das Betreten der seitlich angeschlossenen Neithards-
kapelle, darin reiche Schätze der alten Ulmer Maler und Bildhauer aufbe-

Wasserspeier auf der Südseite des Münsters

wahrt seien. Däuble, der diese Räume noch nie betreten hatte, mochte dies natürlich dem Vetter nicht gestehen und willigte gerne ein, und beide standen mit offenem Munde wie Kinder, als ihnen der Mesner von dem Ulmer Künstler Jörg Syrlin erzählte, der einst mit seinen Gesellen das ganze Gestühl und alle diese Figuren geschnitzt habe. Und ihre Augen wurden immer größer, als er ihnen fernerhin ihre Bedeutung und ihre ganze Geschichte erklärte. Weise Männer und Frauen des noch heidnischen Altertums marschierten da auf neben Aposteln und Propheten und heiligen Männern und Frauen aus beiden Testamenten und aus der christlichen Zeit, alle durch einen besonderen Sinn von weither zusammengefaßt und auf das Christliche bezogen, wie das ungeheure Münster auch alle diese Dinge groß überspannte. – Der Vetter schüttelte immer wieder den Kopf und sagte einmal um das andere: »Ei das! Ei das!« Däuble aber hörte angestrengt mit gefurchter Stirne zu, als ruhte die Last des Wissens um diese Dinge und diese selbst ganz allein auf seinem Haupt. Die geheimnisvolle neue Welt, die ihm mit diesen Dingen ihr Dasein anzeigte, nahm ihn völlig ein. – Und nun begann der Organist der eben zu einem Übungsspiel eingetroffen sein mochte, in leisen Flöten die Orgel spielen zu lassen, als kämen Stimmen aus einer anderen Welt. Die beiden Münsterbesucher hörten kaum mehr, was der Mesner ihnen noch erklärte und erzählte, so überwältigt waren sie von all den neuen Eindrücken. Gab es noch eine Platzgasse, ein Hafenbad, eine Donau? Gab es noch die »Drei Kannen« mit dem Trommelwirbel auf ihren Fässern, mit ihrem Lärm und ihren Dunstwolken? Das alles mußte weit, weit weg sein. – Es wäre nachdem sie diesen Reichtum in sich aufgenommen hatten, kaum vonnöten gewesen, daß sie noch den Turm bestiegen. Allein das stand von allem Anfang an als Höhepunkt in ihrem Programm, so daß sie, ohne ein Wort zu verlieren, sich zur Besteigung anschickten. Alle die Dinge, die Jakob Däuble so lebhaft umgetrieben hatten, die Lösung der Karte, ihr Preis, das Aufsuchen der Aufstiegstreppen, spielten jetzt bei ihm gar keine Rolle mehr. Beide stiegen sie wortlos in unzähligen Windungen die unzähligen Stufen turman, und der Vetter hatte wieder ein ehrfurchtsvolles »Ei das!«, als sie auf dem breiten Turmkranz des Münstervierecks heraustraten. – Wenn man in dem Alter und in den Schuhen des Jakob Däubles steht, begnügt man sich mit der Besteigung des Turmkranzes. Aber der Vetter war noch nicht zufrieden, ihn trieb die Unternehmungslust noch höher. Auch mit dem Achteckskranz gab er sich noch nicht zufrieden, und sie stiegen noch im Turmhelm weiter, auf den kühnen oberen Umgang, der von unten aussieht wie eine diesem Helm umgelegte zierliche Halskrause. – Ja, nun waren sie oben, das erstemal! Auch Jakob Däuble war ja zum erstenmal oben und vielleicht zum letztenmal. Und so hielt er Umschau und blickte auf die Stadt herunter, durch deren Gassen er schon jahrzehntelang gegangen war. Es war ein Gefühl, mit dem er kaum Herr wurde, fast ein Zuviel, und doch verspürte er die Fähigkeit, nun das Große und Bedeutende zu sehen. Das Kleine versank. Er sah auch nicht, wie eben der Altbäckermeister Faißt mit gesenktem Kopf über den Münsterplatz schritt und den Münsterturm gar nicht bemerkte. Doch auf einmal erblickte Jakob Däuble aus der unendlichen Weite und Höhe, wohin ihn das Münster getragen hatte, den Giebel seines kleinen Hauses in der Platzgasse, und der Blick löste die ungeheure Spannung in ein unsägliches Glücksgefühl, daß ihm eine Träne auf die Wange fiel. Er wischte sie weg, damit sie der Vetter gewiß nicht sähe. Aber auch der konnte mit seinem nun in höchster Verwunderung herausgestoßenen »Ei das!« nicht den tausendsten Teil der Gefühle zum Ausdruck bringen, die ihn da oben beseelten, da oben auf dem Turm des Ulmer Münsters, von dessen Helmkranz man so weit sieht, so weit, es ist gar nicht zu sagen ...

Württemberger Land. 1953, H. 4, S. 14.

Im Irdischen der Atem des Unendlichen

In der 1941 erstmals erschienenen Erzählung »Die unterbrochene Reise« beschreibt der Lyriker und Erzähler Josef Englert (1890–1954) seine Eindrücke vom Münster, besonders dem Chorgestühl, und schildert die Besteigung des Münsterturmes sowie die Aussicht auf die alte Stadt und das umliegende Land. Die ausgewählten Abschnitte sind der 2. Auflage von 1948 entnommen.

Frühzeitig am nächsten Morgen stand ich am Münsterplatz.
  Es war gerade Wochenmarkt, Gärtner und Bauern der Umgebung boten Gemüse und Blumen feil. Ein grünes und buntes Gewoge wallte um die verwitterten Quader des Gotteshauses. Samtgelbe Schlüsselblumen, blaßviolettes Wiesenschaumkraut, zartblaue Feldhyazinthen, dazu vielfarbige Gartenblumen: goldbrauner Lack, weißer Flieder, flammendrote Tulpen – das alles umkränzte als leuchtendes Pflanzenmosaik das ehrwürdige, graugelbe Gestein. Heute lag der weite Platz, dessen vormalige Bauten dem Unverstand einer noch nicht sehr fernen Zeit zum Opfer gefallen waren, nicht mehr kahl und öde; heute bildete er einen lebendigen, vermittelnden Raum zwischen den Reihen der Bürgerhäuser, die ihn in weitem Kranz schmalgedrängt und achtungsvoll umstanden, und

dieser gewaltigen »Pfarrkirche«, welche die Reichsstädter einst zum Ruhme des Höchsten und sich selbst zum ehrenden Zeugnis errichtet hatten. Unmittelbarer mit der Umwelt verbunden schien jetzt ihr steinerner Schmuck, schienen die Portale mit den vielgestaltigen Darstellungen, die Figuren der Apostel und Heiligen, der reiche gotische Zierat, die schmalen, hohen Fenster, der himmelwärts steigende Turm.

Lange verweilte ich versunken im Innern, über mir die Empore mit dem mächtigen Orgelwerk, den Blick gegen den Chor gewandt, wo ich Jörg Syrlins Dreisitz und das Wunderwerk des Gestühls wußte. An Pfeilern und Rippen ließ ich meine Blicke die Mauern emporgleiten, bis hinauf zum abschließenden, krönenden Gewölbe, spürte das Gerinnen aller mannigfach bewegten Formen zu einer großen, feierlichen Ruhe, sann ehrfürchtig den Gottesgedanken der Ahnen nach, die hier Geist zu Stein und Stein zu Geist werden ließen und dem Irdischen den Atem des Unendlichen einhauchten.

In gedämpften Farben leuchtete das Wandgemälde des Jüngsten Gerichts über dem Chorbogen, dahinter funkelten und glühten die bunten Glasfenster in geheimnisvollem Licht.

Es gibt Kirchen, durch deren Räume die Engel wallen und ihre Flügel rauschen: dieses Münster aber ist durchweht vom Geist Gottes selber. –

Dann bat ich den Mesner, mir das Eisengitter zum Chor zu öffnen und blieb dort eine Weile allein.

Seitdem ich das Syrlingestühl zum erstenmal gesehen, hatte es mir unauslöschlich im Gedächtnis gehaftet; nun ich von neuem davorstand, übertraf es in seiner Vollendung alle Erinnerung und Erwartung. Welch ein Werk in Gesamtaufbau und bildnerischer Durchführung! Welcher Reichtum, welch unerschöpflich quellende Fülle von Formen aus Menschen-, Tier- und Pflanzenwelt!

(Noch immer sind ja die Forscher sich nicht recht einig darüber, wieweit Syrlins, des »Kistners«, eigener Anteil am Chorgestühl reicht, und wieweit – als Tatsache unbestritten – Gehilfen daran beteiligt sind. Mir genügt es, den Geist des einen großen Meisters zu erkennen und zu bewundern, der dem Ganzen das einheitliche, großartige Gepräge gab. Und da jahrhundertealte Überlieferung nur den Namen Syrlin kennt, will auch ich mich daran halten, bevor ich nicht anderwie überzeugt werde.)

Da war die Büste des Ptolemäus, jene einzigartige Gestalt des gelehrten Geographen, der so selbstvergessen die Erdkugel an die schmale Wange hält, des Mannes, der aus schweren, von langen Nachtwachen erschlafften Lidern so verloren in die Abgründe des gestirnten Weltraums blickt und der für diesen Blick die Freuden und Annehmlichkeiten eines Erdenlebens zu opfern bereit war. Sein zerfurchtes, auf schlankem Halse ruhendes Antlitz, der kahle Schädel mit dem kümmerlichen Haarschopf, die breite, faltendurchquerte Stirn, die hochgezogenen Brauen, die leicht vorgeschobene Unterlippe – die Züge dieser Gestalt waren mir gegenwärtig geblieben vor allen anderen, gegenwärtiger als die des schweigsamen Secundus, des bärtigen Cicero, des lautespielenden Pythagoras und selbst der berühmten mutmaßlichen Häupter des Meisters und der Meisterin.

Eines aber entdeckte ich diesmal neu, als ich die Seite der weiblichen Bildnisse entlangschritt, eine Büste, an der ich damals gewiß nicht achtlos vorübergegangen bin, die mich indessen jetzt ungleich stärker fesselte: die der hellespontischen Sibylle. Aus sanft abfallenden Schultern hob sich ein ovales Antlitz mit hoher, klarer Stirn, länglicher, edler Nase und kleinem, feingeschwungenem Mund. Das Haar, von einer runden Mütze bedeckt, schmiegte sich in vollen Flechten um das liebliche Jungmädchenhaupt.

Lebendig, seltsam lebendig mutete dieses Gesicht mich an, und je länger ich es von allen Seiten betrachtete, desto mehr kam es mir, dieses Mädchen müsse einst in Fleisch und Blut gelebt haben, hier in dieser Stadt Ulm, auserlesen vom Meister Syrlin unter vielen anderen anmutigen und modisch gewandeten Bürgerstöchtern als Vorbild zu seinem Werk. Gedient hatte dieses Mädchen dem Meister, wie er selbst Gott dem Herrn in Demut gedient hatte mit allen den Propheten und Sibyllen und Denkern des Altertums, die seine begnadeten Hände aus dem harten Holze erstehen ließen.

Und plötzlich wußte ich, wem dies Antlitz ähnelte wie eine Schwester der andern: dem des Mädchens, um dessentwillen ich hier in der Stadt Ulm weilte. Geheimnisvoll, wie die Zeiten sich berührten: die Zeit vor mehr als vier Jahrhunderten, in der ein großer Künstler das Bildwerk geschaffen, und das Heute, da ein Wesen lebte, dessen Gesicht die Züge der holzgeschnitzten Büste unverkennbar bewahrte. Und noch eines fiel mir jetzt in die Augen: alle diese Mädchengestalten, die hellespontische und die libysche Sibylle vom Chorgestühl samt der erythräischen vom Dreisitz – sie schienen Glieder zu sein ein und derselben Sippe.

Während ich einer Erklärung für meine seltsame Beobachtung nachsann, ertönte in die Stille hinein die Orgel, erst leise, von tastenden Händen gespielt, allmählich anschwellend und drängend. Dann sprach unerschütterliche Überzeugung aus einer kraftvollen Melodie, jetzt triumphierte der Jubel der Glaubensgewißheit wie im gemeinsam gefundenen Choral einer engverbundenen Gemeinde. Grollend suchten Widersacher Störung und Zwist, gewaltig entbrannte der Kampf, hin und her wogte das Ringen, bis schließlich der Glanz des Lichtes den Sieg gewann über Nacht und Finsternis. Das unterweltliche Grollen verstummte, und himmlische Stimmen erhoben sich beseligt zum Lobpreis des Herrn, der da ist der Geist und die Wahrheit. Mit einer machtvollen Fuge, unter deren brausenden Klängen das Gewölbe leise erdröhnte, endete die Phantasie des Organisten über das Bach'sche Thema. Hingegeben lausch ich lange dem verzitternden Nachhall. Bach und Syrlin – getrennte Zeiten und verschiedene Welten. Aber beiden war es gegeben, das irdische Sein zu verklären durch die Kraft ihres Schöpfertums, die Seele zu stärken und zu erfüllen mit dem Glauben an unvergängliche Größe und Herrlichkeit.

Als ich vor dem Hinausgehen nochmals an den heidnischen Weisen vorüberschritt, blieb mein Blick auf der lateinischen Inschrift unter der Büste des Philosophen Secundus haften. Ich las und verdeutschte: »Gott ist der unsterbliche Geist – unfaßbar seine Hoheit – vielgestaltig seine Erscheinung – unergründlich der Forschung – alles umfassend«.

War dies die letzte Weisheit vergangener Jahrhunderte? Ist es nicht auch die unsrige? [...]

Das Wetter hat plötzlich umgeschlagen. Graue, schwammige Wolkengebilde treibt der Südwestwind zuhauf, und der Sonnenball hat Mühe, gegen die dichter und dichter schließende Decke sich zu behaupten.

Als mich der Nachmittag in die Nähe des Münsters führte, überkam mich die Lust, den Hauptturm zu besteigen und von seiner schwindelnden Höhe herabzublicken auf die schöne Stadt.

Auf einer engen Wendeltreppe schraubte ich mich Stufe um Stufe empor, zuerst mühelos und leichten Fußes, dann mehr und mehr beklemmt Atem schöpfend und schließlich von einem fast beängstigenden Gefühl des Eingeschlossenseins bedrückt. Die Quader, die, von unten gesehen, mit spielender Hand schwerelos aufeinandergetürmt schienen, wurden zu lastendem Gewicht.

Ich tat einen Blick in den dunklen Raum der ungeheuren Glockenstube, wo sie in mächtigen Eisenstühlen hängend ruhen, die ehernen Künderinnen der Zeit, die ernsten Mahnerinnen und frommen Ruferinnen. Nach weiterem Steigen stand ich vor einer verschlossenen Gittertür. Auf mein Läuten erschien der Turmwächter, um zu öffnen. Ich betrat die Plattform, die früher das abschließende Spitzdach trug. An die Steinbrüstung gelehnt, schaute ich hinab in die Tiefe. Da lag sie unter mir, die einstige freie Reichsstadt, die in aller Welt berühmte stolze Handelsstadt mit ihren uralten Häusern, deren Aussehen sich Jahrhunderte

Witterungs- und umweltgeschädigter Wimperg am Hauptturm

hindurch fast unverändert erhalten hat. Den Mittelpunkt aber, ihr Herz, bildete dieses Gotteshaus, dessen Mauern die doppelte Zahl der ehemaligen Bürger hätten fassen können. In einem heute kaum mehr vorstellbaren Aufschwung der Seelen hatten es die Menschen, die da unten unter dem Gewirr der Dächer einst hausten, erstehen lassen. Mit vollen Händen gaben sie von ihrem sprichwörtlich gewordenen Reichtum freudig dahin, und wahrlich, sie wußten ihre Gabe nicht vergeudet, hatten sie doch das Irdische dem Himmlischen, das seelenlose Gold dem Geistigen, Göttlichen als Dankopfer gespendet.

Waren auch – mit Ausnahme der Flußseite – die alten Stadtmauern und Türme gefallen, so zeichneten sich trotzdem die Grenzen zwischen den zusammengeschachtelten Häuserblöcken des Mittelalters und den neuen Vorortsiedlungen deutlich ab.

Im Süden erglänzten die Donau und der Bogen der einmündenen Iller, zwischen Ried und Baumland reckte sich der mächtige Block der Wiblinger Klosterkirche, turmlos und gedrungen – eine Riesenscheune Gottes –, dann verlor sich der Blick im welligen Gelände. Ganz hinten – waren es Bergketten oder Wolkengebilde? – konnte man die silbernen Schneegipfel der Alpen ahnen.

Eine Blickwendung, und vor mir lag das Blautal mit seinen Kalksteinbrüchen – eine Drehung nach Norden, da ragte die Kuppe des Michelsbergs, gekrönt von den roten Flachdächern der »Burg«. Donauabwärts baute sich mildleuchtend Oberelchingen am Hügelhang auf mit seiner hochgelegenen Klosterkirche. In der weiten bayerischen Ebene schmiegten sich in die Falten von Wiesen und Feldern helle Dörfer bis nah an den Himmelsrand, wo die Grenzen in grünem und bläulichem Dunst ineinanderflossen. Manchmal blitzte, von den Sonnenstrahlen scharf ausgeschnitten, eine Ackerfläche oder ein Stück Wald auf, um gleich wieder in düstere Schatten zu versinken.

Immer aufs neue aber kehrte der schweifende Blick aus der Ferne zurück, hinab zu den ziegelbraunen und schwarzgrauen Giebeldächern ringsum. Das mächtige Geviert des »Neuen Baus«, auf dessen Grund vor tausend Jahren die karolingische Königsburg gestanden, hob sich achtungsheischend aus dem Häusergewirr. Der gotische Chor und das Spitztürmchen der Wengenkirche, die drei unter sich verbundenen Gebäudeteile des Rathauses, der schöngeschweifte Giebel des Schwörhauses, die kupfergrüne Zwiebelkuppel der Dreifaltigkeitskirche, das breithingelagerte Kornhaus mit seinen zahlreichen, das flächige Dach belebenden Lucken, der Gänsturm und der Metzgerturm – das waren die einprägsamsten Merkmale dieses Stadtbildes. Reizvolle Ausblicke eröffneten sich in stille Höfe und schmale Gassen, zu malerischem Winkelwerk würfelten die Häuser mit ihren altersgekrümmten Dächern und wind-schiefen Balken sich zusammen. Zwar fehlten hier Erker und Türm-chen, die anderen mittelalterlichen Städten ihr Gesicht geben, fast völ-lig; aber gerade das Einfache und Massige der bei aller Ähnlichkeit doch mannigfaltig geformten Häuser verlieh ihnen eine eigentümliche, männlich-herbe, großlinige Klarheit und Eigenständigkeit. In einem von ihnen, deren graue, verputzte Giebel der Straße zugewandt sind und die fast alle noch die alte Rollenvorrichtung zum Aufwinden von Holz und anderem Hausrat tragen, hat einst Meister Multscher gelebt und ge-wirkt, in einem andern der fromme Maler Zeitblom, dort – in der »Ulmer Gasse« – die beiden Syrlin. Und da unten gegen den Fluß zu, kam es mir beglückend in den Sinn, gar nicht sehr fern wohnte Maria. Gedachte sie wohl bei ihrer Arbeit einmal des gestrigen Tages – gedachte sie des Wan-dergefährten, der sich nach ihrer Gegenwart sehnte? –

Nachdem ich mehrere Male den Weg um das Turmviereck zurück-gelegt und lange auf den vorspringenden Eckkanzeln verweilend hinun-tergeblickt hatte, setzte ich den Aufstieg fort. Jetzt wechselte der Stein Beschaffenheit und Farbe. Sah er sich bis hierher altersgrau, moosgrün, honigbraun an, so zeigte er jetzt eine hellere, stumpfere, kältere Tönung, und war auch von grobkörnigerem Aussehen: ein Zeichen, daß er, erst vor wenigen Jahrzehnten gebrochen, noch nicht eingewachsen und ein-verleibt war in das lebendige, große Gefüge.

Öfter und öfter hielt ich inne, um Atem zu holen, und in den Knien machte sich eine ziehende Müdigkeit unangenehm bemerkbar. Endlich gab mich das Mauerwerk wieder frei. Ich war auf der oberen Plattform angelangt, wo die gewaltige Helmpyramide beginnt, die dem Unterbau in jüngster Vergangenheit erst aufgesetzt worden ist. Wie zierlich ver-jüngt sich und wie duftig scheint, wenn man von unten blinzelnd empor-schaut, das durchbrochene Maßwerk – und wie gewaltig wirkt der An-blick hier oben!

In der Mitte führte eine offene Wendeltreppe zur Spitze bis dicht unter die Krabben der Kreuzblume. Als ich hinaustrat auf den engen Umgang, empfing mich – es war, als ob der Stein ins Schwanken gerate – ein schar-fer Wind mit Fauchen und Zischen. Da stand ich nun an der Spitze des höchsten Kirchturms der Erde. Aus schwindelnder Höhe ging der Blick hinunter auf das Häusermeer. Noch weiter zusammengeschrumpft, noch winziger und spielzeughafter erschien jeder einzelne Bau, ähnlich den kunstreich gefertigten Stadtmodellen, die man zuweilen in Museen und Sammlungen trifft. Die Züge und Fluchten von Straßen und Gassen traten klarer hervor, das Band der Donau glitzerte hell, unverdeckt lag die Bastei. Auf dem weiten Münsterplatz sah man Menschen klein und

schwarz wie Ameisen wimmeln. Weithin erstreckten sich neue Stadtteile mit Fabriken und Schlöten. Weiter noch war der Horizont in die
Ferne gerückt, in einem unermeßlichen Rund dehnte sich und atmete
ringsum die Erde unter der Glocke des Himmels, deren Mittelpunkt der
gigantische Griffel des Münsterturms schien.

Über das mit buntglasierten Ziegeln gedeckte Langhaus schweifte das
Auge zu den beiden Chortürmen, zu den anscheinend wirren, in Wirklichkeit bedachtsam geordneten Ranken und Sprossen von Fialen,
Kreuzblumen, Strebepfeilern, Spitzbögen, Baldachinen, Wasserspeiern,
Wimpergen – zu all diesen phantastischen, seltsam-schönen Zieraten,
dieser blühenden Formenwelt gotischer Meister, die für uns so unzer-
trennlich zum Bild mittelalterlicher Baukunst gehört.

Ein Schwarm Tauben, in jäher Wendung hell in der Sonne aufglän-
zend, rauschte gerade über das Chordach hinweg. Und unter mir um-
schwebten den Hauptturm in majestätischem Gleitflug mit ausgebreite-
ten Schwingen die Turmfalken, deren gellende Rufe im Verein mit den
krächzenden Stimmen der vertrauteren Dohlen schon den Emporsteigenden begleitet hatten.

Hier oben stand ich nun ganz allein, der Kleinheit und Erbärmlichkeit
irdischen Daseins entrückt – aber auch geschieden von der Wärme des
Lebens und dem Gefühl erdhaft trauter Geborgenheit. Hier herauf lockte
nur die Lust zu flüchtigem Ausblick, nicht das Verlangen nach ruhevol-
lem Verweilen.

Mit magischer Gewalt zog es mich wieder hinunter zum mütterlichen
Boden, dorthin, wo meine Menschenbrüder lebten, in die Enge der Straßen und Gassen, zu Menschenglück und Menschenleid. Mit einer
Schnelligkeit, die einer Flucht glich, eilte ich die ungezählten Stufen der
Wendeltreppe hinab und betrat, zwar mit dem Gefühl der Benommen-
heit und Ermattung, aber auch mit dem der Erleichterung, den gewohn-
ten sicheren Grund.

Lange noch schritt ich im Münster umher und verweilte im Chor, dieser Schatzkammer der Syrlinstadt, zwischen den schweigsam-beredten
Weisen, Sibyllen und Propheten.

Englert, Josef: Die unterbrochene Reise. [2. Aufl.] Ulm: Ebner 1948. S. 41–47 und 90–97.

Gedichte

Lob des Münsters

Der Ordensmann, Dichter und Humanist Johannes Böhm (1485–1535), der von 1508/1510–1522 im Deutschordenshaus in Ulm weilte, preist in überschwenglichen Worten die Schönheit des Ulmer Münsters. Er stellt es dem Dianatempel in Ephesos zur Seite, der in der Antike zu den sieben Weltwundern zählte.

Miror imprimis media superbum
Vrbe delubrum Mariæ locatum:
Pulchrius quo vix habet / atq3 maius
        Theutona terra.

Quod deo quondam Salomon superno
In Sion sancto sapiens dicauit:
Haud ego credo leuiter suisse
        Clarius illo.

Nec quod extinxit Triuiæ Dyanæ
Improbus flammis Epheso cremator:
Inter immensi celebrata mundi
        Mira putatum.

15. Doch vor allem raget das Prachtgebäude,
    Mariens Tempel dort in der Mitten empor.
    Schöner stehet weit in den deutschen Landen
        Keiner und größer.

16. Jener, den einst Salomo dort der Weise
    Baut' auf Sions Berg, dem Jehova heilig,
    War, wohl glaub' ich's herrlicher nicht als dieser,
        Prächtiger nimmer.

17. Nicht Dianens Tempel, den einst ein Frevler;
     Niederbrannt' in Ephesus, der bewundert
     In der Siebenzahl der gepriesen alten
                    Wunder der Welt war.

Boemus, Joannes: In hoc libello ... Augsburg 1515, S. 22. Deutsche Übersetzung von Johannes Greiner, abgedruckt in: Ulmische Blätter. Jg. 1. 1924/25, S. 11.

Das Ulmer Münster

Ein Gedicht des Lyrikers Karl Mayer (1786–1870), der mit Uhland, Kerner, Schwab und Lenau befreundet war und 1818 für kurze Zeit in Ulm wohnte. Das Gedicht ist ein Teil des 1833 entstandenen Zyklus »Auf einer schwäbischen Flußreise«.

O seht den alten Riesenbaum,
Er ist versteint im langen Traum;
Die Wurzeln schlug er ein in Grüfte,
Am Gipfel spielen Himmelslüfte.

Oft kommt es mir in stiller Nacht,
Ob er nicht endlich auf sich macht
Und wird in stiller Würde schreiten
Hinüber zu den ernsten Zeiten.

Seuffer, Gustav: In Ulm, um Ulm und um Ulm rum. Ulm 1887, S. 62.

Blick von der Neutorbrücke auf das Münster

Die Stadt an ihren alten Münsterturm vor dem Abbruch des Notdaches

Bevor 1884 die Wächterstube mit dem Notdach auf dem unvollendeten Münsterturm abgebrochen wurde, widmete der Ulmer Dichter und Gymnasialprofessor Gustav Seuffer (1835–1902) diesem ein Gedicht. Darin bringt er zum Ausdruck, daß für das Münster und die Stadt eine neue Zeit angebrochen ist.

Leb' wohl, du alte Schlafmütz' du,
Am Münsterturm da droben,
Zu der ich in behäbger Ruh'
Den Blick gar oft erhoben!

Ich war ein alter Michel auch,
Der sich um gar nichts scherte
Und gute Zeit und alten Brauch
Auf's äußerste verehrte.

Und deshalb ist uns beiden klar:
Wer nicht am Staub will kleben,
Der muß, als wie ein junger Aar,
Zum Licht sein Haupt erheben!

Drum fort die Schlafmütz'! Ich und du
Wir brauchen nichts dergleichen,
Das Münster und die Stadt dazu
Soll ein's dem ander'n gleichen!

Ja immer rüstig drauf und dran,
Ob auch schon viel geschehen!
Streb' du nur wacker himmelan,
Ich bleib' gewiß nicht stehen!

Und wenn einst in die Lüfte hoch
Dein stolzer Bau wird ragen,
So soll die fernste Nachwelt noch
Zum Lob der Ulmer sagen:

»Wie jener Riese unentwegt
Sich hat gestreckt nach oben,
So hat sich auch die Stadt geregt
Und rastlos sich gehoben!«

Seuffer, Gustav: In Ulm, um Ulm und um Ulm rum. Ulm 1887, S. 159/160.

250

Zur Vollendung des Münsterturmes

Der Lehrer und Dialektdichter Tobias Hafner (1833–1899), der sich Sebastian Spundle nannte, schildert in anschaulichen Versen die Baugeschichte des Münsters.

Wia glitzerst[1] jetz im Doanastrom,
Du herrlich Münster, schöaner Dom!
Vollendet, ausbaut stahst[2] du dau[3]!
Gottlob, daß i's[4] verleabet hau[5]!

Uf Ulm na gauh[6] ist äll mei Freud,
Abatte[7], wenns a Festle geit[8];
Denn niana gatts[9] so frisch und glatt,
Als wenn dees[10] Ulm a Festle hat.

Dees macht, im Ulmer klingt a Soit[11],
Und dui[12] hoißt halt Gemüetlichkoit,
In Ernst und Scherz, beim Bier, beim G'sang,
Dees Soitle hairst[13], dean netta Klang.

Wenn airst[14] zum Münsterjubelfest
Hearkommet so viel hauhe[15] Gäst,
Dau wädd si's[16] zoige, lieber Ma[17],
Was dau d'r Ulmer loista ka[18].

Wia staht dees Fest vor 13 Jauhr
Vor mir so leabig, frisch und wauhr[19],
So farbaprächtig! Geits a Stadt,
Dui so was zu verzoichna hat?

Hau g'wünscht, daß sich der Tura streck
Und d'Kreuzblum[20] bald in d'Wolka reck;
Und jetz – wie freut es jung und alt!
Staht[21] ear in schöaster Mannesg'stalt.

Vor vierzig Jauhr, wia ist ear gweah[22]!
Wia hat dear Münstertur' ausg'seah[23]!
Plump, rauchelig, gebrechlich, ja
Als wia der alt Methusala.

Dear[24] Tur ist bärig[25] ebbes gwea,
Nau[26] hänt[27] sia ihm a Käpple gea,
In Umlauf g'setzt dui Wundermär,
Dear Tur werd für dean Bode z'schwer.

Nit älle hant dui Ausred glaubt,
Es hat in andre Ecka g'staubt:
Der alten Reichsstadt Glanz und Pracht
Hat allgemach de Krebsgang g'macht.

De Ulmer Schachtel samt d'r Zill[28],
Dia gruobet[29] an d'r Doana still;
Sein Köpfle hängt d'r Ulmer Spatz
Und klagt: i glaub, mit mir dau hats.

D'r Handel nimmt a n andra Bahn[30]
Und nuie Zeita brechet an,
Und nimme gatt[31] dur älle Welt
Dees gute, blanke Ulmer Geld.

Zu älledeam kommt au no dies:
Im Glauba geits en arga Riß,
Und d'Schäfla springet, 's ist a Graus,
De Hirta über d'Hurda naus.

Dazwischanei[32] kommt Kriegsdrangsal,
Dia Einnahmposta werret[33] schmal,
Und so kommt denn, es thuet oim waih,
Dees Ulm von seiner stolza Haih[34].

Woißst jetz, warum dees Rießawerk
Halt blieba ist a kloiner Zwerg?
Woißt jetz, wauher sui stammt, dui Mär.
Dear Tur werr[35] für dean Boda z'schwer?

Was fertig gwea hat mit d'r Zeit
D'r Wind, d'r Reaga abekheit[36];
So gahnt[37] 300 Jäuhrla rum
Und niema hat si[38] kümmret drum.

So hat ma denn dean stolza Bau
Verwittra und verfalla lau[39],
Zum Glück denkt bald d'r Magistrat:
Halt! für dees Münster, dau wärs schad!

Jetz gatt ufs nui a Leaba a (an),
Ma[40] rettet, was ma retta ka;
Ma richtet Stoi und bauet Grüst
Und flicket, was no z'flicka ist.

Dees Münster wacht nach langem Schlauf[41]
Wie's Dornrösle im Märle[42] auf;
Und Meister[43] Thrän, gar gut bekannt,
Flickt zairsta[44] sein verrisses Gwand.

Bald müesset us de Pfeiler=Eck
Dia wunzigkloine Häusla weg;
Bei jedem Pfeiler oba nauf
Setzt Meister Thrän a Türmle drauf.

Dees sieht so fein und so scharmant
Als wär's von Zucker und Tragant;
Und Bluma, Früchta, Blatt sind dra[45],
Daß man's nit gnug betrachta ka.

Am Dach sell oba, um und um
Macht Thrän a stoines[46] Gätter rum;
Und Fratza, Tierköpf gucket raus,
Dia speiet 's Reagawasser aus.

Nau sprengt ear von de Pfeiler aus
Bis num an d'Wand vom Mittelhaus
Graußmächt'ge[47] Böga, daß beim Wind
Dia Maura nimme wacklig sind.

Dia Ulmer seahnt[48] mit graußer Freud
Wie schöa ihr Münster jetz gedeiht;
Und arm und reich, und Weib und Ma,
Des ruck de letzte Groscha dra[49].

Herr Haßler gatt in d'Fremde naus,
Ear roist für Deutschlands graißtes Haus,
Und dur sei[n] gueta Redekunst
Kommt 's Münster überall in Gunst.

A Lotterie kommt ufs Tapet,
Und bald drauf hairt ma[50] scho dui Red:
Dear Münstertur wird fertig g'stellt!
Warum denn nit? ma hat ja Geld!

A weitrer Meister, Seebold, sei
Genannt, auf dean folgt Meister Scheu;
Dear schafft und b'sinnt si gar nit lang
Und macht dean schöana Chorumgang.

Kaum stauht[51] es etlich Jäuhrla a[n],
Ha, was ma nit verleaba ka!
Kaum ist dear Chor so zueg'stutzt gwea,
So plutt und blauß[52] – was thuet ma seah?

Zwea[53] schlanke Türm an Nord und Süd,
Die standet dau in Roih und Glied,
Mit Zier= und Schmuckwerk ausstaffiert,
So flott und fei wia zieseliert.

Doch ebbes[54] ka i nit verstauh[55],
Daß ma dees Kirchle weg hat thau[56];
Jetz nähm sich dees kloi Gotteshaus
Beim Münster um so netter aus.

Weil d'Schönheit ist a hoikler Gast,
Dui nu zu ihresgleicha paßt,
Desweaga hat ma um viel Geld,
Deam Münster so en Platz[57] haerg'stellt.

Jetz stauht dear Bau so stolz und frei,
Nix Gmoines ist maih näh dabei;
Drum freut sich au dear Kupferspatz
Ganz närrisch ob deam Münsterplatz.

Drauf anno achtzig, 's war nit g'fehlt,
Hat ma Professor Beyer g'wählt;
Der kenn, so gatt sein Ruof voraus,
Die Gothik ussem ff raus.

Dear hat sichs glei zur Aufab g'stellt:
Dear Tur, wenn ear dui Last aushält,
Wird ohne weitres fertig g'macht,
So, wia sichs hänt de Alte dacht.

Doch halt! dees ist nit ohne G'fauhr,
Der Tur zählt bald fünfhundert Jauhr;
In sottem Alter ist d'r Best
Nit maih so arg kapitelfest.

Desweaga untersuochet ihn
Us Müncha, Stuegert, Wien, Berlin
Baumeister, Künstler dia Verstand
Und in der Sach a Urtoil hant.

Schlußfeier des
Posaunentages 1988

254

5.6.88.

Wau dia hant nach sei'm Fueßwerk guckt,
Dau hats glei ganz gewaltig g'spukt;
Herr Beyer sait: dees ist fatal,
Jetz flickt ma zairste sein Pedal.

Mit Riesaquader und Zement
Hat ma verstärkt sein Fundament.
So Alter, jetz stauhst fest und fix
Und's Zipperle dees macht dir nix.

Herr Beyer ist nit z'frieda gwea,
Hat weiter nach dem Tura g'seah,
Dau merkt ear, daß dear stoialt Ma
Dean Aufbau nit vertraga ka.

Von unta an bis oba nauf
Dau füehrt ma Quaderpfeiler auf.
Dui Arbet ist älls inna g'scheah.
Von ussa thuot ma nit viel seah.

Wia nu dear alte Münstertur
Hat durg'macht dui Verstärkungskur,
So hat Herr Bey'r verlauta lau:
Jetz went[58] mir an de Ausbau gauh.

Jetz baut man nauf a Balkagrüst,
Sieh nu, wia dees a Kunstwerk ist!
Respekt vor so ma g'scheidte Ma,
Dear so Zuig z'sämmabestla[59] ka!

Merk: uf dean alte Tura nauf
Setzt ma jetz z'airst a Achteck drauf;
Begonna hat ma vor fünf Jauhr
Und g'lunga ist es ohne G'fauhr.

Ufs Achteck kommt a Pyramid,
Nit so, wia ma's z'Aegypta sieht,
Schlank, fei, verziert, wia Filigran[60],
Mit Krappa und Rosetta dran.

Ganz z'oberst nauf uf d'haihsta Spitz,
Dau kriegt a Kreuzbluom ihren Sitz.
Gottlob und Dank! verleabt isch jetzt,
Daß ma deam Münster Kroa[61] aufsetzt.

Glück auf! du Stadt am Doanastrand,
Richt hear dei schöastes Festtagsg'wand!
Mach Kränz und Sträuß, thua d'Fahna raus,
Und d'Freud guck raus us jedem Haus!

Doch wenn dia Tag dees Münstergläut
De Jubel weit ins Land naus trait[62],
Vergesset nit, was in d'r Still
Dees Münster ui no saga will:

»Es ist, ihr Leut, d'r Glauba gwea,
Dear mir vor Zeit hat's Dasei gea;
Drauf hat sich d'Liebe zugesellt,
Und dui hat jetz mi fertig g'stellt.

Vergeßt nia, daß dees bisle Welt
Alloi bloß d'Liebe z'sämma hält;
Drum raut i, was i rauta ka[63]:
»Üebt Liebe gega Jederma!«

[1] glitzern = glänzen
[2] stauh = stehen
stahst (sprich stast) = stehst
[3] da
[4] ich es
[5] hab
[6] na gau = hinabgehen
[7] besonders
[8] gea = geben, geit = gibt
[9] geht es
[10] dieses
[11] Saite
[12] diese
[13] hörst
[14] erst
[15] hohe
[16] da wird sich es zeigen
[17] Mann
[18] leisten kann
[19] wahr
[20] die Kreuzblume, eigentlich sprich Bluom
[21] steht er, sprich statt
[22] gewesen
[23] ausgesehen
[24] dieser, zum Unterschied von d'r oder der
[25] kaum
[26] dann
[27] hänt oder hant = sie haben
[28] Nachen, Kahn
[29] ruht aus
[30] sprich wie das französ. en, ebenso in Ma = Mann, Bah = Bahn
[31] gatt oder gauht = geht
[32] dazwischenhinein
[33] werdet
[34] Höhe
[35] werr, werd = werde
[36] herabgeworfen
[37] gehen
[38] hat sich
[39] lassen
[40] ma (a wie en kurz gesprochen) = man
[41] Schlaf
[42] Märchen
[43] eigentlich Moister
[44] zuerst
[45] siehe Anmerk. 30
[46] steinernes Gitter, d. h. Galerie
[47] großmächtige
[48] sehen
[49] daran; Aussprache Anmerk. 30
[50] hört man schon
[51] stauht oder staht (statt) = steht
[52] bloß
[53] zwea (männlich), zwua (weiblich), zwoi (sächlich)
[54] etwas
[55] verstehen
[56] gethan
[57] eigentlich Plaaz
[58] wollen wir an den Ausbau gehen
[59] bestla, bästla = kleine Sachen aus Holz fertigen
[60] Filigran, dran, n stumm, a als gedehnter Nasenlaut
[61] Krone
[62] trägt
[63] drum rat ich, was ich raten kann

Spundle, Sebastian [d. i. Tobias Hafner]: Ulmer Münster-Jubelfest ... 30. Juni 1890. Ulm 1890. Stark gekürzt.

Weisung

Am Ende des Zweiten Weltkrieges stand das Münster, auch selbst von einer schweren Bombe getroffen, im Zentrum einer weithin zerstörten Stadt. Der Anblick des Trümmerfeldes hat den Ulmer Journalisten, Schriftsteller und Kritiker Kurt Fried (1906–1981) zu seinem Gedicht »Weisung« inspiriert, das Zuversicht vermitteln soll.

Geliebte Stadt, nun bist Du aufgestiegen
Aus dunklen Träumen über Tag und Jahr.
Was mir von Jugend her wie eigen war,
So ganz vertraut, seh ich im Staube liegen.

Durch jene Gasse dort die sanftgeneigte
Führt mich der Weg zu alten Freunden hin;
Kaum aber wüßt ich wo ich heute bin,
Wenn nicht das Münster mir die Richte zeigte.

Es ragt wie ehedem, doch übermächtig
Ersteht es vor dem trümmerstarren Sinne,
Der sich nach Weisung umsieht und nach Gänze.

Wir fühlen es, nun sind wir mitten inne
In seiner Kraft, die gegen das was nächtig
An uns geschah, stand als geheime Grenze.

Juni 1945

Ulmanach. Ulm: Eichhorn 1974, S. 20.

Das Münster in der zerstörten Stadt

Im Münster

In dem Gedicht von Kurt Walter Obermeier (1919–1983), Verfasser von Hörspielen, Theaterstücken und Gedichten, wird das Münster zur Situation des Einsamen in Beziehung gesetzt, wobei die Sinnbezüge leitmotivisch behandelt werden.

Einsam
    ging ich,
    inmitten einer Taubenschar,
    durch Tore
    der
    Jahrhunderte,
    der Sonne
    und dem Regen verdächtig.

Einsam
    ging ich
    einen langen Weg

Zuflucht
    fand ich,
    von zarter Überfülle angelockt,
    im Spalier des himmelwärts
    sich
    tragenden
    Gesteins
    dem Wagmut Parlers
    und der Hoffnung Syrlins
    konfrontiert

Zuflucht
    fand ich
    einzig nur im Geist

Leben
    schenkte mir,
    dem Einsamen,
    der Zuflucht suchte,
    von Steinkaskaden
    gelebter Tradition
    umstellt
    der Neonflut
    des jungen Jahres ausgesetzt ...

Leben
    schenkte mir
    der Weisheit Ruhe

Und
    so durchschritt ich
    die Gitter
    der Gedanken

und
    stellte
    mit Verwunderung fest:
    Der Boden,
    den ich mit meinen Füßen

nicht
    betrete,
    vermittelt mir
    Distanz

Ulmanach. Ulm: Eichhorn 1974, S. 146/147.

Sagen

Münstersagen

Um das Münster ranken sich eine Reihe von Sagen – wie das oft bei alten Bauwerken der Fall ist –, die von Eduard Mauch gesammelt und veröffentlicht wurden. Aus dieser Zusammenstellung sind die bekanntesten ausgewählt worden.

Kaiser Maximilian I.

Auf dem Kranze des Münsterthurms sieht man an der nördlichen Seite des angefangenen Achtecks eine Steintafel eingesetzt, über welche der Chronist Wollaib sich also ausspricht: »Ehe und bevor das steinerne Geländer umb den Kranz des Münsters gemacht oder verfertigt war, und Kaiser Maximilian Anno 1492 nach Ulm kam, da er noch römischer König war und auf den Reichstag nach Konstanz gezogen, besahe er den Münsterbau, und als er auf den Kranz kommen, hat er sich zu äußerst dahin gestellt, also daß er nur mit halbem Fuß auf dem Boden gestanden und noch den anderen Fuß ganz fürauß gesetzt, welches für eine große Kühnheit, sonderlich von einem so großen Herrn zu achten. Davon ist ein Monumentum in Stein eingehauen an dem Thurme folgenden Inhalts zu lesen: »MAXIMILIANUS ROMANORUM PRIMUS AC UNGARIO ETC. REX, ARCHI-DUX AUSTRIE, BURGUNDIE DUX, HOC OPUS USQUE EDIFICATUM VISITAVIT ANNO CHRI. 1492.« Hieran knüpft Wollaib folgende Betrachtung: »Obwohlen dergleichen gefährliche Unternehmungen niemand gestattet werden, geschieht es doch zuweilen daß ein und anderer Wagenhals sich dergleichen zu thun unter windet, wie dann von dem noch lebenden Münsterwächter glaubwürdig erzehlet wird, daß er, Ulrich Rumey*, bei seinen jüngeren Jahren auf dem Gesims des Kranzes 1½ Fuß hinausgemessen; ganz auf dem Gesims herumgegangen; grittlings auf der eisernen Stang hinaus gerutscht, den Nagel fürgestecket und wiederumb zurück hereingerutscht, an welche Stange – davon in jeder der vier Ecken eine ist – bei Tag eine Fahne und bei Nacht eine beleuchtete Laterne gesteckt wird, um ein Zeichen in der Stadt zu geben, wo Gefahr droht. Auch einsten auf dem First des Kirchenhaus einen guten Weg auf den Oberziegeln aufrecht bis zu dem steinernen Kreuz gegangen, welches wider das Ansehen so groß, daß er mit ausgestreckten Armen dessen beide Ende nicht erreichen können.« Hieran reiht Faulhaber in seiner Beschreibung S. 67 Folgendes: »als im Jahr 1688 der vergoldete Knopf auf das Münsterthürmchen gesetzt wurde, bin ich auf das Gerüst hinauf gestiegen und über den Knopf gestanden, so daß ich meinen Fuß auf den obersten Spitz habe stellen können.«

Die Mitte der Stadt
Außer dem metallenen und vergoldeten Hahnen als Windfahne auf der östlichen Dachspitze des Chores und dem steinernen Kreuze auf der östlichen Giebelwand des Mittelschiffes wird in Münsterbeschreibungen auch ein steinerner Vogel auf dem First des Mittelschiffes, und zwar als die Mitte der Stadt bezeichnend, genannt. Die ältesten Münsterbeschreibungen, wie die von F. F. Faber, Bruschius und Crusius sagen zwar davon noch nichts, und es ist sehr wahrscheinlich, daß letzteres Sinnbild damals auch noch nicht aufgestellt war; erst der Chronist Sebastian Fischer, welcher Anfangs der zweiten Hälfte des 16. Jahrhunderts schrieb, giebt erstmals davon Zeugniß, indem er den Vogel auf seiner Abbildung des Münsters sogar mit darstellte und in der Beschreibung darüber sagt: »Weytter so ist mir glaubhafftig anzaygt worden das der staine gross Fogel vff dem Langmeinster seye das Mittel der Stadt.« Diese Deutung des Vogels geben ihm auch alle und folgenden Münsterbeschreibungen incl. der von Dieterich im Jahr 1825, und sie hat schon in soferne ihre Berechtigung, als das Münster auch in Wirklichkeit in der Mitte der alten Stadt steht. Daß die Ulmer als Marke hierzu die Gestalt einer Dohle oder Dahle wählten, lag ihnen in soferne sehr nahe, als diese schwarzen Vögel wohl schon damals – wie auch jetzt noch – am und auf dem Münster hausten. Wenn nun dieses harmlose Sinnbild als der Mittelpunkt der Stadt in jüngster Zeit mit großem Geldaufwand und gesuchtem Humor in Gestalt und Deutung in das Bild des s. g. Ulmer=Spatzens – als angebliches Wahrzeichen der Stadt – in sehr großem Verhältniß in Stein ausgeführt verwandelt wurde, so ist das nicht nur eine verunglückte Symbolik, sondern auch eine Geschichtsfälschung und muß zur Steuer der Wahrheit bekämpft werden.

Ein sich vom Hauptthurm stürzender Baumeister
In der südwestlichen Wendeltreppe des Hauptthurms in der Höhe von 150′, da wo die Treppenspindel sich versetzt, ist oben an der Wandung ein steinernes lebensgroßes Brustbild mit Händen, gleichsam durch ein halbrundes Fenster hereinschauend, eingesetzt, welches der Sage nach für den Meister gehalten wird, welcher bis an diese Stelle den Bau aus-

führte, sich aber aus Mißmuth von da herunterstürzte. Bis zu dieser Höhe mag Moriz Ensinger um's Jahr 1480 gebaut haben; sein unmittelbarer Nachfolger war Matthäus Böblinger, welcher im Jahr 1494 das Viereck des Thurmes mit dem Kranze geschlossen. Keiner dieser beiden Baumeister stürzte sich herab und die Erklärung des Brustbildes ist eine Geburt der Phantasie, welche ähnliche Sagen in die meisten Geschichten mittelalterlichen Bauten verwoben hat, namentlich ist in die Baugeschichte des Regensburger Domes Ähnliches verwoben.

Das hoch erhabene Sculpturwerk stellte ohne Zweifel das Bildniß eines Werkmeisters dar, ist aber leider durch Muthwillen jetzt so sehr beschädigt, daß es nicht mehr zu erkennen ist.

Mauch, Eduard: Münstersagen, in: Verhandlungen des Vereins für Kunst und Alterthum in Ulm und Oberschwaben. N. R. H. 5. 1873, S. 21–24.
* Die Familie Rumey hat vier Generationen lang auf dem Münster das Wächteramt ausgeübt.

Der Ulmer Spatz

Die Spatzensage, die bekannteste Ulmer Sage, die Eduard Mauch glaubte bekämpfen zu müssen, tauchte erst in der ersten Hälfte des 19. Jahrhunderts in Ulm auf, indem man nun aus dem schon von Sebastian Fischer im 16. Jahrhundert erwähnten »steinernen Vogel« auf dem Münsterdach einen Spatzen machte. Aber schon lange vor dem Entstehen dieser Sage wurden die Ulmer »Spatzen« geheißen. Von der Spatzensage gibt es zahlreiche Versionen. Für diese Publikation ist die des Mundartdichters Tobias Hafner (1833–1899), alias Sebastian Spundle, ausgewählt worden.

Der Ulmer Spatz.

Ma woißt, daß d' Ulmer Burgerskind
Von Alters hear di G'scheitste sind,
Jedoch a maul ist iahr Verstand
Nu gradaweags so durchgebrannt.

D'r Burgermoister und d'r Rath,
Dia Besserer und dia von Schad,
Dia Neubronner und dia von Krafft
Hänt fürchtig an ma Balka g'schafft.

Was hänt sia mit deam Balka voar?
Dear Balk, dear solt halt nei zum Thoar;
Ausdüftlet hat ma fei dees Ding,
Daß ma dui Arbet zweaga bring.

Zairst schuibt ma an ihm überzwear,
Nau bringet sia ihn aufrecht hear;
'S gaht nit – d'r Balka will nit nei –
D'r Teufel muaß dahinter sei!

Herr Krafft von adeligem G'schlecht,
Dear sait: Jahr Mannt, miar gahnt in Hecht;
A Ulmer Burger wird oft kluag,
Miar wisset's ja, am Braunbiarkruag.

Dia Mannt, dia sind halt glei bereit
Wau's z'trinket und nix z'schaffet geit:
»Ja, ja, miar went in Hecht num gauh
Und went dean Balka stracka lau!«

Doch wau si went verlau da Platz,
So fluigt d'rhear a kluager Spatz
Und trait mit Lärma wia a Bua
A Hälmle Strauh seim Nestle zua.

Dia Ulmer denket mit Bedacht:
Seah went miar, wias dear Spatz gauh macht;
Dean langa Strauhalm – 's ka nit sei –
Dean bringt ear g'wiß in's Neast nit nei!

Em Spätzle, deam ists oba gwea:
Jahr G'scheite, dees went miar gauh seah!
Und dreht und zuith dara mit Macht
Und hat ihn wäger eine bracht.

D'r ganze Ulmer Burgerhauf
Dear sperrt jetzt Maul und Auga auf,
Und nimmt dui Arbet wider voar:
D'r Balk, dear gaht jetzt nei zum Thoar!

Drum weil d'r Ulmer von ma Spatz
Agspicket hat d'r Weisheit Schatz,
So ist als Spatz im Land bekannt
Was stammet aus dem Ulmer Land.

Aus Anerkenning hat ma jetzt
En Spatza nauf ufs Münster g'setzt;
Damit bekennt d'r Ulmer frei,
Daß ear em Spatz viel schuldig sei.

Spundle, Sebastian [d. i. Tobias Hafner]: Ulmer Münster, Ulmer Spatz und Fischerstechen. 2. Aufl. Ravensburg 1877, S. 11/12.

MÜNSTERPLATZ

Der Platz muß freigelegt werden

Nachdem die Stadt Ulm 1865 die Barfüßerkirche gekauft hatte, schrieb sie 1873 einen Wettbewerb aus, der Klarheit über die weitere Verwendung bringen sollte. Es war u. a. auch der Vorschlag gemacht worden, sie zu einem Festsaal herzurichten. Den ersten Preis in diesem Wettbewerb erhielt Professor Silber aus Stuttgart, der eine vollständige Freilegung des Platzes empfahl, was auch ganz den Vorstellungen des Preiskomitees entsprach, wie aus dem abgedruckten Ratsprotokoll deutlich hervorgeht. Dem Preiskomitee gehörten an: Professor Neureuther, München, Oberbaurat Egle, Stuttgart, und Stadtbaurat Wolf, Nürnberg.

»Der Platz müsse freigelegt werden im Interesse des Münsters, wenn nicht übermäßige Opfer damit verknüpft seien, dieß gehöre so nothwendig zur Restauration des Münsters selbst. Ob die hiesigen Mittel ausreichen, können sie nicht beurtheilen, aber soviel sei wahrzunehmen, daß die Freilegung dieses Doms viel leichter durchzuführen sei, als in anderen Städten, weil nur wenige Gebäude in Privatbesitz seien.

Die Barfüßerkirche sei kein archäologisches Baudenkmal, welches um seines Alters oder seines Baues willen erhalten werden solle, vielmehr müsse sie fallen, um den herrlichen Münster in seiner ganzen Bedeutung und Größe zu erfassen. Wenn sich die Vertretung der Stadt, wenn sich die hiesige Bürgerschaft zu dem Entschluß erheben würde, den Platz freizulegen, so würde sie den Beifall von ganz Deutschland, ja der ganzen civilisirten Welt sich verdienen und es sei nicht zu zweifeln, daß sofort die Mittel für die Restauration reichlicher fließen und die Bereitwilligkeit, dieselben beizuschaffen, aufs Neue belebt würde.

Sie können im Interesse des Münsters nur rathen, den Gedanken, mit einem Neubau vorzugehen, ferne zu halten und den Platz, sei es auch nach und nach, freizumachen.«

Ulmer Gemeinderatsprotokoll vom 15. Mai 1873 (§ 469). [Stadtarchiv Ulm]

Plädoyer für eine maßvolle Freilegung

Der Kunsthistoriker, Archäologe und Konservator der Vaterländischen Kunst- und Altertumsdenkmale Eduard Paulus erstellte am 9. Februar 1874 ein Gutachten, in dem er sich entschieden gegen eine vollständige Freilegung des Münsterplatzes aussprach. Die Barfüßerkirche sollte erhalten bleiben, wenn nicht, dann »um jeden Preis« wenigstens ihr spätgotischer Chor samt Türmchen.

»Wohl ist es außerordentlich wünschenswert, daß der Platz vor dem Münsterthurm eine bedeutende Erweiterung erfahre, aber es läßt sich dabei sehr die Frage aufwerfen, ob nicht schon durch die Niederlegung des Gymnasiums und der Trödlerläden ein hinreichend großer Platz gewonnen und die Barfüßerkirche gerettet werden kann. Für ihre Erhaltung sprechen vielerlei Gründe: ihr hohes Altertum, sie ist 100 Jahre vor dem Münster erbaut worden, ihr sehr schöner Chor samt Thürmchen, welcher der Südwestecke des Münsterplatzes den passendsten Abschluß gewährt, und ihre Stellung, indem sie schon sehr beträchtlich weit vom Münster entfernt ist: – ferner würde die Kirche, wie schon zu wiederholten Malen in öffentlichen Blättern ausgesprochen wurde, gerade an dieser Stelle einen unschätzbaren Ausstellungsraum für die Stadt abgeben, und endlich, was noch schwerer ins Gewicht fällt, könnte sie als Münsterbauhütte benützt werden, und dadurch würden die jetzigen Bauhütten dicht an der Nordseite des Münsters, die den Eindruck des Platzes noch viel empfindlicher als das Gymnasium und die Trödlerläden beeinträchtigen, entfernt werden können.

Es scheint mir daher das Zweckmäßigste zu sein, vorerst das sehr große Areal des Gymnasiums und der Trödlerläden frei zu legen, dann wird es sich sofort zeigen, wie die Barfüßerkirche, die vom Münsterthurm weiter abliegt, sich präsentiert, und wie überhaupt die Dimensionen des neu gewonnenen Platzes wirken, und ob eine noch bedeutendere Erweitertung desselben den Eindruck des Münsters noch erhöhen würde: – denn die Größe eines freien Platzes vor einem Gebäude darf ja, daß dieses in der besten Wirkung erscheint, ein gewisses Maß nicht überschreiten. Zu gleicher Zeit könnte die Verlegung der Münsterbauhütte in die Barfüßerkirche stattfinden.

Ist dies geschehen, so würde es sich vor Allem um die Entfernung des Teichmann'schen Privathauses, das gerade vor der Ausmündung der Hirschstraße liegt, handeln, und sollte eine solche Freilegung der Stadt

Wochenmarkt auf dem Münsterplatz

Mai - Juni 1985

Ulm immer noch nicht genügen und sie auch noch die seitwärts stehende Barfüßerkirche abreißen lassen wollen, so muß doch um jeden Preis der, wie ein Blick auf den Stadtplan beweist, in keiner Richtung nur irgend hemmende so schöne frühgotische Chor samt Thürmchen verschont bleiben: und dafür wird die Stadt Ulm noch in spätesten Zeiten dankbar sein.«

Bälz, Karl: Die Freilegung des Ulmer Münsterplatzes, in: Ulmer Tagblatt vom 6. Feburar 1925, S. 388. [Stadtarchiv Ulm]

Ein Platz von einmaliger Größe

Die Freilegung großer Plätze vor bedeutenden Bauwerken war ein Trend der Zeit. Man wollte die Bauwerke von allen Seiten ungehindert betrachten können.

Bei vielen Domen, nicht allein in Deutschland, sondern auch in anderen Ländern, ist es der Fall, daß dieselben von Häusern überall umbaut sind, so daß ein ordentlicher Beobachtungspunkt sehr schwer oder gar nicht zu finden ist. Das Ulmer Münster ist in dieser Hinsicht noch besonders gut daran. Von der Süd= und Ostseite ist es von großen Plätzen umgeben, und auf der Westseite wird durch den bevorstehenden Abbruch des Gymnasiumsgebäudes bald ein großer freier Platz geschaffen werden; nur die Nordseite ist noch durch die Münsterbauhütte verbarrikadirt. Doch wird auch diese Seite nach Vollendung der Bauten blosgelegt werden können und dann wird unser Dom inmitten eines Platzes stehen, wie ihn wohl kein zweiter ausweisen kann.

Den lohnendsten Ueberblick über das Münster hat man auf dem Platze der nunmehr abgebrochenen Barfüßerkirche, den Thurm speciell übersieht man am besten von der sogenannten Dolle aus.

Das Münster in Ulm, dessen Geschichte und Beschreibung. Ulm 1877, S. 28.

Notwendige Begrenzung des Gesichtsfeldes

Die Freilegung des Münsterplatzes hat lang die Gemüter bewegt. Merz ist der Ansicht, daß Bauwerke der Antike und der Renaissance ein freies Sehfeld oder einen großen Platz brauchen, während dies bei gotischen Bauwerken nicht der Fall ist: Sie verlangen zur Steigerung des Eindrucks und zur Beurteilung der Größenverhältnisse eine Begrenzung.

Versteht man aber unter Freilegung eines Bauwerks die Herstellung einer vollständig freien Ansicht seiner verschiedenen Schauseiten, so ist, wie schon bemerkt, dies beim Ulmer Münster bereits in genügender Weise erreicht. Wir gehen dennoch auch auf diese Seite der Sache ein, weil sie dem modernen Stilgefühl besonders am Herzen liegt. Und es ist zuzugeben, Bedürfnis ist solch freier Ausblick bei allen Bauwerken, die wie diejenigen der Antike und der Renaissance von der Grundanschauung der umschließenden Fläche aus entworfen sind. Sieht man nur einen Teil der die Raumbegrenzung des Gebäudes bildenden Mauerfläche, so ist der Eindruck unvollständig und unbefriedigend. Gebäude im Renaissancestil verlangen daher unbedingt eine freie Schauseite. Anders bei gotischen Bauten. Hier giebt es auch schon ein befriedigendes Bild, wenn man nur einen Teil des Ganzen gleichzeitig überblickt, weil in diesem Stil auch schon ein Teil geschlossen wirken kann. Dies ist dann der Fall, wenn auch nur eine beschränkte Anzahl der das Gerüste des Baues bildenden Bauglieder, Pfeiler, Bögen u. s. w. in ihrem gegenseitigen Zusammenwirken sichtbar werden. Ein Renaissancebau erfordert also vor sich ein freies Gehfeld und einen so großen Platz, daß für den Beschauer ein Standpunkt möglich ist, von dem aus man das Ganze gleichzeitig bequem ins Auge fassen kann; bei einem gotischen Bau genügt ein viel schmälerer Raum, wenn er nur Gelegenheit bietet, eine Anzahl der Pfeiler und der von ihnen eingeschlossenen Gewölbejoche voll auf sich wirken zu lassen. Das Gleiche gilt von der Beschränkung des Sehfelds durch Gebäude rechts und links von dem Beschauer. Der Blick aus einer engen Gasse auf einen Renaissancebau wirkt unbefriedigend, während derselbe auf ein gotisches Gebäude voll befriedigen, ja einen besonderen Reiz haben kann, wie so viele Beispiele in Straßburg, Rouen und anderen Orten beweisen. Auch in Ulm ist der Blick auf das Münster aus einer Gasse imposanter als von dem weiten Münsterplatz vor der Fassade aus. [...]

Eine solche Begrenzung des Gesichtsfeldes für den Beschauer ist nämlich geradezu notwendig und kann ungemein viel zur Steigerung des Eindrucks beitragen. Denn das Auge verlangt irgend einen Anhaltspunkt, einen Rahmen, um das, was es sieht, zum Bild gestalten zu können. Dies der Vorteil, den der Ausblick aus einer Gasse, unter einer Säulenhalle, unter einem hochgewölbten Baume hervor gewährt. Eine Steigerung des Eindrucks aber bringt solche Begrenzung hervor, wenn sie dem Beschauer zugleich einen Maßstab zur Beurteilung der Größenverhältnisse des Denkmals bietet. [...]

[...] so muß man sich hüten, die Dome des Mittelalters einer Umgebung zu berauben, welche für ihre Riesenverhältnisse den Maßstab darbietet und deshalb ihre Größe erst dem Auge faßlich macht.

Merz, J.: Die »Freilegung« des Münsters zu Ulm, in: Christliches Kunstblatt. 39. 1897, S. 8–11.

Dem gotischen Bau den Lebensnerv zerschnitten

Die meisten, die über den unbefriedigenden Zustand des Münsterplatzes nach Abbruch der Barfüßerkirche nachdachten, waren sich darin einig, daß man mit der Freilegung des Platzes dem Münster einen schlechten Dienst erwies.

Das schlimmste aber war, daß man alles organische Wachstum der kleinen Bauten um die Kirche herum wegriß und einen öden, leeren Platz anlegte, so daß das Münster nicht mehr lebendig umschlossen, sondern als eine Sehenswürdigkeit wie auf einem Präsentierteller liegt. Damit zerschnitt man dem gotischen Bau den Lebensnerv. Nur aus enger, gepreßter Umgebung kann der ungeheure Vertikalismus solcher Kirchen, solchen Turmes emporschnellen. Es steht zu hoffen, daß eine gesunde und zielbewußte Baupolitik der Stadt den Platz wieder überbauen läßt, nachdem schon vor Jahr und Tag ein Wettbewerb dafür ausgeschrieben war.

Gerstenberg, Kurt: Das Ulmer Münster. 2. Aufl. Burg bei Magdeburg [1940], S. 8.

Die schwierige Neugestaltung des Münsterplatzes

Ab 1905 sind mehrere Wettbewerbe zur Neugestaltung des Münsterplatzes durchgeführt worden. Zum zweiten Wettbewerb, der 1925 stattfand, schrieb Albert Hofmann in der »Bauwelt« über die Schwierigkeit dieser Aufgabe. Dabei betonte er, daß nur durch Unterordnung das Problem gelöst werden könne, »es sei denn, eine künstlerische Kraft ... erscheint, die alles beiseite schiebt, was die Vergangenheit uns gegeben hat, und zum Münster ein neues Verhältnis sucht«.

Man mag ohne weiteres freudig den Fortschritt im baukünstlerischen Schaffen der Gegenwart in anderer Hinsicht anerkennen, aber in der psychischen Wirkung ist uns die werdende Arbeit der Jahrhunderte überlegen. Alles an seinem Orte. Hier gilt es, von dieser Arbeit zu lernen und sich ihrer größeren Macht zu beugen. Der Münsterplatz in Ulm kann daher nach meiner Ueberzeugung auch kein Tätigkeitsfeld für ein starkes subjektives künstlerisches Bewußtsein werden, sondern hier kann nur ein Künstler wirken, der es über sich vermag, sich unterzuordnen und zu entsagen, es sei denn, daß eine künstlerische Kraft auf dem Plane erscheint, die alles beiseite schiebt, was die Vergangenheit uns gegeben hat, und zum Münster ein ganz neues Verhältnis sucht. Und trotzdem: wie viel selbständige künstlerische Gedanken lassen sich innerhalb einer Baugruppe verwirklichen, die nach dem ungefähren Vorbilde der Barfüßerkirche als Museum, Schule oder in sonstigem öffentlichen Interesse neu errichtet und verwendet werden. Dem nicht zu bestimmten Maßnahmen zwingenden Verkehr kann durch Ableitung entsprochen werden; für die Messe und den Marktverkehr, die ich beide in der Umgebung des Münsters nicht missen möchte, bleibt genügend freier Raum.

Die Bauwelt. Jg. 16. 1925, S. 129.

Problem Münsterplatz

Dr. h. c. Theodor Pfizer, von 1948–1972 Ulms Oberbürgermeister, setzt sich engagiert mit dem Problem Münsterplatz auseinander, wobei er auch auf die früheren Aktivitäten und Wettbewerbe zur Neugestaltung des Platzes eingeht.

Ein Kapitel besonderer Art ist die Frage des Freihaltens oder Bebauens des Münsterplatzes, die seit bald 100 Jahren Städtebauer und Denkmalpfleger, Ratsherren und Bürger in zum Teil leidenschaftlichen Kontroversen bewegt. Bis in die Jahre nach 1870 war durch das Barfüßerkloster die Umgebung des Münsters in Ordnung. Die Entfernung von der Ostfront des Klosterkomplexes bis zum Münster war kleiner als die in Straßburg von der Westfassade zu den Baugruppen der Krämergasse. Was Ulm in jenen Gründerjahren bestimmt hat, das alte Kloster abzureißen und statt dessen einen kalten und öden Platz vor dem Münster auszubreiten, ist nicht mehr zu begreifen; wahrscheinlich waren es verschiedene Motive, auch politische, denkt man an Paraden und Aufmärsche. Heute ist der Platz eine scheußliche Blechwüste, die kaum durch ebenso schlimme Blumentröge eingedämmt ist. Einigermaßen spiegelt der Münsterplatz den Eindruck seiner einstigen Bebauung wider, wenn ihn die fröhlich lärmende Welt der Jahrmärkte mit Karussells und Achterbahnen für wenige Tage belebt oder wenn alle zwei Jahre für eine Stunde beim Landesposaunentag in der Schlußkundgebung 7000 Bläser im großen Kreis sich zusammenfinden inmitten einer riesigen Menschenmenge, oder seit den letzten Jahren durch das geglückte City-Fest, das ihn für einen Tag wenigstens auszufüllen vermag. Die Sommermesse ist inzwischen in der Friedrichsau domiziliert, der immer wieder gewünschte Christkindlesmarkt anders als in Augsburg, Nürnberg oder Stuttgart nicht verwirklicht; Landesposaunentag und City-Fest aber ließen sich auch ohne diesen ausufernden Münsterplatz durchführen!

Seit Ende des vorigen Jahrhunderts schon mehrten sich die Stimmen, die eine Bebauung des Platzes forderten. Nachdem 1901 Entwürfe für die Nordseite des Platzes durch das Münsterbauamt vorgelegt wurden, die eine Münsterbauhütte in Neurenaissance vorsah, wurde im Oktober 1905 ein Wettbewerb ausgeschrieben. Als Preisrichter war unter anderen auch Theodor Fischer tätig, der spätere Erbauer der Ulmer Garnisonskirche. Es wurde gefordert: »Die Umgebung des Münsters soll in einer dem praktischen Bedürfnis und den Forderungen des Schönheitssinns entsprechenden Weise ausgestaltet werden, um Vorschläge zu erhalten, wie das freigelegte herrliche Münster wieder mit seiner Umgebung in harmonischen Einklang zu bringen sei.« Man würde das heute, 70 Jahre später, anders formulieren – die Grundforderung aber ist kaum verändert. Den ersten Preis erhielt eine Architektengruppe mit einer zum Teil an Schultze-Naumburg orientierten äußerst reizvollen Markthalle im Südwestteil des Platzes im Jugendstil, der, entsprechend der Zeit, überhaupt viele Entwürfe beherrschte. Andere Preisträger haben sich in verschiedenen Varianten vor allem mit dem Südwestteil des Platzes befaßt, den Nordwesten meistens frei gelassen oder wenigstens durch eine gegliederte Platzanlage das Münster aus der Isolierung herauszuholen versucht. Es gab auch Entwürfe mit Grünanlagen in Form von Teppichgärtnereien, die aber mit Recht das Preisgericht nicht ernsthaft in Erwägung zog. Beim Wettbewerb blieb es. Der Münsterplatz wurde nicht bebaut!

Neuer Anlauf!

20 Jahre später wurde in einem neuen Anlauf wieder ein Wettbewerb ausgeschrieben, nachdem der Gedanke propagiert war, die Hirschstraße durch einen Querbau gegen das Münster abzuschließen. Man war nun vom Geist des Expressionismus nach dem Ersten Weltkrieg bestimmt. Der Wettbewerb schlug hohe Wellen. Von 478 Entwürfen kamen 34 in die engste Wahl; 15 von ihnen wurden mit Preisen oder Ankäufen bedacht. Wieder war, wie 20 Jahre zuvor, Theodor Fischer, nun der berühmte Lehrstuhlinhaber in München, als Fachpreisrichter tätig, neben ihm German Bestelmeyer und Paul Bonatz, Fischers Nachfolger in Stuttgart, und der auch persönlich engagierte Oberbürgermeister Schwamm-

Weihnachtsmarkt auf dem Münsterplatz

276

Weihnachtsmarkt 1986/88

berger als Sachpreisrichter. Eine Basis war der Beschluß des Ulmer Kirchengemeinderates vom April 1924, der lautete: »Der Kirchenge-meinderat hat wohl einer Gesamtgestaltung des Münsterplatzes zuge-stimmt ..., jedenfalls müssen bei der Lösung der Aufgabe rein gefühls-mäßige Gesichtspunkte, das heißt es muß eine vom tiefen heimatlichen Idealismus beseelte Auffassung der ganzen Frage ausschlaggebend sein, selbst wenn dadurch materielle Vorteile außer Betracht bleiben.«

Es fehlte nicht an politischen und parteipolitischen Auseinanderset-zungen; der Deutschnationale Landgerichtsrat Dr. Kirchgeorg trat wie in anderen Fällen auch in dieser Frage dem Demokraten Schwammberger scharf entgegen. Die Entwürfe brachten, man kann sagen, alle nur denk-baren oder nicht denkbaren Lösungen, auch einen von Hans Scharoun unter dem Stichwort »Umfassen und Scheiden« in eigenwilligen For-men, in gewisser Weise konsequent gestaffelt, mit einem stark horizon-tal gegliederten großen Baukörper in Beton und Glas vor der Hirsch-straße, das Münster umfassend. Andere Entwürfe verteilten Baublöcke auf dem südlichen und westlichen Teil des Platzes; es fehlte nicht an bogenförmigen, den Platz umrundenden Bauzeilen, mit Arkaden und Durchgängen verschiedenster Art. Insgesamt aber brachte auch dieser große Wettbewerb keine überzeugende Lösung. Der Wettbewerb wurde weit über Ulm hinaus besprochen und diskutiert, mehrere Zeitschriften widmeten ihm Sonderhefte. Wie wenig richtig in der Diskussion von manchen der frühere Zustand gewürdigt wurde, zeigen die im Kampf gegen die Bebauung sich für das Freihalten des Platzes Einsetzenden, die unter anderem erklärten: »Das alte Barfüßerkloster blockierte noch den Haupteingang, bis in den Jahren nach 1870 durch weitblickende und op-fervolle Arbeit Raum für eine würdige Gestaltung des Platzes im Geist der Gotik geschaffen wurde.« Wie wenig das Barfüßerkloster Münster und Westportal blockierte, wie wenig das Freilegen im Geist der Gotik geschah, zeigen alte Ansichten im Vergleich zur heutigen Situation überzeugend. Wieder wurde keiner der Entwürfe verwirklicht, eine Be-bauung nicht gewagt, wieder haben die für das Freihalten Tätigen auch im stadtpolitischen Bereich die Oberhand gewonnen.

Verpaßte Chancen nach dem Zweiten Weltkrieg?

Hätten nicht die Zerstörungen großer Teile der Innenstadt im Zweiten Weltkrieg den Weg für eine bauliche Neuordnung auch im Bereich des Münsters freimachen können? Paul Bonatz, 1948 als Gutachter für den Neubau tätig, hat in einer Skizze zwei kräftige Baukörper im Süd- und Südwestteil des Platzes vorgesehen; diese Bebauung hätte den Platz wesentlich verkleinert, die Saugwirkung des Trichters der Hirschstraße beseitigt. Aber es blieb bei dieser Skizze. Noch immer war die Zeit für eine Bebauung des Platzes nicht günstig; vor allem die um das Münster angesiedelten Einzelhandelsfirmen haben sich neben anderen Kreisen gegen eine Bebauung gewehrt, und von dem damals aktiv tätigen Verein »Alt-Ulm«, der seinem Namen entsprechend hätte wirken können, gingen in dieser Frage keine Impulse aus. So blieb nur übrig, die Platzränder neu zu bebauen und im Jahr 1952 in einer öffentlichen Ausschreibung für einen Verkehrspavillon und die Verkehrsordnung um das Münster herum Lösungen zu suchen. Schon vorher wurden, vielfach umstritten, die Basare an der Süd- und Ostseite des Münsters errichtet, damals nur für wenige Jahre gedacht, bis die in ihnen aufgenommenen Einzelhandelsgeschäfte wieder definitiv in entsprechenden Bauten untergebracht werden sollten. Leider gelang es dabei nicht, wie bei der Heiliggeistkirche in Heidelberg oder der Marienkapelle in Würzburg, Läden zwischen den Pfeilern des Münsters einzufügen, wie das in früheren Zeiten der Fall war; die Kirchengemeinde ließ solche Pläne trotz der reizvollen Vorbilder nicht zur Debatte stellen. Einigermaßen geglückt ist die Südfront des Platzes mit der die Gotik nicht nachahmenden, aber dem Münster adäquaten Giebelfront, insgesamt etwas zu starr, und beeinträchtigt durch die zu große Höhe des linken Eckhauses mit der Mohrenapotheke.

Viel weniger gelungen ist die Westfront, vom damaligen Stadtbaudirektor mit dem Slogan »Lieber Zahnlücken als ein falsches Gebiß« verteidigt. [...]

In diesen Monaten hat die Stadt Ulm einen Ideenwettbewerb »Neue Straße – Münsterplatz – Rathaus« ausgeschrieben, der in seiner Problemdarstellung davon ausgeht, daß die Neue Straße in ihrer Ausdehnung eine städtebaulich räumliche Zäsur des geschichtlich gewachsenen Bereichs der Ulmer Innenstadt darstelle, der Münsterplatz in seiner Größe und Ausstattung unwirtlich sei, wobei seine Proportionen wegen der Öffnung des Platzes zur Neuen Straße hin und der Baulücke vor dem Neuen Bau zusätzlich beeinträchtigt werde. Auch der Rathausbereich und der Marktplatz seien von ihrer Nutzung und gestalterischen Ausprägung her unbefriedigend. Eine Verbesserung des augenblicklichen Zustandes sei notwendig und in der Bürgerschaft im Prinzip nicht bestritten, wohl aber deren Art und Umfang. [...]

Man darf gespannt sein, welche Ergebnisse dieser Ideenwettbewerb bringt, welche Folgerungen Stadtverwaltung und Gemeinderat zu ziehen bereit sind. Man kann nur hoffen, daß wenigstens die Lücke zwischen Deutscher Bank und Mohrenapotheke geschlossen und der Münsterplatz mindestens nach Süden abgegrenzt wird; auch daß man ihm, wenn als Parkplatz aufgegeben, eine entsprechende Oberflächengestaltung, etwa wie in der Hirschstraße, gibt.

Pfizer, Theodor: Ulm im Schatten des Münsters, in: Südwest Presse. Jg. 33. 1977, Sonderbeil. vom 8. Juni.

Richard Meiers Stadthaus-Entwurf

1985 kam es noch einmal zu einem Münsterplatz-Wettbewerb, einem beschränkten, aus dem der Amerikaner Richard Meier als Sieger hervorging. Das Preisgericht war mit großer Mehrheit der Ansicht, daß die Meiersche Architektur gut mit dem spätgotischen Münster harmonieren werde.

Der Platz verkam, wie viele andere, alte und neue: Der Verkehr fraß sich in die Stadt, parkende Autos machten sich breit. Erst spät begann die Bemühung um ein neues Innenstadt-Konzept – und 1980 war's dann wieder einmal so weit für einen Münsterplatz-Wettbewerb. Die verzweifelte Jury jedoch sah sich außerstande, auch nur einen der Entwürfe zu empfehlen, auch spätere Überarbeitungsanstrengungen fanden beim Gemeinderat keine Gnade. 1985 endlich wagte die Stadt das Äußerste. Diesmal lud sie zehn ausgesuchte Architekten von internationalem Ruf zu einem neuerlichen Wettbewerb ein und hatte, wie es schien, Glück. Das erstaunlich vielseitig besetzte Preisgericht kürte geradezu jubelnd den Amerikaner Richard Meier zum Sieger (mit acht gegen drei Stimmen) und empfahl der Stadt, seinen Entwurf nun aber auch auszuführen (einstimmig). Dabei ist interessant, daß auch die beruflichen Bewahrer und Kenner der Baugeschichte im Preisgericht sich ausdrücklich für diese Arbeit stark machten. Es gab so gut wie keinen Zweifel daran, daß die ausgeprägte Meiersche Architektur mit dem ausgeprägt spätgotischen Münster erfolgreich harmonieren werde – in einem Dialog zwischen Gleichberechtigten.

Der 53jährige Richard Meier möchte sein Projekt am liebsten ein Haus der Begegnung genannt wissen – als eine Hoffnung für den abends gespenstisch leeren Platz. Man hat vor, in dem vielgestaltigen Gebäude endlich all die Ausstellungen zeigen zu können, die bisher an Ulm vorüberziehen mußten, wegen Platzmangels. Und es wird sich wie selbstverständlich in den Maßstab der Umgebung fügen. Die Architektur reagiert kunstvoll abstrakt auf die feine Struktur der gotischen Kirche und

Münsterplatz mit geplantem Stadthaus

280

repräsentiert dabei selbstbewußt die Zeit, die sie hervorgebracht hat. Sie enthält viele vom Architekten auch anderswo gern gepflegte Elemente. Hier freilich hat er sie so geschickt abgewandelt und so leicht miteinander kombiniert, daß daraus: ein Ulmer Bauwerk des Münsterplatzes wird. Es ist für keinen als eben diesen Standort entworfen.

Zwar ragt es an die zwölf Meter auf, wie die Häuser ringsum, aber es ist, wie paradox auch, zugleich kompakt und transparent, ein schichtenreiches Gebäude, dessen Fassade an Paravents erinnert. Unten gibt es Arkaden, die eine eigenartige Verknüpfung von Platz und Bau besorgen, oben sind Terrassen, von denen man einen nie gekannten intensiven Blick auf das Münster haben wird. Auch im Inneren gibt es, waagerecht wie senkrecht, vielerlei Durchblick. Im Erdgeschoß werden sich das Verkehrs- und das Reisebüro einrichten, es gibt Läden, Toiletten, Telephonhäuschen, im Nebenbau das zweistöckige Café-Restaurant. Darüber befinden sich ein Vortragssaal und die Ausstellungsräume.

Von der städtebaulichen Wirkung erhofft man sich mehr als von allen anderen Entwürfen dieses Wettbewerbs (auch mehr als vom Zweiten, Gottfried Böhm, und vom Dritten, Alexander von Branca): durch die Rundform des Hauptbaus. Sie leitet auf der einen Seite aufs Münster, das es selbstverständlich nicht verdeckt, sondern überraschend spannungsvoll ins Blickfeld zieht, auf der anderen bildet es eigenwillig, aber sehr prägnant einen längst vergessenen Nebenplatz, den Holzmarkt. So wird – wie in Paderborn durch Böhms Diözesanmuseum – die ungefüge Weite des Domplatzes und die etwas unbedarfte Häuserkulisse durch eine ganze Folge von geschäftigen und stillen Plätzen gegliedert, deren Gestalt Meier zurückhaltend-phantasievoll beeinflußt. Es scheint, als werde man sich geborgen fühlen auf diesem dann endlich wieder als ein Raum spürbaren Platz – so wie es amüsant sein dürfte, das Gebäude mit seinen überraschenden Perspektiven im Inneren zu durchstreifen.

Sack, Manfred: Die Bürger stimmen über ein Werk der Baukunst ab. Bleibt Ulm Ulm? in: Die Zeit, Nr. 39 vom 18.9. 1987, S. 59.

Heftiger Meinungsstreit um Meiers
Stadthaus-Entwurf

Richard Meiers Stadthaus-Entwurf löste eine heftige, weithin beachtete Auseinandersetzung aus, die zu einem Bürgerentscheid führte. Wenige Tage vor diesem Entscheid nahm Professor Gebeßler, der Präsident des Landesdenkmalamtes, dazu Stellung, um die sehr emotional geführte Diskussion zu versachlichen und Mißverständnissen vorzubeugen. Nach sorgfältiger Prüfung war das Landesdenkmalamt nach den Ausführungen seines Präsidenten zu dem Ergebnis gelangt, daß der Neubau zu seiner baulichen Umgebung »ein verträglicher Solitär« sein werde.

Nachdem nun allerdings dem preisgekrönten Neubauentwurf von seiner Maßstäblichkeit und Höhenentwicklung her Angemessenheit bestätigt wird, sollte man die letztlich auch für die Denkmalpflege hier nicht unwesentliche Tatsache der Architekturqualität doch nicht außer acht lassen: Sie ist schließlich nicht nur etwas Abstraktes und nicht nur ein Beitrag für die Architektur-Fachzeitschriften. Sie ist hier zum einen begründet im Anspruch der von der Stadt gesetzten öffentlichen Bauaufgabe, der nun eben doch mehr ist als nur der eines Wohn- und Geschäftshauses. Und zum anderen liegt es nicht zuletzt auch an der Qualität, die den Stadthausentwurf dialogfähig macht mit dem Anspruch der vom Münster beherrschten Platzsituation.

Mit solchen Hinweisen soll nun allerdings nicht darüber hinweggeredet werden, daß der Richard-Meier-Entwurf für den Wirkungsraum des Münsters jedenfalls eine beachtliche Herausforderung bringen wird. Dies sollten auch diejenigen, die in ernsthafter Auseinandersetzung mit allen Sachfragen und dem Preisgerichtsvotum von den anfänglichen Besorgnissen inzwischen sehr rasch und mitunter auch recht forsch sogar die Überzeugtheit einer optimistischen Erwartung vertreten, nicht verkennen.

Es ist zumindest kein Beitrag zur Verständnishilfe in der gegenwärtigen Diskussion, wenn all diejenigen pauschal als die Ewig-Gestrigen apostrophiert werden, die im platzräumlichen Nebeneinander von gotischem Münster und einer absolut modernen Architektursprache zunächst Unvereinbarkeit empfinden müssen. Außerdem können sich nicht wenige Stimmen in der Reihe der Ablehnenden zumindest darauf berufen, daß sie nicht nur heute und nicht nur im Gefolge eines nostalgischen Trends, sondern Jahre und Jahrzehnte hindurch in beständiger und gar nicht vordergründiger Weise sich mit dem Ulmer Geschichtsbestand befaßt und forscherisch ebenso wie in der wachsamen Begleitung aller Erhaltungsfragen dieser Stadt immer wieder ihre konkrete Zuwendung gegeben haben.

Andererseits stimmt es aber auch umgekehrt nachdenklich, wenn geschichtsbewußte Bildung und Denkmalfürsorge nicht nur zur Denkmalerhaltung beitragen will, sondern aus dieser Haltung heraus sich gegebenenfalls auch begründeten Gegenwartsbelangen verweigert und im historischen Bauzusammenhang zumindest keine formale Veränderung, keine »Fortschreibung« mehr toleriert.

Jedenfalls haben sich über der öffentlichen Auseinandersetzung die unterschiedlichen Auffassungen inzwischen offenbar weithin zur bloßen Standpunktbehauptung verfestigt. In dieser Situation können selbst die streng angesetzten Prüfungskriterien der staatlichen Denkmalpflege und dann die Begründungen für eine letztlich zustimmende Entwurfsbeurteilung offensichtlich nur schwer nachvollziehbar gemacht und so zur sachlichen Verständnishilfe werden.

Dabei wurden von der Denkmalpflege, die in der Sachverständigenrolle im Preisgericht beteiligt war, alle fachlichen Gesichtspunkte kritisch zur Prüfung gebracht, die für die wesentliche Frage nach den möglicherweise nachteiligen Folgen für die dominante Wirksamkeit des Münsters einschlägig sein konnten. So die Frage nach der angemessenen Höhenentwicklung und nach der maßstäblichen Zuordnung zur benachbarten baulichen Umgebung; dann der geforderte Anspruch in der Architekturqualität; ferner war auch die städtebauliche Rolle des Neuen zu tolerieren, die von der vorgesehenen stadtrepräsentativen Bedeutung der Bauaufgabe her ja begründet ist und in akzentuierender Weise eine städtisch gewünschte Verbesserung der Platzordnung bewirken soll. Und nicht zuletzt war auch dies in der Beurteilung wichtig: Der Neubau ist nicht nur im architektonischen Anspruch, sondern auch im Verhalten zu seiner baulichen Nachbarschaft ein verträglicher Solitär. Der »Stadthaus«-Entwurf bildet eine in sich ruhende Gestalt, die absichtlich nicht als anpasserische Erweiterung der Platzrandbebauung aus der Nachkriegszeit gedacht ist; im Gegenteil: er beläßt die giebeligen Bauzeilen aus der Nachkriegs-Wiederaufbauzeit als einen eigenen »Jahresring« in der Geschichte der Münsterplatzbebauung bewußt deutlich ablesbar. [...]

Wo allerdings die Auseinandersetzung nicht nur von einem emotionalisierten Unbehagen am Neuen mitbestimmt, sondern darüber hinaus auch noch zum konkreten Plädoyer wird für einen mehr »stimmigen«, ins altstädtische Bild eingepaßten Neubau, dort darf eine klarstellende Anmerkung nicht unterdrückt werden: Die Erlebnisqualität und der Erfahrungswert unserer alten Städte beruht in erster Linie bekanntlich darauf, daß sie Jahrhunderte hindurch immer wieder auch neue Bauaufgaben, neue Akzente möglich gemacht und dem Notwendig-Neuen in der jeweils zeitgenössischen Bausprache auch Heimatrecht gegeben haben.

In diesem Sinne wäre es nicht nur ein Irrtum, sondern wohl auch Verantwortungslosigkeit, für die heute begründeten Aufgaben eines Weiterbauens in der historischen Nachbarschaft den Weg nur in möglichst unauffälliger, historisierend getarnter Architektursprache zu suchen, und damit künftigen Generationen den anschaulichen Zugewinn an Geschichtlichkeit zu verweigern.

Gebeßler, August: Zur Neuplanung für den Münsterplatz, in: Denkmalpflege in Baden-Württemberg. Jg. 16. 1987, S. 165–168.

Die letzte Phase der Auseinandersetzung

Wenige Tage vor dem Bürgerentscheid am 20. September 1987 kam Richard Meier nach Ulm, um im Haus der Begegnung seinen Entwurf zu erläutern, wobei er großen Beifall erntete.

»Wir würden eine unendliche Chance verstreichen lassen, wenn wir bei diesem Einvernehmen über alle Gruppen hinweg und diesem Entwurf die Flinte ins Korn werfen müßten.« Mit diesem Schlußwort appellierte OB Ludwig an die rund tausend Besucher im großen Saal der Dreifaltigkeitskirche, beim Bürgerentscheid am 20. September mit Ja zu stimmen. Ludwig bedankte sich ausdrücklich bei dem Amerikaner Richard Meier für sein Engagement, »und daß dieser Baumeister seine Handschrift der guten alten Stadt Ulm gewidmet hat«.

Der Gast aus New York zeigte sich vom Interesse und der Anteilnahme der Ulmer an seinem Stadthaus-Projekt eingangs der Veranstaltung »overwhelmed« – schlicht überwältigt. Ein für Ulmer Verhältnisse ungewöhnlich heftiger Beifall umtoste den Architekten bereits, als er um 20 Uhr in Begleitung von Oberbürgermeister Ernst Ludwig, Baubürgermeister Helmut Schaber und den Sprechern der im Gemeinderat vertretenen Parteien aufs Podium trat. Schon eine halbe Stunde vor Beginn der Veranstaltung strömten Scharen von Besuchern aus allen Himmelsrichtungen ins Haus der Begegnung, wo alsbald auch die zusätzliche Bestuhlung nicht mehr ausreichte. Pfarrer Dieterich, der Hausherr, bot zusätzlich den Chorraum an, in den die Veranstaltung übertragen wurde. Nachdem die Begrüßung des Stargastes durch den Oberbürgermeister mit erneutem prasselndem Beifall quittiert worden war, meinte Ludwig, dem die vergangenen Tage und Wochen sichtlich zugesetzt haben, erleichtert: »Es tut sehr gut, im Vorfeld des Bürgerentscheides so viel Beifall zu hören.«

Richard Meier bekannte angesichts der Sympathiebekundung: »Ich bin erregt, beeindruckt, erfreut!« Das Publikum begann ob der Schwüle im Saale, die nicht minder drückend war als die Enge, bereits zu dampfen. Es sei, so Meier, sehr selten, daß Architektur auf ein solches öffentliches Interesse stoße. »Wichtig ist, was jetzt geschieht«, begründete Meier seinen Verzicht auf historische Rückblicke in seinem Vortrag, welche den Ulmern, so meinte er, ohnehin vertraut seien. Noch bevor Junior-Partner Gunter Standke zur freien Übersetzung ansetzen konnte, belohnte erneuter Beifall Meiers Einlassungen zur Natur des unregelmäßigen Platzes, zum Meier-Bau, der den Blick aufs Münster nicht verstellen, sondern einrahmen solle.

Schwäbische Zeitung. Ausgabe Ulm. 1987, Nr. 214.

Appell des Oberbürgermeisters an die Ulmer vor der Abstimmung

Unmittelbar vor der Abstimmung über Meiers Stadthaus-Entwurf rief Oberbürgermeister Ernst Ludwig die Ulmer Bevölkerung auf, dem Entwurf zuzustimmen, damit »nach 100 Jahren Diskussion« endlich die Neugestaltung des Münsterplatzes in Angriff genommen werden könne.

Liebe Bürgerinnen, liebe Bürger,
nun ist es Zeit, daß Sie mit Ihrer Stimme nach ausgiebiger Diskussion um die Neugestaltung unseres Münsterplatzes einen Punkt machen, und wir alle, wie der Bürgerentscheid auch ausfällt, wieder zusammenfinden. Schnell ist, wenn's schwierig wird, ein »Nein« gesagt.

Ich bitte Sie um Ihr »Ja« und damit um Ihr Vertrauen für den von Ihnen gewählten Ulmer Gemeinderat, der ja nicht nur am Münsterplatz die Verantwortung für das Wohl der Stadt trägt. Er hat nach jahrelangen Vorarbeiten jetzt einen gelungenen Entwurf und einen erstklassigen Baumeister für Ulm gewonnen. Kirchengemeinderat und Denkmalrat stimmen zu. Nach 100 Jahren Diskussion könnten wir endlich handeln, anstelle des Pavillons ein dem Münster würdiges Haus bauen, die Verbesserung des Platzes insgesamt damit in Gang setzen, eine Brücke bauen zwischen alt und neu, wie jetzt am Eselsberg mit Wissenschaft und Forschung. Gerade unser großartiges Münster ist Ansporn, Zukunft zu suchen, kein Anlaß, immer wieder zu resignieren.

Doch nun suchen Sie, liebe Bürgerinnen, liebe Bürger, der Stadt Bestes. Ihr Ernst Ludwig

Schwäbische Zeitung. Ausgabe Ulm. 1987, Nr. 216.

Der Weg ist frei

Da die Gegner des Meierschen Entwurfs nicht die erforderlichen 30 Prozent der wahlberechtigten Stimmen erhielten, war nun der Weg für die Neugestaltung des Münsterplatzes frei. Das Abstimmungsergebnis wurde von den Befürwortern mit großer Erleichterung aufgenommen.

Was Recht ist, muß jetzt auch Recht bleiben: Der Weg zur Neugestaltung des Münsterplatzes entsprechend dem nahezu einmütigen Beschluß des Gemeinderats ist seit gestern frei. Was in hundert Jahren trotz wiederholter Anläufe nicht zu schaffen war, kann jetzt endlich bewältigt werden. Der Bürgerentscheid ist im Sinne derer, die ihn mit dem Ziel der Ablehnung des Stadthauses ertrotzt haben, gescheitert. [...]

Dem Oberbürgermeister ist, nüchtern betrachtet, nicht zu widersprechen, wenn er die Bürger, die nicht zur Abstimmung gegangen sind, den Ja-Stimmen zurechnet. Sie haben jedenfalls, aus welchen Überlegungen heraus auch immer, es nicht für nötig oder richtig gefunden, den Ratsbeschluß zu durchkreuzen.

Der Gemeinderat hat sich jetzt ans geschriebene Recht zu halten, was ihm um so leichter fallen muß, als er ja seinen eigenen erklärten Willen davon abgedeckt sieht. Die volle Verantwortung ist ihm gestern wieder zurückgegeben worden. Die Frage nach der nächsten Gemeinderatswahl darf da den einzelnen Stadtrat, vorausgesetzt er ist sich seiner Verantwortung wirklich bewußt und kein schwankend' Rohr im Winde, nicht vom Weg der Tugend abbringen.

Die Optik des Abstimmungsergebnisses ist zwar nicht derart, daß Siegesfeiern auf der einen oder totale Niedergeschlagenheit auf der anderen Seite angebracht wären. Bei aller Freude darüber, die auch wir teilen, daß die Ulmer Ulm keinen Tiefschlag verpaßt, daß Stadtverwaltung und Gemeinderat kein unverdientes Mißtrauensvotum erhalten haben, steht doch die Hoffnung darauf im Vordergrund, daß der Graben vernünftig wieder zugeschüttet wird, der sich im gelegentlich zu Tage getretenen Übereifer der Auseinandersetzung innerhalb der Bürgerschaft und zum Rathaus hin aufzutun schien.

Was an vernünftigen Verbesserungen am Meierbau-Entwurf im Sinne bürgerschaftlichen Konsenses noch notwendig und möglich ist, werden Rathaus und Architekt sicher noch gemeinsam anpeilen. Richard Meier, der Star ohne Staralllüren, hat sich dazu stets bereit erklärt.

Ulm hat gestern eine bemerkenswerte Antwort auf die Frage gegeben, wes Geistes Kind seine Bürger denn nun wirklich seien. Sie haben mit einer Wahlbeteiligung von über 50 Prozent bewiesen, daß ihnen ihre Stadt am Herzen liegt, sie haben gezeigt, daß Kernstadt und Stadtteile sich als urbane Einheit verstehen. Und sie haben im Streit um moderne Architektur ein Maß an Interesse und Aufgeschlossenheit an den Tag gelegt, das weit und breit seinesgleichen sucht.

Moré, Gustav: Der Weg ist frei, in: Südwest Presse. Jg. 43. 1987, Nr. 217.

Meisterzeichen der Parler, Matthäus Böblingers, Burkhard Engelbergs und Matthäus Ensingers

Das Ulmer Münster, seine Baumeister, sein Werden

In Form einer Synopse ist zum Münsterjubiläum 1977 ein von Reinhard Wortmann nach der Reihenfolge der Münsterbaumeister zusammengestellter Überblick über die Baugeschichte des Münsters erschienen. Die Synopse, die von Münsterbaumeister Gerhard Lorenz ergänzt wurde, ist ohne diese Ergänzungen erstmals in der Schwäbischen Zeitung erschienen.

Schwäbische Zeitung. Ausgabe Ulm. Sonderbeilage vom 15. Juni 1977.

Die Münsterbaumeister	Zur Baugeschichte
	1337 bis gegen 1375 Nachrichten über eine Bautätigkeit an der alten Pfarrkirche über Feld (außerhalb der ehem. Stadt, an der Stelle des alten Friedhofes).
Heinrich Parler d. Ä. (=Heinrich II. Parler) 1. Münsterbaumeister (bis 1383/84) Wohl Sohn Heinrich I. Parler, Baumeister der Heiligkreuzkirche zu Schwäbisch Gmünd, und Bruder des berühmten Peter Parler. Vermutlich schon seit ca. 1360 Werkmeister beim Um- bzw. Neubau an der alten Pfarrkirche über Feld zu Ulm. Vermutlich 1383/84 scheidet Heinrich d. Ä. als Münsterbaumeister aus, ob aus Altersgründen oder durch Todesfall, ist nicht zu ermitteln; 1387 wird er als verstorben bezeichnet.	*Heinrich Parler d. Ä.* (=Heinrich II. Parler) 1377, 30. Juni: Grundsteinlegung zum Neubau in der Stadt. Baubeginn im Osten, wohl mit den beiden Chorflankentürmen und anschließend den weiteren Choraußenwänden. Choraufriß in enger Anlehnung an das Langhaus der Heiligkreuzkirche zu Schwäbisch Gmünd. Für das Langhaus war eine Hallenanlage mit drei gleich breiten und etwa gleich hohen Schiffen vorgesehen.

Zur Ausstattung

Wohl vor 1350: Zwei Portale mit Blendmaßwerk am Bogenfeld, beim Neubau des Münsters an den Sakristeitüren wiederverwendet (eins hinter dem Chorgestühl vermauert).

1356: Kleines Marienportal, von der Pfarrkirche über Feld, als NW-Portal am Münster verwendet, zeigt noch den vorparlerischen Reliefstil der sog. Rottweiler Schule.

1360er Jahre: Östliche Seitenschiffportale (=Passions- und Brautportal), von der Pfarrkirche über Feld, mit Tympanonreliefs im Parlerstil.

Heinrich Parler d. Ä. (=Heinrich II. Parler)
Wohl bald nach 1377: Das offizielle Gründungsrelief, am Brautportal (Kopie, Original im Museum).

Kniefigur des Hans Ehinger gen. Habfast (gest. 1381), beim Sakramentshaus, vermutlich Stifterfigur eines ersten Sakramentshauses.

Die oberen Tympanon-Reliefstreifen des großen Marienportales, von Heinrich d. Ä. wohl fürs Westportal bestimmt (unter seinen Nachfolgern dieser Plan verworfen, später unter Ulrich von Ensingen für das SW-Portal verwendet).

Noch unter Heinrich d. Ä. (?): Das Krafft'sche Gründungsrelief im Inneren, am dritten östlichen Mittelschiffpfeiler der Südseite, mit Baumeisterbildnis (wohl Heinrichs d. Ä.).

Allgemeines

1376, 10. März: Abt und Konvent des Klosters Reichenau (dem die Ulmer Pfarrkirche inkorporiert war) sowie der Bischof von Konstanz (zu dessen Bistum Ulm gehörte) genehmigen die Hineinverlegung der Pfarrkirche in die Stadt.

1376, im Oktober: Belagerung Ulms durch Kaiser Karl IV.

Heinrich Parler d. Ä.
1377 ff.: Abbruch der alten Pfarrkirche; Wiederverwendung der Portale und des Steinmaterials beim Neubau in der Stadt.

1383, 9. Februar: Der Bischof von Konstanz ermächtigt den Rat der Stadt Ulm, die Pfarrkirche innerhalb der nächsten zwölf Jahre von irgendeinem Erzbischof oder Bischof weihen zu lassen.

1383, 6. Oktober: Abt und Konvent des Klosters Reichenau räumen dem Rat der Stadt Ulm das Präsentationsrecht des Münsterpfarrers ein.

Die Münsterbaumeister

Zur Baugeschichte

Michael (I. bzw. II.) Parler

2. Münsterbaumeister (1383/84–87)
Sohn Heinrich I. Parler in Schwäbisch
Gmünd, Bruder Peter Parlers, und wohl auch
seines Vorgängers in Ulm.
1359 Meister am Bau des Zisterzienserklosters Goldenkron in Südböhmen.
1380 bis 13. Oktober 1383 in Prag, am Bau des
Veitsdomes, nachweisbar. Wohl damals nach
Ulm berufen.
1387, vor dem 17. April, wird Michael von
Heinrich Parler d. J. abgelöst. Im Unterschied
zu Heinrich d. Ä. wird Michael in der Abrechnung dieses Datums nicht als verstorben bezeichnet; wir wissen nicht, ob er altershalber
ausschied oder ob er nach auswärts ging.

Michael (I. bzw. II.) Parler

Weiterbau am Chor (fortgeschrittene, Prager
Maßwerkformen der Fenster) und dessen Abschluß mit dem Gesims unterhalb der Galerie.
Ausbildung der Sakristeifront (an der Südseite
des Südturmes) als Schaufront mit reicher
Strebepfeilergliederung (Otmars- und Marienpfeiler, jeweils ohne die freien oberen
Teile); Anregungen im Ganzen und für Details vom Prager Veitsdom. Beginn des Langhausbaues, wahrscheinlich nun als Basilika.
Etwa die vier östlichen Mittelschiff-Pfeilerpaare und entsprechende Teile der Außenwände mit Versetzung der von der Pfarrkirche
über Feld stammenden Ostportale.

Heinrich Parler d. J. (III.)

3. Münsterbaumeister (1387–91)
Wohl Sohn Heinrich d. Ä., geboren in Schwäbisch Gmünd.
Vermutlich zunächst u. a. in Prag tätig.
1387 heißt es in der Abrechnung vom 17.
April: »von maister Hainrichs wegen der nu
bestellt ist worden zu dem werk.«
1388 Ausgaben für »maister hainrich den Kirchenmaister«.
12. Dezember 1391 bis 12. April 1392 leitend
am Dombau zu Mailand tätig; dort mehrfach
als Henrico da Gamundia, einmal als Henricho de Ulma genannt.
Möglicherweise stehen sein Ausscheiden in
Ulm und seine Berufung nach Mailand mit
der Bewerbung Ulrichs von Ensingen in Ulm
im Zusammenhang.

Heinrich Parler d. J. (III.)

Weiterbau am Langhaus: Vier weitere Joche
mit den Pfeilerpaaren 5–8 und den entsprechenden Außenwänden; möglicherweise
diese bis zur Traufe und auch schon Teile der
Mittelschiffwände hochgeführt.

Michael (I. bzw. II.) Parler
Propheten-(?)Figuren der Chorstrebepfeiler.
Baumeisterbildnis (Michael Parler?) unter
dem Parler-Traufgesims in der Ecke zwischen
Chor und Südturm.
Wappenengel an der Sakristeifront (wohl bald
nach 1383), Präsentationsrecht an Ulm).
Beginn der Chorverglasung (Anna-Marienfen-
ster an der OSO-Seite des Chorschlusses).
Reliefs für ein geplantes Westportal (sog. klei-
ner Genesis-Zyklus).

Heinrich Parler d. J. (III.)
Konsolen an den Langhaus-Pfeilerpaaren 5
bis 8, zumeist mit figürlicher Plastik, u.a.
vom sog. Reißnadelmeister, der offenbar in
Prag geschult war. An der Konsole gegenüber
der Kanzel eine hockende Männergestalt, ver-
mutlich Baumeisterbild Heinrich d. J.
Kanzel, ebenfalls vom Reißnadelmeister (spä-
ter z. T. verändert und im Bildersturm die Re-
liefs abgeschlagen).
Vom Reißnadelmeister auch die Konsole des
Hl. Otmar und das kleine Tympanon (mit
Christuskopf) an der Pforte vom Südturm
zum Chorumgang.
Fortsetzung der Westportal-Tympanonreliefs
(Genesiszyklus), nun in größerem Maßstab.
Vielleicht Johannesfenster im Chor (NNO-
Polygonseite), in größerem Figurenmaßstab
als das ältere Anna-Marienfenster.

Ulrich von Ensingen
4. Münsterbaumeister (1391/92–1419)
Geboren in Ensingen bei Nürtingen?
Vermutlich Ausbildung bzw. erste Tätigkeit in den Bauhütten von Prag, Straßburg und Ulm.
1391 erstmals erwähnt in einem Brief der Mailänder Dombauhütte vom 16. Juli, in dem er »Ulrico de Ensingen, Inzignerio (Ingenieur) in Einsingen Allemaniae« genannt wird. Demnach scheint er eine Zusage, die Leitung der Mailänder Hütte übernehmen zu wollen, wieder zurückgenommen zu haben.
1392, 17. Juni: Vertrag mit dem Ulmer Rat als Münsterbaumeister auf 5 Jahre. – Einer solchen festen Anstellung wird eine Probezeit vorangegangen sein. Vermutlich stehen die Absage in Mailand (s. o.) und auch der Fortgang seines Vorgängers nach Mailand mit den Verhandlungen und der Probezeit Ulrichs in Ulm in Verbindung.
4. November 1394 bis 13. April 1395 in Mailand mit Entwürfen zum Dombau beschäftigt.
1399, Oktober, wird Ulrich auch Münsterbaumeister in Straßburg. Von dort aus leitet er den Ulmer Bau weiter sowie nun auch, ab ca. 1400, den der Frauenkirche zu Esslingen; 1414 ist er in Basel, liefert offenbar den Plan für den Abschluß des Georgsturmes am dortigen Münster. – Die örtliche Bauleitung in Ulm hat – spätestens seit 1417 – Ulrichs Schwiegersohn und Nachfolger Hans Kun.
1419, 10. Februar: Ulrich von Ensingen in Straßburg gestorben.

Ulrich von Ensingen
Vermutlich sogleich Entwurf zum Westturm, zunächst mit einem etwas niedrigeren Martinsfenster und entsprechend niedrigerem Mittelschiff.
Abschlußarbeiten an den Ostteilen, u. a. am Südturm, wo sich an der Treppenspindel zweimal der Meisterschild Ulrichs befindet (möglicherweise dort 1399 beim Fortgang nach Straßburg an der damals höchsten Stelle des Baues angebracht). Bis 1405 wird wohl der Langhausbau vorangetrieben. Vermutlich die acht östlichen Joche unter Dächern oder Notdecken (ohne Gewölbe), an den Seitenschiffen in voller Höhe, am Mittelschiff wohl mindestens in Höhe des Chorbogenscheitels, für den Gottesdienst benutzbar.
Wohl ab 1405 Weiterbau nach Westen und intensive Bautätigkeit am Turm.

Zur Ausstattung

Ulrich von Ensingen

Weitere Chorverglasung (Freuden-Marien- und Medaillon-Fenster).

Marienfigur des Marienpfeilers an der SW-Ecke der Sakristeifront.

Ausführung des großen Marienportales (=SW-Portal) unter Verwendung älterer Teile und Zufügung von drei neu gefertigten Reliefs.

1408: Stiftung des Marnerfensters über dem NO-Portal im Nordseitenschiff.

Ca. 1410/15: Sitzapostel des sog. Kreuzwinkelmeisters am Westportal.

Um 1415/17: Obere Archivoltenfiguren am Westportal (Apostelmartyrien und Jungfrauen).

1417/18 (?): Pfeilerfiguren der Westvorhalle (Maria, Martin, Johannes d. T. und Antonius) von Meister Hartmann.

Allgemeines

Ulrich von Ensingen

1405, 25. Juli: Weihe des Münsters, Fron- bzw. Hochaltar im Chor zu Ehren der Dreieinigkeit, der Jungfrau Maria, des Heiligen Kreuzes und der Heiligen Vinzens, Martin und Antonius.

1414: Stiftung der Bessererkapelle.

Die Münsterbaumeister

Zur Baugeschichte

Hans Kun

5. Münsterbaumeister (1419?–35)
Schwiegersohn Ulrichs von Ensingen.
Wohl seit 1399 (Fortgang Ulrichs nach Straßburg), sicher seit 1417 örtlicher Bauleiter in
Ulm.
1421/22: Gutachterliche Tätigkeit beim
Turmbau am Basler Münster.
1423: Dachreiter der Dominikanerkirche in
Basel.
1427 und 1429 Gutachten für die Georgskir-
che in Nördlingen.

Hans Kun

Um 1420: Westvorhalle fertig, Turm zumindest bis in gleiche Höhe. – Weiterbau am
Turm.
1429/30 (?) Ausführung der Bessererkapelle.
1434: Der große Ostbogen der hohen Turmhalle in ca. 40 m Höhe zwischen Turm und
Mittelschiff wird geschlossen.

Kaspar Kun

6. Münsterbaumeister (1435–46)
Sohn des Hans Kun, Enkel Ulrichs von Ensingen.
Seit 1429 in den Ulmer Hüttenbüchern nachweisbar, seit 1433 an der Spitze der Gesellen
und 1434 Ballier.
1446 scheidet Kaspar Kun aus unbekannten
Gründen aus der Bauhütte aus.

Kaspar Kun

Wohl Weiterbau am Turm.
1444: Baubeginn an der Neithartkapelle; von
Kaspar Kun wohl nicht viel mehr als die
Gruft.

Hans Kun

1419/20: Thronende Maria und Heiligenfiguren von Meister Hartmann an der Westvorhallen-Stirnwand.

1420: Die ehem. Apostelfiguren an den Langhauspfeilern werden von Meister Lucas farbig gefaßt.

1424: Ehem. Orgel im Chor (an der Nordwand).

1429: Schmerzensmann von Hans Multscher.

Um 1430: Fenster der Bessererkapelle von Hans Acker.

1433: Karg-Retabel (Altarrückwand) von Hans Multscher, an der Ostwand des Südseitenschiffes (im Bildersturm stark zerstört).

Kaspar Kun

1439: Ehem. Orgel im Mittelschiff, von dem Franziskaner Konrad Rottemburger.

Um 1440: Glasfenster am Westportal sowie Scheibe mit dem hl. Georg als Drachentöter (jetzt in der Neithartkapelle) von Hans Acker.

Um 1440/50: Altar in der ev. Kirche zu Scharenstetten, aus der Werkstatt Multschers, bis zum Bildersturm im Münster (kam im 18. Jh. aus dem Münster nach Scharenstetten.).

Kaspar Kun

1437: Stiftung der Neithartkapelle.

1446: Endgültiger Vertrag mit der Reichenau.

Die Münsterbaumeister

Zur Baugeschichte

Matthäus Ensinger

7. Münsterbaumeister (1446–63)
Um 1390 geboren, Sohn Ulrichs von Ensingen.
Lehrzeit bei seinem Vater in Straßburg.
Seit 1420 Münsterbaumeister in Bern, de jure bis 1453, doch war er von Ulm aus letztmals 1449 in Bern.
Daneben leitet er den Bau der Frauenkirche in Esslingen; ab 1436 hat er hier nur noch dem Namen nach die Oberleitung.
1446 Übersiedlung nach Ulm; als Kirchenmeister allerdings erst 1448 faßbar (die vorangegangenen Hüttenbücher fehlen). Schon von Bern aus scheint er Gewölbeentwürfe gemacht zu haben.
1450/51: Vorübergehend leitend an der Münsterbauhütte in Straßburg tätig; da er jedoch nicht die Zusage erhält, zweimal jährlich nach Ulm zu dürfen, lehnt er die endgültige Anstellung ab.
1463: Matthäus Ensinger in Ulm gestorben. Gedenkstein mit Bildnis an der Ostwand des Nordseitenschiffes.

Matthäus Ensinger

Ca. 1446–1449: Einwölbung des Chores (Erste Einwölbung).
Nach 1447 Roth'sche Kapelle am Südseitenschiff (1817 abgebrochen).
1450: Neithartkapelle vollendet.
Bis 1452 das Nordseitenschiff – in voller Breite – eingewölbt. Vor 1454 das Turmhallengewölbe (oberhalb der späteren Orgel) im Zusammenhang mit dem Weiterbau am Turm ausgeführt.
Um 1455 das Südseitenschiff eingewölbt, in voller Breite.
Nach 1458 bis 1461/62: Valentinskapelle der Familie Rembolt, freistehend auf der Südseite des Münsters.

Moritz Ensinger

8. Münsterbaumeister (1463?–77)
1449: Erste Erwähnung als Geselle in Ulm.
Um 1430 in Bern geboren, Sohn des Matthäus Ensinger. Wohl 1463 Nachfolger seines Vaters in Ulm.
1465, 9. Oktober: Vertrag als Kirchenmeister auf 10 Jahre.
1470, 11. Juli: Anstellung auf Lebenszeit.
1474: Sachverständiger beim Bau der Frauenkirche in München.
1477: Moritz Ensinger scheint Ulm in diesem Jahr verlassen zu haben.
1483, 26. Februar, ist Moritz Ensinger in Lenzburg (Kanton Aargau) gestorben.

Moritz Ensinger

1465 ist der Mittelschiff-Obergaden offenbar im Bau (Jahreszahl unter dem vierten östlichen Hochschiffenster der Nordseite).
1469 verpflichtet sich Moritz Ensinger, innerhalb zwei Jahren das Fensterwerk im Hochmünster zu setzen sowie das Mittelschiffgewölbe und den Giebel an dessen Ostende ganz zu beschließen.
1470 war der alte Mittelschiffdachstuhl datiert und »Jörg von Halle« signiert.
1471: Mittelschiffgewölbe vollendet (Datum und Meisterzeichen Moritz Ensingers an der Ostwand, unterhalb des Gewölbescheitels).
Anschließend wohl noch Vorbereitung zum Weiterbau am Turm (Planzeichnungen in Ulm und London werden Moritz Ensinger zugeschrieben).

Matthäus Ensinger

1449: Chorschlußstein, farbig gefaßt von Hans Acker.

Um 1450: Verglasung der Neithartkapelle; im Ostfenster erhalten die Scheibe mit dem hl. Hieronymus.

1462: Ein Meister von Weingarten liefert einen Plan zum Sakramentshaus.

Matthäus Ensinger

1447: Stiftung der Roth'schen Kapelle.

1458: Stiftung der Valtentinskapelle.

1461: Erste Stiftung für ein Sakramentshaus.

Moritz Ensinger

1464: Palmesel aus der Werkstatt Multschers (im Museum).

Vor 1467–1471: Errichtung des Sakramentshauses.

1468: Der Dreisitz im Chor von Jörg Syrlin d. Ä.

1469–74: Chorgestühl von Jörg Syrlin d. Ä.

Um 1469/71: Glasfenster im Obergaden (Kreuzgruppe und Engel als Zunftstiftungen.

Bis 1471: Wandbild des Jüngsten Gerichts über dem Chorbogen sowie Evangelistensymbole im dritten östlichen Mittelschiffgewölbe.

1474 (?): Taufstein mit Überbau.

1474 wird der ehem. Hochaltar an Jörg Syrlin d. Ä. und Michel Erhart in Auftrag gegeben.

Die Münsterbaumeister

Matthäus Böblinger
9. Münsterbaumeister (1477–93/94)
Um 1450 in Esslingen geboren, Sohn des dortigen Kirchenmeisters an der Frauenkirche, Hans Böblinger.
1477 Anstellung in Ulm.
Gleichzeitig anscheinend Bauleitung am Münster in Radolfzell.
Taufstein in der Martinskirche zu Langenau.
1480, 14. Oktober: Vertrag auf Lebenszeit in Ulm.
1494 geht Böblinger nach Esslingen.
1496–1500: Chorneubau an der Martinskirche zu Memmingen.
1505 gestorben in Esslingen (Grabstein in der Frauenkirche).

Burkhard Engelberg
10. Münsterbaumeister (1493/94–1512)
Um 1445/50 geboren zu Hornberg im Schwarzwald.
Seit etwa 1475 in Augsburg.
1492 ff. Arbeiten für das Augustiner-Chorherrenstift in Augsburg.
Ab 1477 Baumeister von St. Ulrich und Afra. Daneben am Dom tätig. Ab 1495 Stadtwerkmeister in Augsburg.
1493: Einer der 28 Bausachverständigen zur Begutachtung des Ulmer Turmbaues.
1493, im Oktober, kommen 116 Steinmetzen aus Augsburg nach Ulm. Engelberg bleibt in Augsburg wohnhaft; die örtliche Bauleitung hat sein Ballier Lienhart Altlin.
1512, 11. Februar, gestorben in Augsburg.

Zur Baugeschichte

Matthäus Böblinger
1478 Strebepfeilerfiale an der Südwestecke des Münsters, sog. Böblingerpfeiler.
Neuer Turmplan; Ausführung des dritten Turmgeschosses (=Glockenstube) und Beginn des Achtecks.
1492/93: Weiterbau am Turm wegen Baugefährdung eingestellt; der Holzschnitt in der Schedelschen Weltchronik von 1493 zeigt bereits das Notdach.
1494 noch Arbeiten an der Brüstung der Viereckgalerie (Meisterzeichen Böblingers).

Burkhard Engelberg
1493/94: Ausmauerung der beiden großen Bogen auf Nord- und Südseite der Turmhalle.
Sicherung der Turmostecken durch Fundamentverstärkungen und innere Strebemauern.
Um 1498/99: Auswechseln der schadhaften westlichen Mittelschiffpfeiler.
1500: Bogen zwischen nördlicher Westhalle und Nordseitenschiff.
Sog. Kutteltür und Fenster darüber, an der Westfront der Nordseitenschiffvorhalle.
Bis 1507 Sicherung der Seitenschiffe durch eingestellte Rundpfeiler-Reihen und Neueinwölbung.

Zur Ausstattung	Allgemeines
Matthäus Böblinger Um 1480: Rats- und Kramerfenster im Chor, aus der Straßburger Werkstatt Peter Hemmels von Andlau. 1482–84: Vespertolium von Jörg Syrlin d.J. 1766 beseitigt, drei Figuren erhalten.	*Matthäus Böblinger* 1488: In der Chronik Bruder Felix Fabris erste Beschreibung von Grundsteinlegung, früher Baugeschichte und Münstergebäude.
Burkhard Engelberg 1498/99: Erneuerung der Kanzel (Konsole und Aufgang). Um 1500: Kruzifixe am Chorbogen (Kopie, Original in der Klosterkirche Wiblingen) und in der Bessererkapelle aus der Werkstatt Michel Erharts. Anfang 16. Jh.: Holzfiguren in den Gewänden des Westportals, von Niklaus Weckmann und seiner Werkstatt. 1510: Schalldeckel über der Kanzel von Jörg Syrlin d.J.	*Burkhard Engelberg* 1493: 28 Bausachverständige beraten in Ulm über die Sicherung des Münsterturmes.

Die Münsterbaumeister

Bernhard Winkler
11. Münsterbaumeister (1512/18–46)
Geboren in Rosenheim.
1499 unter den Steinmetzen Engelbergs nachweisbar.
Seit 1505 Ballier unter Engelberg.
1518 (sechs Jahre nach Engelbergs Tod): Anstellung Bernhard Winklers als Kirchenmeister auf Lebenszeit.
1546: Bernhard Winkler, der letzte Münsterbaumeister des Mittelalters, in Ulm gestorben.
Nach dem Tode Winklers wird kein neuer Münsterbaumeister berufen, die Bauhütte wird geschlossen (1546–1844).

Zur Baugeschichte

Bernhard Winkler
1536: Verankerungen der Mittelschiff-Hochwände.

Zur Ausstattung

Bernhard Winkler
1515: Abendmahlsbild von Hans Schäufelin d. Ä. aus Nördlingen, am Kreuzaltar.
Um 1520: Barbaraaltar in der Neithartkapelle.
1521: Flügelaltar im Chor mit Schreingruppe der Heiligen Familie, die Gemälde der Flügel und der Predella von Martin Schaffner.

Zeit ohne Bauhütte
1550 sowie 1562 und 1584: Almosenbilder in Verbindung mit Opferstöcken.
1576–78: Orgelempore von Hans Schaler (erhalten die Wendeltreppe in der nördlichen Westvorhalle) mit Renaissance-Orgel von Kaspar Sturm, in der Westturmhalle.
1617–20: Renaissancetüren vom Ulmer Schreinermeister Marx Otto an allen Portalen und auch im Inneren.
1715 und 1737: Gitter am Taufstein und vor dem Chor.
1808: Schaffneraltar von 1521 im Chor aufgestellt.
1817: Das Münster-Innere mit einer »altertümlichen grauen Tünche geschmackvoll und gefällig« ausgemalt.

Allgemeines

Bernhard Winkler
1529: Ratsbeschluß, den Turm »mit wenigsten Kosten vor Schaden und Wetter zu verwahren«.
1530, am 3.–8. November, entscheidet sich die Ulmer Bürgerschaft in öffentlicher Abstimmung mit 1621 zu 243 Stimmen für den neuen Glauben.
1531, am 21. Juni, Bildersturm im Münster; unter anderem Beseitigung von ca. 50 Altären sowie der Figuren an den Langhauspfeilern. Westportal, Sakramentshaus und Chorgestühl werden vom Rat der Stadt geschützt.
1531, am 31. Juli, erste Austeilung des Abendmahls in beiderlei Gestalt.
1543: Ratsbeschluß: »Mit dem Bau am Münster soll stillgestanden werden.«

Zeit ohne Bauhütte
1688: Martinsfenster durch Hagelschlag zerstört.
1718: Münsterbuch von Elias Frick.
1790: Erster Blitzableiter auf dem Turm.
1807: Abbruch des Ölbergs auf der Südseite des Münsters.
1838: Bericht von Zeichenlehrer Eduard Mauch über die Schäden am Münster.
1841: Gründung des Vereins für Kunst und Altertum in Ulm und Oberschwaben, der seine Hauptaufgabe in der Restauration des Münsters sah.

Die Münsterbaumeister

Zur Baugeschichte

Ferdinand Thrän

12. Münsterbaumeister (1844/45–70)
1811, am 7. Dezember, in Freudenstadt geboren.
Seit 1835 Bauführer, später Straßenbauinspektor in Ulm.
1844, am 21. August, Aufnahme der Bauarbeiten am Münster unter der Oberleitung von Johann Matthäus Mauch, Professor an der kgl. Kunstschule in Stuttgart; Gründung der Münsterbauhütte durch Thrän mit zwei Steinmetzen.
1845 trat J. M. Mauch zurück.
1870, am 13. Februar, ist Thrän in Ulm gestorben.

Ferdinand Thrän

Ab 1844 zunächst Behebung von Schäden, u.a. Sicherung der undichten Viereckgalerie.
1852: Renovierung der baufälligen Westvorhalle.
1856 ff.: Ausführung des Strebewerks von Ost nach West; bis 1870 die zweimal neun Strebebogen am Mittelschiff fertig.

Ludwig Scheu

13. Münsterbaumeister (1871–80)
1830, am 1. August, in Künzelsau geboren.
Scheu wurde nach vorübergehender Leitung durch Münsterwerkmeister Seebold (gest. 30. April 1871) auf Empfehlung von v. Egle Münsterbaumeister.
1880, am 7. November, Scheu in Ulm gestorben.

Ludwig Scheu

Bis 1873: Ausbau der beiden westlichen Streben.
Bis 1875: Chorgalerie und Chorstrebepfeilerfialen.
Bis 1877: Ausbau des südlichen Chorturmes.
1878: Eiserne Dachstühle und Kupfereindeckung der Seitenschiffe.
Bis 1880: Ausbau des nördlichen Chorturmes.

August Beyer

14. Münsterbaumeister (1881–99)
1834, am 30. April, in Künzelsau geboren.
1872–81 freier Architekt in Stuttgart.
1889 ff.: Ausbau des Berner Münsters, u.a. des Turmes, (vollendet 1893).
Plan zum Münsterverwaltungsgebäude (ausgeführt 1900).
1899, am 18. April, ist Beyer in Ulm gestorben.

August Beyer

1884: Abbruch der Wächterstube auf dem Westturm.
1885, am 30. Juni: Erster Stein zum Turmachteck gelegt.
1886: Eiserner Mittelschiffdachstuhl.
1888: Achteck bis zum Helmansatz vollendet.
1890, am 31. Mai: Vollendung des Hauptturmes.
1897: Tür und Fenster im Westen der südlichen Westhalle (nach Abbruch des Mesnerhäuschens).
1898: Neuer Glockenstuhl.

Zur Ausstattung	Allgemeines
Ferdinand Thrän	*Ferdinand Thrän*
1849–56: Orgelempore und Orgel in der Westturmhalle (später verändert).	1857–60 wirbt Konrad Dietrich Haßler auf Reisen in ganz Deutschland als »Reisender des größten Hauses Deutschlands« mit Vorträgen für die Unterstützung der Münsterrenovierung.
1869/70: »Renovierung« der älteren Chorfenster durch Kellner in Nürnberg.	1858: Steinerner Spatz auf dem Mittelschiffdach.
	1868: Erste Münsterbaulotterie.
Ludwig Scheu	*Ludwig Scheu*
1878: Erstes der »neuen« Seitenschiffenster, von Zettler, München.	1874–79: Freilegung des westlichen Münsterplatzes.
1880: Wandbild des Jüngsten Gerichtes über dem Chorbogen durch Leopold Weinmayer, München, freigelegt.	
August Beyer	*August Beyer*
1889: Neue Orgel.	1888: Neuer »Ulmer Spatz« aus Kupfer getrieben und vergoldet, Stiftung der Hundskomödie.
Neuer »Ulmer Spatz« in Metall.	1890: Historischer Festzug zur Feier der Turmvollendung.
1898: Drei neue Glocken.	1898: »Parlerstein« aufgefunden.

Die Münsterbaumeister

Karl Bauer
15. Münsterbaumeister (1899–1914)
1868, am 13. Juni, in München geboren.
Bauer blieb in München wohnen; die örtliche Bauleitung hatte der kgl. Inspektor Münsterwerkmeister Robert Lorenz.
1914, am 31. Dezember, ist Bauer in München gestorben.
Nach dem Tode von Bauer wurde der kgl. Inspektor Münsterwerkmeister Robert Lorenz als Amtsverweser eingesetzt,
1918 dann Baurat Karl Wachter mit der Leitung beauftragt.

Karl Friederich
16. Münsterbaumeister (1925–44)
1885, am 8. April, in Straßburg geboren.
1925: Wiedereinrichtung der Münsterbauhütte in Ulm.
1944, am 17. September, nach einem Tieffliegerangriff in Offenburg gestorben.

Karl Friedrich
17. Münsterbaumeister (1945–71)
1906, am 21. November, in Crailsheim geboren.
1947/48: Neue Bauhütte.
1971: Karl Friedrich geht in den Ruhestand.
1989, am 21. Juli, in Ulm gestorben.

Zur Baugeschichte

Karl Bauer
1922: Restaurierungsarbeiten am Hauptturm abgeschlossen.

Karl Friederich
1927–34: Sicherung des Hauptturmes durch mehrere Zuganker.

Karl Friedrich
1945/46: Erste, provisorische Bausicherung und Aufräumungsarbeiten, Eindeckung und Schließung der Fenster.
1946–50: Wiederherstellung des Chores.
1950 ff.: Wiederherstellung des Langhausfensterwerks.
1956–65: Gründliche Renovierung (Bausicherung) des Hauptturmes an der Nordseite und Nordwestecke begonnen; Behebung der Witterungsschäden mit Auswechslung der schadhaften Quader und Zierarchitektur.
1963: Neue Sakristei zwischen den östlichen Strebepfeilern der Südseite; die alte Sakristei wird zur Konrad-Sam-Kapelle.
1964: Neueindeckung des Mittelschiffs.
1970 ff.: Weiterführung der Hauptturmrenovierung, nun vor allem Südseite und Südwestecke.

Zur Ausstattung	Allgemeines

Karl Bauer
Ausführung weiterer Glasfenster durch die Münchner Firmen Zettler und Burckhardt.
Figuren an den Mittelschiffpfeilern durch die Bildhauer Federlin und Bronni.
Renovierung der Portale.
1907–18: Renovierung der Chorfenster durch Fr. Xaver Zettler in München.
1912: Orgelaufgang in der südlichen Westhalle.

Karl Bauer
1905: »Großes« Münsterbuch von Rudolf Pfleiderer.
1906: Erster Wettbewerb zur Münsterplatzbebauung.
1907: »Kleines« Münsterbuch (Das Ulmer Münster in Vergangenheit und Gegenwart) von Rudolf Pfleiderer.
1922: Schließung der Bauhütte.
1924: Zweiter Wettbewerb zur Münsterplatzbebauung.

Karl Friederich
1934: Ehrenhalle mit Michaelsfigur von Prof. Wezel und Prof. Ulfert Jansen, Suttgart.

Karl Friederich
1927: Beiträge zur frühen Baugeschichte des Ulmer Münsters von Karl Friederich.
Im Krieg Bergung und Sicherung der mittelalterlichen Glasfenster, der Portale und der Ausstattung.
1944 (17. Dezember) und 1945 (1. März) Kriegsschäden bei Luftangriffen auf Ulm.

Karl Friedrich
1950–53: Wiederherstellung des Chorgestühls.
1953–65: Neue Fenster von W. Geyer, H. G. v. Stockhausen, W. D. Kohler und K. Wallner.
1954: Mittelschiffgestühl.
1956: Fünf neue Glocken.
1958 ff.: Restaurierung der alten Fenster der Bessererkapelle durch Gottfried Frenzel in Nürnberg.
1960: Schwalbennestorgel im Chor durch H. Bornefeld und die Firma Rieger in Schwarzach.
1964–70: Große Innenrenovierung des Langhauses und der Westhallen durch die Münsterbauhütte und Restaurator Walter Hammer, u.a. mit Restaurierung des Wandbildes des Jüngsten Gerichts.
1969: Neue Hauptorgel durch Walter Supper, Esslingen, und die Firma Walcker, Ludwigsburg.

Die Münsterbaumeister

Zur Baugeschichte

Gerhard Lorenz
18. Münsterbaumeister (ab 1971)
1933, am 2. August, in Ulm geboren.
1956–71: Betreuung der kirchlichen und profanen Gebäude der ev. Gesamtkirchengemeinde Ulm (außer dem Münster).

Gerhard Lorenz
1975–80: Restaurierung der Brüstungen auf der Südseite des Mittelschiffs, erstmals unter Anwendung von Steinschutzmitteln.
1977: Große Jubiläumsausstellung der Münsterbauhütte in der nördlichen Vorhalle des Münsters.
1981–83: Restaurierung der Brüstungen auf der Nordseite des Mittelschiffs.
1981–86: Restaurierung der Strebebögen der Südseite.
Bis 1985: Weiterführung der Hauptturmrenovierung an der Südwestecke und der Südwestseite.
1986 ff.: Weiterführung der Hauptturmrenovierung am westlichen Mittelteil.
1987 ff.: Restaurierung der Strebebögen der Nordseite. Erneuerung verschiedener Maßwerkbrüstungen des südlichen Seitenschiffes.

Zur Ausstattung

Gerhard Lorenz

1971–89: Fortführung der Restaurierung der Totenschilde.

1973–77: Schutzverglasung der mittelalterlichen Glasfenster.

1975–78: Restaurierung und Konservierung sämtlicher Portale.

1977: Restaurierung und Neugestaltung der Konrad-Sam-Kapelle und Ausstattung mit einer Fußbodenheizung.

1982–86: Neue Fenster von P.V. Feuerstein und H.G. v. Stockhausen.

Allgemeines

Gerhard Lorenz

1985: Im Rahmen der Planung der Münsterplatzneugestaltung Durchführung einer Serie von Erdbohrungen auf dem Münsterplatz und rund um das Münster, die erstmals Messungen der Grundwasserverhältnisse ermöglichen.

1986: Letzter Wettbewerb zur Neugestaltung des Münsterplatzes. Den ersten Preis erhält Richard Meier, New York, der auch mit der Ausführung beauftragt wird.

1987 ff.: Nach einem Bürgerentscheid und der Zustimmung der Ev. Gesamtkirchengemeinde kann die Ausführung geplant werden.

1988: Der Bau einer Tiefgarage unter dem Münsterplatz wird endgültig abgelehnt.

Autorenverzeichnis

Stichwortverzeichnis

315

Abbildungsverzeichnis

Außer den genannten beiden Ausnahmen sind alle Zeichnungen vor dem jeweiligen Objekt entstanden. Der Künstler dankt der Münsterbauhütte mit Münsterbaumeister Gerhard Lorenz für den großzügig gewährten Zugang zu allen Teilen des Münsters.

Veröffentlichungen der Stadtbibliothek Ulm